# 人工智能时代个人金融创新

何开宇 ◎ 著

中华工商联合出版社

图书在版编目（CIP）数据

人工智能时代个人金融创新/何开宇著. -- 北京：中华工商联合出版社，2023.6
ISBN 978-7-5158-3696-6

Ⅰ.①人… Ⅱ.①何… Ⅲ.①人工智能—应用—商业银行—银行业务—研究 Ⅳ.①F830.33-39

中国国家版本馆CIP数据核字（2023）第104324号

## 人工智能时代个人金融创新

| 作　　者： | 何开宇 |
|---|---|
| 出 品 人： | 刘　刚 |
| 责任编辑： | 李红霞　孟　丹 |
| 装帧设计： | 周　琼 |
| 责任审读： | 付德华 |
| 责任印制： | 陈德松 |
| 出版发行： | 中华工商联合出版社有限责任公司 |
| 印　　刷： | 北京毅峰迅捷印刷有限公司 |
| 版　　次： | 2023年8月第1版 |
| 印　　次： | 2023年8月第1次印刷 |
| 开　　本： | 710mm×1000mm　1/16 |
| 字　　数： | 329千字 |
| 印　　张： | 22.5 |
| 书　　号： | ISBN 978-7-5158-3696-6 |
| 定　　价： | 89.00元 |

服务热线：010—58301130—0（前台）
销售热线：010—58302977（网店部）
　　　　　010—58302166（门店部）
　　　　　010—58302837（馆配部、新媒体部）
　　　　　010—58302813（团购部）
地址邮编：北京市西城区西环广场A座
　　　　　19—20层，100044
http://www.chgslcbs.cn
投稿热线：010—58302907（总编室）
投稿邮箱：1621239583@qq.com

工商联版图书
版权所有　侵权必究

凡本社图书出现印装质量问题，请与印务部联系。
联系电话：010—58302915

# 推荐序
RECOMMENDED SEQUENCE

现代金融是适应经济社会发展需要不断变化的金融业态，是金融创新的产物，也是构建现代产业体系内在的需求驱动。更好满足社会经济发展需要，实现高质量发展，需要将现代金融的重要作用发挥出来。随着中国进入新时代，金融行业将承担着维护经济社会大局稳定、支持实体经济高质量发展、防范化解风险的重大任务，身处其中的金融工作者，均深感责任重大，使命光荣。

以何开宇博士为代表的"学者型"金融从业人员，一方面，在国有商业银行的重要岗位上，扎实推进各项关键工作，全面满足客户金融需求，取得了不俗的业绩；另一方面，依托他本人深厚的理论功底、丰富的实践经验，强烈的使命担当，聚焦于个人金融领域，以国内外最佳实践为切入点，通过广泛调研和潜心研究，形成了一系列非常有价值的专著，对于个人金融发展方向给出了科学的判断，对于保障个人金融业务持续健康发展有着重要的参考价值。

经过近三年的夙兴夜寐、笔耕不辍，何开宇《人工智能时代个人金融创新》这本最新专著已经正式面市，在向他本人表示祝贺的同时，我作为此书的第一批读者也感到十分荣幸。培根曾经说过："书籍是在时代的浪涛中航行的思想之船，它小心翼翼地把珍贵的货物送给一代又一代。"《人工智能时代个人金融创新》给我们呈现了全球个人金融的最新实战案例、业务运行模式和成功内在逻辑；展现了全球个人金融在人工智能时代，利用人工智能、机器学习、大数据等金融科技的创新图景。何博士在研究和创作的整个过程中，非常重视理论与实践相结合，书中很多研究产出在银行工作中都可以"即插即用",适用性很强;本书也可以作为金融学实用工具书,为广大金融学专业的学生提供学习参考;对金融科技和人工智能感兴趣的读者,也可以阅读作为知识储备。作者以专业又不失轻松的笔触,为广大读者打开了全新的研究视角,全面而细致地展现了个人金融的华丽画卷。可以说这本书是近几年来,行业内和学界对于个人金融创新发展研究难得的佳作;相信随着时间的推移,这本书也将成为个人金融领域的经典作品。具体表现在:

第一,案例十分精彩。专著中涵盖了全球知名金融机构和银行的百余个成功案例,让我们清楚地了解先进银行的先进做法,也就是"别人家的孩子"到底在做什么?书中每一个案例都很精彩,都可以为广大读者打开战略视角、提供分析方法,为日常制订个人金融战略规划提供参考。为了能向读者展现第一手珍贵资料,作者通过论坛交流、同业调研、海量资料搜集等日积月累,很多资料的获得殊为不易,很多资料的整理过程艰苦卓绝。

第二,专业十分扎实。因为作者就职于国有商业银行总行多年,对于个人金融、信用卡业务运营模式了然于胸、轻车熟路;对于个人金融基于人工智能的创新应用也十分有经验。专著中对于未来个人金融发展方向、重点领域和实现路径均给出了专业性的意见建议;另外,还详细分析了消费金融、数字货币、养老金融和个人理财等业务的竞争形势与监管态势,让我们在阅读过程中深感收获满满、手不释卷。

第三,文笔十分流畅。何博士非常注重文字的准确和逻辑的清晰,对于艰深理论和典型案例的解构做到了深入浅出、鲜活有趣,有效解决了大部分专业书籍可读性不强的传统问题。使得我们在阅读的全过程中,仿佛徜徉在知识的海洋中,有所悟、有所得、也会有惊喜。在此我向读者朋友们强烈推荐这本书,"开卷有益,不以为劳也"!

陆海天

香港理工大学教授 内地发展总监

2020年十大杰出新香港青年

香港优才及专才协会荣誉会长

2023年4月25日

# 序言 PREFACE

# 人工智能时代：个人金融创新潮流奔涌向前

新冠疫情以及俄乌冲突爆发以来，全球经济增长雪上加霜，滞胀风险不断上升，复苏前景恶化。全球供需失衡问题加剧，货物贸易增速放缓，货币政策的后续效应逐渐显现，大宗商品价格屡创新高。超宽松财政货币政策将导致全球通胀继续上行，国际金融市场大幅动荡，美元指数波动走强，股市震荡下行。主要经济体货币政策紧缩将加速流动性收紧，进一步抑制投资和消费，经济复苏进程有所放缓。中国经济主要经济指标增长好于预期，这是稳增长政策效应显现的结果。

但是，在复杂的外部环境下，商业银行仍面临信用风险加剧、收入能力减弱、市场竞争加剧、客户流失、数据基础能力不足等挑战。

## （一）强监管常态化的挑战

近年来，防范系统性金融风险受到中央重视，强监管、严监管成为常态。央行的宏观审慎结合银保监会的微观审慎管理，发挥强有力的监管力度，保持高压态势。一系列监管与处罚并重的文件下发，银保监会密集出台文件加强银行业监管。支付服务、小额贷款、信用评级、理财业务、风控、合规、数据报送、数据治理等是监管重点，面临越来越大的监管压力。零售银行、理财、消费金融等业务也面临较大的监管压力。

## （二）收入承受压力的挑战

后疫情时代新经济形态给银行带来了收入难题。随着利率市场化开放，低成本获取负债的难度日益增加。根据麦肯锡中国数据模型显示，国内银行的存款平均年增长率由2010—2016年的12%降至2016—2021年的6%。来自消费贷和其他贷款的收入预计受到最大冲击。风控分散带来巨大操作风险，专业分工不明确，系统管理不到位，导致理财、线上贷款等业务的操作风险管理存在疏漏。居民收入下降导致信用风险加大，不良贷款持续给银行的未来增长能力带来压力，收入回升速度十分缓慢。

## （三）金融脱媒的挑战

在金融科技化的基本趋势下，大量的存贷款客户离开了银行体系，金融脱媒现象加剧。非银行支付机构发生的网络支付业务迅速增长。第三方支付平台形成了对商业银行传统支付业务的替代。从信贷业务来看，金融科技缓解了信息不对称，很大程度上冲击了商业银行的信息垄断地位。区块链技术在金融领域的应用，使未来的支付无须通过商业银行的中介即可进行，进一步加大了商业银行未来经营的压力。

## （四）行业竞争加剧的挑战

金融科技时代的到来，使商业银行的产品、服务模式和经营方式发生变化，长远来看，也将改变银行业在经济发展中的角色定位和金融行业的行业结构，给商业银行带来挑战。率先布局金融科技战略的商业银行将获得先发优势。各商业银行转型过程同质化明显。目前，我国各大商业银行物理网点无自身特色和地域特色，基本按照标准化的模式进行转型，智能化设备功能相近、网点开展线下业务雷同、网点人员结构乃至装潢都大同小异。

随着经济放缓、资产荒、利差收窄和不良率攀升等不利因素的挤压影响，未来零售银行业务已经成为中国银行业整体收入池增长的主要动力。近年来上市银行营业收入增速虽然普遍下滑，但零售业务收入保持了较快的增长势头。四大行中，农行、建行、中行零售业务收入保持正增长。2021年，工行、农行、中行、建行、招行平均个人金融业务收入占银行总营业收入的平均占比为43.75%。农行、建行、中行、招行的个人金融业务贡献度高于公司业务，招商银行个人金融业务贡献度最高，2021年度的个人金融业务营收贡献度达到54.06%，比2020年上升0.25个百分点。美国几个主要银行的平均个人金融营收贡献度为44.98%，比2020年下降1.02个百分点。美国银行的个人金融营收贡献度为57.49%，比2020年提升1.18个百分点。我国个人财产性收入不断增长，未来商业银行个人金融业务仍有巨大成长空间。

2018年，我的第二本专著《数字化时代的全球个人金融创新》出版后，在业内受到广泛关注和好评。一些商业银行批量购买该书作为培训教材，一些商业银行产品创新部门和希望发展个人金融的保险公司、信托公司的领导与我取得联系，交流产品研究的心得和体会。我有机会与多家银行的省行、地市行和网点三级机构的业务人员探讨与交流。也有很多商业银行个人金融部门的年轻同事购买学习，其中不少读者后来担任了较高的领导岗位。我在出席行业论坛及在大学做学术讲座过程中，与同业深入交流，也进一步深入了解了一线营销的情况，启发了研究思路。近几年我从事信用卡业务规划管理工作，每年完成数百篇文字材料，在繁忙的上班、加班工作之余，我仍旧关注全球个人金融领域的创新趋势和各种创新实践，撰写了23篇文章，汇总形成本书。

银行不仅要有出色的战略能力，而且应该具有出色的战术能力。微小创新往往导致市场竞争相对优势的形成，微小创新的积累从量变到质变，创新能力强的企业攻城略地，最后形成巨大的竞争优势差异。纵观全球个人金融市场，创新从未停止，各类银行、金融科技、初创企业走在新科技应用的前列，一些微小的创新帮助金融机构赢得一个个客群、一个个小的战役，最终攻城略地，量变形成质变，取得极大的成长。正如招商银行行长王良所说，对现在而言，不做零售业务，现在没饭吃，未来也没饭吃。同样，不提高创新能力，将来也没饭吃。

全球个人金融领域创新脚步从未停歇，创新潮流奔涌向前，市场上的成功从来属于那些创新基因表现强的金融企业。在一些专题调研中和与同业专家以及学生们的交流中，经常讨论的话题包括哪些因素影响了金融机构的竞争力，而其中的一项重要因素就是创新能力，包括产品创新、营销创新、客户经营创新、运营流程创新等各个方面，人力资源是创新能力的一个根源性因素。在个人金融市场几十年的发展过程中，一些金融机构不断发展壮大，也有一些机构面临同样的市场和资源环境，市场竞争力和经营业绩下滑。作为金融机构的经营者，有必要不断强化内部管理，形成良好的氛围，充分调动人才的积极性，重视创新人才培养，人尽其才，用当其时。金融机构从业人员应该不断加强自身的能力知识积累，提升创新能力，在有人才和知识需求的机构发展中大显身手。

专业能力的提升需要长期矢志不渝的努力，30年前我从大学毕业后进入中国银行，在工作的30年中一直孜孜不倦地坚持学习，努力提高自己的能力，至今仍然不忘初心，在繁忙的工作之余坚持从事专业研究，保持活跃研究者的状态。记得2009年博士毕业时，写下了这样的毕业感言"取得博士学位不仅是一个人的头衔，更从多位教授身上感觉到是一种生活工作方式，将使我今后的职业生涯和生活受益匪浅"。记得在中国金融学院校友论坛上，老校长刘鸿儒鼓励校友们说，要坚持不懈地努力，最终自己的能力和取得的成绩一定会得到更大范围内的认可。在我回内地工作的十几年里，我一直在坚持利用业余时间开展个人金融的研究工作，使自己一直保持活跃的思维与浓厚的兴趣，与同行经常性的交流也拓展了自己的视野。希望通过本书，能够对有志于提升金融机构创新能力的读者有所启发。

人工智能和大数据正在推动第四次工业革命和第二次信息革命，进一步提升生产力。ChatGPT火爆全球，将人工智能引入一个新阶段，未来几年生成式AI将在视频生成、内容生成、科研、建筑、航天、医疗、材料、新能源、音频、视频、游戏、直播、电影、综艺、代码生成、药物研发等领域大显身手。以人工智能为代表的金融科技给个人金融各个领域带来深

# 序 言

刻的变化，本书汇总了近年来在存款、消费金融、信用卡、理财、高端客户拓展、养老金融、支付业务、大数据应用、云计算、生物识别、人工智能、增强现实、区块链等方面的创新案例130多项。这些案例有全球商业银行、金融公司、金融科技初创公司的创新案例，也有国外各类金融创新评选获奖案例。系统总结了随着人工智能时代的到来，在个人金融各个领域内的最新创新实践，勾勒出国内外同业在应用金融科技开展个人金融业务创新的全景，供我国金融从业人员在实践中参考借鉴。在实践中，金融机构应该在符合监管机构的要求前提下，借鉴有关案例和思路。同时，本书也关注读者的需要，整合了更多国内银行的经验，以更好地指导国内商业银行的实践，期望对我国商业银行开展个人金融业务的创新发展贡献绵薄之力。

本书适宜的读者为商业银行、金融监管机构从业人员、与个人金融相关的其他金融领域从业人员、金融科技公司、咨询机构从业人员、财经院校的师生以及其他对个人金融有兴趣的读者。

对在本书撰写过程中给过关心、帮助和支持的领导、同事表示衷心的感谢。出版社的李红霞、孟丹等同志对本书进行了审读和编辑加工，在本书出版过程中做了大量的工作，在此表示诚挚的谢意。

由于著者水平有限，书中不足和疏漏之处在所难免，敬请专家学者及读者批评指正，本人不胜感激。

何开宇<br>
2022年11月13日于北京

# 目录

## 上篇　前台业务篇

### 01 存款业务创新　//3
未来已至，存款业务的突破点何在　//3

### 02 理财业务创新　//20
人工智能技术驱动银行理财业务蝶变　//20

### 03 消费金融创新　//38
数字与智能技术如何助力零售信贷场景创新　//38

人工智能时代，银行如何创新消费金融业务　//53

国外的消费金融创新经验，银行如何借鉴　//64

消费金融业务创新新愿景　//78

## 04 信用卡业务创新　//89

信用卡创新有哪些新突破　//89

开创信用卡行业高质量发展新局面　//105

信用卡创新，国外市场怎么玩　//116

国际信用卡创新六大方向　//130

## 05 养老金融创新　//144

国外领先银行是怎样创新老年金融产品的　//144

## 06 场景金融创新　//151

场景金融创新如何助力银行发展　//151

商业银行如何搭建场景金融生态圈　//167

## 07 开放银行业务创新　//185

数字化时代的开放银行创新实践　//185

# 目 录

## 下篇 综合业务篇

### 08 数字货币业务创新 //207

怎样做好数字货币业务创新 //207

### 09 支付业务创新 //230

全球支付创新如何做 //230

国外银行怎样开展支付创新 //244

### 10 客户经营创新 //258

国外银行客户经营创新，如何布局 //258

### 11 渠道创新 //276

人工智能时代，零售转型如何进行服务渠道升级 //276

### 12 人工智能应用创新 //292

人工智能怎样赋能国外银行业务发展 //292

## 13 大数据应用创新 //307

国外银行大数据技术应用有哪些新玩法 //307

## 14 生物识别技术创新 //327

国际生物识别技术的新应用 //327

## 15 个人金融发展趋势 //337

人工智能时代零售银行的发展趋势 //337

## 上 篇

### 前台业务篇

## 01 存款业务创新

## 未来已至，存款业务的突破点何在

存款是保证银行经营安全和流动性的前提。近年来，随着居民财富不断积累及投资理财意识逐步加强，对资产保值增值的需求日益强烈，存款在个人金融资产中占比逐渐降低，投资理财类资产占比逐步增加。随着大资管和互联网渠道的发展，银行存款活期化、理财化和脱媒化趋势不断强化，银行业整体资金来源稳定性降低、近年来存款增速持续放缓。全球商业银行竞争日趋激烈，很多银行采取了多种方式创新存款产品和服务，本文从开立数字加密货币账户、建立可迁移的退休计划、建立存款业务平台、建立未成年人存款托管账户、开发应急资金存款账户、开立奖励游戏账户、开发社交存款账户、帮助客户确立目标等几个方面对国外金融业创新存款的趋势进行分析，并对我国商业银行开展存款业务创新提出建议。

### 一、可迁移的退休计划

美国加州的Icon公司开发了一个全新的可迁移退休储蓄计划，该公司推动其成为下一代退休储蓄。该计划独特的流程消除了原有401（k）养老金计划雇主操作的复杂性、成本和信托风险，可以为所有员工提供高质量、个性化的储蓄和投资。该储蓄计划将退休福利简化为一个单一平台，所有员工都可以参加，无论是全职员工还是兼职员工。当员工离开其雇主时，他们的计划将与他们同行，服务不会发生任何变化，也无须延期缴付。

美国社会面临一个严重的社会问题，退休系统不能很好地运作，一些雇主基于成本、流程复杂、责任等原因不能或者不愿意提供传统退休计划规定的缴款义务，整个市场变得非常复杂，伤害了存款人的积极性，半数以上的工人没有工作单位存款，传统的401（k）养老金计划对于独立签约的工作人员没有覆盖，当雇员离职的时候，缴费被迫延期，许多人被迫放弃原来的存款。对雇主而言，他们也面临着运行这些复杂计划的信托风险和管理负担。Icon建立在终身携带的简单理念之上，它是唯一可以随客户从一个工作到另一个工作的计划。没有更昂贵的展期，没有更多的废弃账户，也没有更多的保险失误。Icon致力于维护客户任何个人信息的机密性和隐私，使用银行级别的安全性。账户保护措施包括多因素身份验证、自动注销和身份验证，以帮助防止未经授权的访问。

Icon公司设计的可携带的退休储蓄计划对雇员和雇主双方都是简化和可承受的，这是第一款可迁移的数字化退休计划。通过该公司的平台，长期员工和外包员工都能灵活地参加到该计划中，大小企业都能参加，核心的优势是非常简单，开办这项计划从原来的6~8周时间缩短到几分钟。当一家公司的人力资源部门在系统上登录后，首先验证这家公司的身份，之后选取发放工资的银行，再后需要连接公司的对公账户，之后进行集团关系的建立，对退休计划命名，选择退休储蓄计划的类型，再后需要向员工发送邀请通知，之后人力资源经理可以在仪表板上管理整个账户，界面上会显示多少员工参加了计划，多少员工还没有参加，每一次支付的日期和金额清单。对于雇主来说，没有复杂的联邦政府的表格需要填写，没有测试环节，系统会显示具体计算的方法，简化了手续，企业只需要进行批量付款，资金就会进入员工的账户；在员工界面，可以随时查询自己的账户余额，缴款的记录和每项投资的明细和余额。Icon是注册的投资顾问，客户存入账户的款项可以自动投入推荐的投资组合。手续费大幅低于401（k）养老金计划的投资手续费。雇员可以随时向自己的账户进行额外的存款，也可以随时添加新的雇主。雇员可以随时更换雇主，无须变更自己的退休储蓄计划。系统会处理所有的相关法律文件，并显示在页面上，客户可以随时查看。

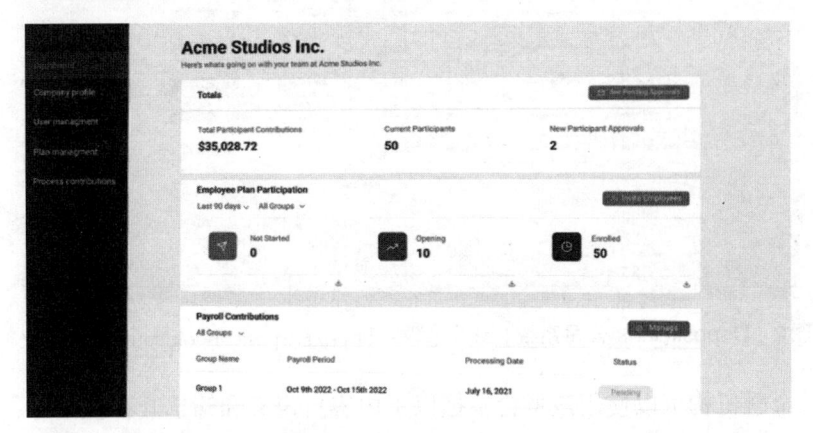

**图1　Icon公司系统**（图片来源：https://www.iconsavingsplan.com/）

## 二、建立存款业务平台

DepositBook公司致力于通过运用认知和行为科学的最新技术提供银行解决方案，显著改善用户的财务状况。帮助银行大幅增加其数字参与度与市场竞争力。该公司的平台提升金融机构获得存款的能力，还具有管理债务和小额投资产品的功能。

这一平台帮助银行从新市场和客户群筹集高价值存款，无须额外成本。在帮助银行成功筹集存款时，银行将根据所筹集存款总额收取约定费用。客户可以在全球银行中发现最佳利率，无须开立新账户即可存入资金，不必在多家银行烦琐地进行开户操作。客户可以通过"集合存款"选项专门获得平台的"特殊利率"。该平台帮助银行增加负债，带来新客户，而无须以零成本开立账户。参加这一平台的银行通常是离岸私人银行和批发银行，提供与自有产品整合的第三方储蓄产品。

平台的目标客户包括金融机构、企业和家族理财办公室、私人银行和财富管理公司等。平台帮助参与银行获得全球各地的机构和企业存款，帮助简化存款手续，避免开立、维护账户和KYC的成本。同时降低筹集批发存款的运营成本。

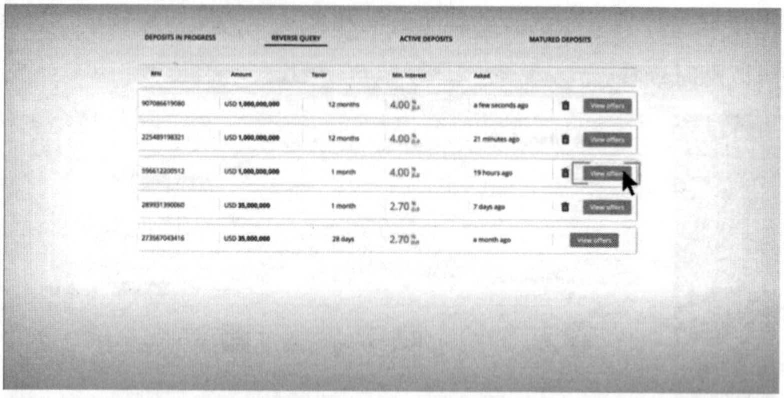

图2 DepositBook 公司系统（图片来源：https://deposit-book.com/solutions/）

金融机构可以使用该平台根据以下内容自定义和筛选其存款偏好：独特的流动性需求、信贷风险偏好、目标回报率、货币偏好。客户可以通过该平台查看交易历史、活期存款和风险/回报分析。

客户只需要在平台上注册开立账户，就可以将业务范围扩展到更多的国家范围，会员银行可以在平台上注册登记，并且上传自己不同货币的存款利率表格，存款人在平台上登记注册后，在托管银行开立账户，之后就可以在平台寻找全球范围内最理想的利率，并且通过一个中央账户向全球内不同国家银行的账户存入存款。平台帮助存款人在最大范围内满足自己的个性化偏好，包括存款金额、利率、期限、货币、风险回报偏好等，当一个存款人选定了自己的目标存款产品，点击存入键，就可以看到银行的名称和全部的存款产品条款。包括银行名、金额、货币、期限、利率、存款类型、起息日、到期日、到期金额。存入款项后，托管银行将资金汇入存款发行银行。存款到期后，存款发行银行将到期款项通过汇款银行汇到托管银行客户账户。因此，通过一系列的按键点击动作，就完成了全球内存款的办理。

平台的另一项功能是存款人可以进行存款招标，存款人可以发布自己希望存款多少金额、货币、期限，可以指定发布招标的银行范围，对方银行接收到招标信息之后，可以进行投标，回复投标的存款利率，存款人可以在自己指定的银行范围内进行选择。

以前银行为了吸引存款，需要投资营销活动进行推广，有了该存款平台之后，可以将存款营销费用用于提升单一客户的利率回报，节省了资金成本，因此对于双方而言是双赢的结果。由于所有汇款、存款都是通过传统银行进行的，对于存款人是没有风险的。对于参加银行来说，也没有改造系统的需要。

### 三、建立未成年人存款托管账户

纽约的UNest是为父母提供财务规划、储蓄和投资工具的提供商，UNest与信用合作社和雇主合作，为客户和员工提供儿童储蓄账户解决方案，帮助他们的孩子实现梦想。UNest通过礼物、奖励和推荐奖金三种简单的方式帮助家庭增加储蓄，其在过去的两年中迅速地增长，成为有史以来增长最快的金融科技应用之一。UNest可以通过不到5分钟的操作有效消除原有产品的复杂性和局限性，它的礼品和奖励功能高度简化，UNest账户被作为福利提供给客户和员工，客户可以轻松地扩大他们的投资账户。

UNest为未成年人提供了一个简单、灵活、税收优惠的托管账户，让父母可以轻松地为孩子的未来投资。此外，家人和朋友可以通过可共享的礼物链接向孩子的儿童投资账户捐款。Unest使家庭投资变得容易，可以为孩子创造更美好的未来。通过Unest账户，家人和朋友很容易为孩子提供馈赠，他们可以在节假日或特殊场合向孩子的账户捐款。父母也可以随时向孩子的账户提供奖励，父母也可以随时将他们孩子的存款账户分享给朋友同事，接受他们的馈赠。

开立UNest的账户仅需要几分钟，非常方便，手机上的背景可以设为父母与孩子的合影，对客户非常亲切。账户页面上显示一次性的存款金额、捐赠的金额、收到的礼物、重复的定期存入款项、投资组合信息等。通常在开立账户时可以进行一次性存款，还可以建立每月存入计划，建立定期存入计划后，可以帮助人们建立良好的财务习惯，页面的顶部显示账户的总资产，在资产分析中显示出客户资产分布于每股股票、债券、存款、现金比例的显示图。客户可以将子女接受馈赠的链接通过社交媒体软件、手机短信或电子邮件发送给他人，让孩子接受一次性或重复的礼物馈赠。任何人通过一个简单的礼物链接，特别是在特殊场合，可以共享，亲属和朋友都可以帮助建立孩子的未来。能寄到孩子账户的最低礼物金额是5美元。在接受馈赠的时候，孩子也能看到个性化的祝福话语。UNest比其他只能用于教育的储蓄账户灵活得多。节省下来的资金可以用于孩子的任何生活事件，如大学、他们的第一辆车、房子的首期付款、婚礼日或任何其他重要里程碑。

除此之外，还有奖励的项目，UNest与几十家企业合作，这些企业定期向开有UNest账户的孩子进行奖励。如果这些家长在这些企业消费，这些企业将会对他们的孩子进行奖励。此外，UNest系统还对孩子的理财习惯养成进行教育，展示各种理财观念和知识的文章。对于初为父母的年轻人来说，有时会面临压力和窘境，金融机构为孩子开立这种账户，会大大减轻年轻父母的经济负担和应对能力。通过提供UNest账户，帮助金融机构获取2000年后出生的年轻人及其家庭客户，大幅度提升获客能力。当孩子成人后，可以将这一账户转换为交易账户，享有较低的交易费率。

UNest托管账户为父母和其他人提供了一种税收优惠的方式，帮助他们节省孩子的学费和其他教育费用。在一个例子中，孩子的年收入高达2 200美元，并以税收优惠的方式成长。第一笔1 100美元的收入完全免税。接下来的1 100美元按孩子的税率征税。任何超过2 200美元的东西都要按父母的税率纳税。

投资账户由UNest的可信合作伙伴和托管单位Apex Clearing Corporation持有。Apex Clearing Corporation是美国证券交易委员会（Securities and Exchange Commission，SEC）注册的第三方经纪交易商，也是美国金融监管局（the Financial Industry Regulatory Authority，FINRA）和证券投资者保护公司（Securities Investor Protection Corporation，SIPC）的成员。这意味着客户账户中的投资将受到总计50万美元的保护。已收到但尚未投资的赠予资金由联邦存款保险公司向UNest的银行合作伙伴、联邦存款保险公司成员投保，最高金额为25万美元。UNest提供最高级别的安全性，以确保客户的信息和数据安全。UNest的合规团队使用256位SSL加密保护所有账户，并持续监控异常或可疑活动。

## 四、开发应急资金存款账户

新冠疫情的爆发和持续蔓延，对各国人民的财务状况造成影响。在美国，一般企业的员工中有30%感到压力，造成经济压力最大的五大原因之一是储蓄不足，大多数美国人没有足够的应急储蓄，无法应付400美元的意外开支。雇主协助员工建立应急储蓄计划已经成为新的流行趋势。美国华盛顿州的SecureSave公司提供一种新型的雇主员工储蓄计划，旨在帮助员工建立和维护紧急储蓄账户，在出现意外的财务困难时为他们提供支持。SecureSave与雇主合作，将紧急储蓄作为福利提供给其员工。SecureSave是行业领先的解决方案，为员工提供自己的紧急储蓄账户，并通过工资扣除自动完成储蓄过程。员工可以通过应急储蓄App建立应急基金，流程非常简单和自动化。SecureSave与雇主、福利经纪人和金融服务提供商合作，使紧急储蓄成为一项综合服务，并成为整体金融健康计划的一部分。该公司提供几种方法与客户雇主工资系统集成。SecureSave帮助员工从雇主那里获得相应的供款，并在需要时随时取用自己的钱帮助客户设定一个可实现的储蓄目标。SecureSave使员工能够更好地应对紧急情况，是员工想要和需要的高投资回报率产品。

SecureSave与401（k）养老金计划等其他工作场所储蓄计划不同，可以在一年中的任何时间和一周内轻松方便地部署。雇主可以在任何时候实施该福利，无须复杂的文书工作或截止日期。客户可以在几秒钟内创建一个账户，从雇主那里获得相应的捐款，并在需要的时候随时使用自己存入的资金。通过支持客户的财务健康这一基本要素，可以帮助客户感到财务上更安全。如果雇主提供紧急储蓄计划，77%的员工会参加。

后疫情时代，帮助雇员解决紧急资金需要的账户，会给金融机构带来一个巨大的机会，这个机会可能大于健康存款账户，应该引起金融机构的注意。当雇员登入SecureSave的App，上面中间的部位显示紧急存款账户的余额，以及这一余额相当于自己目标的多少百分比。在这其中雇主提供了多少资金，通过与雇主的匹配接受的资金的次数，最近接收到的资金的明细，页面的底部显示自己的计划、银行账户信息、活动等。对于紧急资金账户而言，整个流程的设计非常重要，要符合紧急存款的特点，随时可以开立。可以方便地连接所有自己的账户，方便进行存入和取出。雇员可以应雇主的要求而建立账户，雇主可以查看到这一账户，而且可以支持多个雇主同时支持一个雇员的账户。

客户可以在账户中创建自己的紧急资金需求，每一项需求可以填写需求的资金金额，选择需求的项目和拟收取资金的账户，需求的项目可以包括修车需求、房屋修理、紧急医疗、意外伤害或疾病、失去收入来源、生活费用上涨、突然搬家、自然灾害、火灾、意外的搬家、预期以外的法律或税务支出、失去政府补贴等。

在雇主方面，可以登录系统创建紧急资金计划，可以选择开户银行的账户，可以批量创建紧急资金存款项目，上传参加计划员工的信息，设定员工接受邀请开立紧急存款账户的一次性奖励金额和每次匹配存入的条件和存入的金额，上传员工清单和存入的清单等。后疫情时代，紧急存款是一项非常有前途的业务。雇主可以通过匹配向客户个人紧急存款账户存入资金，当客户每月存入一笔资金时，企业可以向雇员账户中存入一笔小的金额。通过匹配的过程，培养客户的存款习惯。许多企业员工的参与率超过75%，平均而言，一家公司有50%的员工会参加SecureSave，95%的员工每月会积累储蓄，确保财务健康和工作信心。

## 五、开立奖励游戏账户

Long Game是一款银行品牌的移动应用程序，使用移动游戏和与奖金挂钩的储蓄来获取新客户，增加客户对银行产品的参与度，并提升客户的财务素养，这些都以千禧一代和Z世代客户为重点。客户可以在应用程序中看到有针对性的银行促销活动，客户因参与银行储蓄、消费等财务行为和购买金融产品而获得奖励。

Long Game使办理业务变得非常有趣，银行希望客户每天都与银行互动并且购买银行的产品,也希望获得新的客户。千禧一代和Z世代客户喜欢电子产品,长时间在手机上,喜欢获得即时的奖励,喜欢精美设计的个性化的手机银行应用。Long Game主要设计了两个产品,一个是奖励存款,本质上是一个彩票,客户在手机应用上存款,就有资格参加抽奖,抽奖是真实而公平的,客户可以赢得每场比赛规定的奖金。有的客户在上面赢得了100万美元,另一个是移动游戏,让客户频繁地参与其中,游戏的一个目标是收集硬币,客户的存款越多,每次收集的硬币就越多。硬币是一种虚拟货币,客户可以通过实现储蓄目标和任务、玩日常游戏等方式赚取。Long Game有50多种游戏,包括谜题、老虎机、街机等,在玩这些游戏的过程中,客户可以获得加密货币的奖励。在玩游戏的过程中,客户也在消费这些硬币,通过玩游戏,这些硬币也会重新回到客户手上,并变得更多。游戏赢取的奖金将通过ACH转账从Long Game发送到客户链接银行账户。页面的下方是推广信息,银行可以将产品放在这里展示,在游戏的过程中,会向客户推送个性化的产品信息,系统还有定位信息,可以根据客户所在的地点推送个性化的产品。

**图3 Long Game公司系统**(图片来源:https://thesmartwallet.com/long-game-review-what-if-your-bank-paid-you-to-game/?articleid=17055)

客户下载Long Game应用程序,并使用电子邮件或电话号码注册。然后选择一家合作银行进行链接。应用程序的"我的财务"部分显示了客户的链接银行账户信息，以及银行账户的余额和交易。链接自己的首选银行账户，就可以开始玩游戏、存钱。该游戏鼓励用户设定个性化的储蓄目标，并将其分解为小型任务。储户通过持有存款余额赚取硬币，当客户完成财务任务时，他的进度会显示在应用程序内的旅程地图上。

## 六、开发社交存款账户

华盛顿州的Invest Sou Sou公司开发了智能的社交银行账户，帮助银行以安全且经济高效、低成本的方式培养存款和信贷客户。该技术利用社交网络、同伴和人工智能（Artificial Intelligence, AI）的力量，帮助人们储蓄、建立强大的信用，并在商业银行投资。Invest Sou Sou是一个基于云的平台，客户可以使用移动电话或计算机在网上开一个账户，根据他们的财务目标定制他们的账户，并邀请家人、朋友、同事等他们信任的人加入。每个人都同意每月将一笔固定金额的资金存入Invest Sou Sou账户。该平台内置的社交网络和同伴监督功能帮助用户对各自的财务目标负责。Invest Sou Sou公司算法提供了智能构建信用技巧和产品建议，将储户与他们的社区联系起来。

为了获取并保留新的客户，并向他们提供多触点接触机会，Invest Sou Sou提供了这一工具。它是一款智能社交银行账户和存款市场，将本地银行与各地的核心存款连接起来，使用流程非常简单，银行员工外出到目标市场招募新客户，这些客户被邀请在手机或电话上开立银行账户，Invest Sou Sou确保银行符合合规要求并在账户中存入资金，客户被要求个性化定制他们自己的账户，他们帮助客户建立长期的存款计划，例如，购买房屋，开办公司或者培养孩子，Invest Sou Sou提供了一个存款目标清单。

在存款过程中，银行使用行为科学和同伴监督的作用来维持客户存款的承诺，一个很好的方式是帮助客户通过牺牲一些零碎的支出来促进长远存款目标的达成。此外银行还鼓励客户邀请家人、朋友、他们认识并信任的人加入该账户，这样做有两个原因：一是客户的朋友或同伴将鼓励他们履行对自己的财务承诺。对客户来说，这是一个很好的机会，客户可以利用这个账户，与不同财务状况和存款目标的其他客户进行互动。银行客户经理对于有某种存款目标的客户，能够随时联系到银行的八到十位客户，而不必花费大量资金和时间来获取。这些客户可以与现有客户随时进行交流。二是客户的同伴、朋友、亲属可以给他们带来更多共同努力存钱的目标。一群亲友可能共同支付一栋房子的首付给银行，一个教会的成员可能为他们当地社区大学的朋友开一个托儿所，也有的人想为明年的春假旅游存钱。客户可以通过他们的平台直接发起交易，比如利用他们的现金抵押品申请贷款、投资或通过银行获得信贷产品，投资于退休或保险。

Invest Sou Sou也可以为一些次级客户提供获得贷款的机会。当一些客户被银行拒绝贷款时，银行发送拒绝信，客户会感觉很沮丧，Invest Sou Sou允许为客户提供另一种选择，他们可以选择一个Sou Sou账户，允许他们使用一个由专有AI驱动的定制计划来保存和建立信用。在这个过程中，系统跟踪该客户随着时间的推移的信用情况，并以更大的批准机会将其带回银行。

## 七、帮客户确立目标的存款账户

瑞典斯德哥尔摩的梦想公司8年多时间以来与哈佛、加州大学洛杉矶分校和多伦多大学等研究机构合作开发了新的方法。该业务由数据驱动，为客户创造深厚的个人情感体验，在吸引客户和提升他们的盈利能力方面取得了无与伦比的成效，是基于认知和行为科学让银行客户参与的新的业务模式，通过新方法提升客户参与度和金融机构的盈利能力。

Dreams平台嵌入手机银行应用程序，为客户提供丰富的用户体验和个性化的储蓄方式，该平台包括可以无缝连接的储蓄、投资和债务管理模块。梦想平台为客户提供增强的数字体验，将客户转变为品牌倡导者。他们成功吸引了20~40岁的年轻用户和69%的女性用户。该系统解决年轻人普遍不愿储蓄的问题，并与AXA IM（安盛投资管理公司，是一家全球性投资管理公司，在全球20多个地点设有办事处。它是全球保险和再保险公司

AXA的投资部门）一起推出一款资产管理产品。

作为千禧一代的年轻父母，他们希望为自己的将来存下一笔钱，有一个财务充足的将来，他们希望银行能够理解他们的需求。但实际上，多数金融机构并没有满足他们的需求，客户的挽留、互动和财务规划的策略并没有反映客户的需求。梦想存款账户能够帮助客户存款，通过运用最新的客户洞察技术帮助客户提高他们的财务健康状况，同时提升客户与产品之间的感情交流。梦想存款账户包括三个功能，一是帮助客户进行存款，这些存款来源是他们原来不知道的；二是帮助他们偿还债务；三是帮助他们跨越投资的门槛。

通过系统灵感中心，客户可以建立自己的梦想，或者创建一个新的梦想，客户可以与家人、朋友共享自己的梦想，例如，客户可以希望帮助自己的疫情中长大的孩子学习棒球，它可以选择一个自己喜欢的棒球运动图片作为这一梦想的主页，之后可以输入自己希望存入的资金金额和目标日期。由于这些建立的梦想内容丰富具体，建立了梦想以后，客户将会有很大的动力去完成存款目标，由于系统帮助客户寻找完成自己目标的资金，系统界面上会显示过去客户在哪些项目上进行了消费，客户可以缩减一些消费项目，如少消费一杯咖啡，就增加了实现梦想的资金。

## 八、国内商业银行该怎样创新存款业务

存款业务是商业银行发挥社会融资作用的基石，低成本负债能力更是商业银行差异化竞争力的重要体现。随着经济增长的逐步恢复，货币政策也将松紧适度，存款业务将受到货币政策的影响。近年来，关于存款的金融监管持续趋严，引导银行存款业务稳健合规经营，降低付息成本，更好服务实体经济。居民财富逐步从储蓄向多元化理财方式转变，存款业务面临跨业竞争。商业银行存款定期化趋势明显，活期存款占比下降，给银行盈利带来压力。商业银行亟待优化负债业务发展思路，积极创新产品和模式，强化主动性负债业务，有效应对新形势下存款业务面临的挑战。

## （一）适应宏观经济形势变化调整负债结构

当央行实施宽松的货币政策时，市场资金面宽松，银行间流动性泛滥，同业存单、短融、票据等融资工具利率下降明显，银行可以适当加大同业存单等主动负债的比例，扩大同业负债的规模，发挥主动负债的盈利作用。当财政发力时，财政支出增加，企业和个人存款增加，应加大企业和居民存款的拓展。当存款准备金率下调，货币乘数加大时，应加大居民储蓄和企业存款的拓展力度。主动性负债可以增加银行的收益，当用户流动性不足时，银行需要进行资产变现，而采取主动性负债，可以保留银行资产的长期营利性，减少资产变现带来的损失。

## （二）加大银行存款拓展力度

优化存款考核体系，减低存贷款业务指标的相关性，增加对结算类存款的拓展，提高整体资金的稳定性，降低整体负债成本。强化储蓄存款业务拓展，加强产品创新，提升服务水平，优化线上流程，优化线下网点布局，提升支付便利性。充分利用支付结算便利性等竞争优势来吸收储蓄存款。运用人工智能、5G、大数据、物联网等新技术深入分析客户交易行为特征、产品使用及板块联动效应、结算渠道服务效能等存款驱动因素，进一步减少对资产拉动型吸存模式的依赖，通过产品加载增加基础性存款规模。

## （三）加大机关企事业单位存款拓展

加强客户经营，组建机关企事业单位客户的专营团队，加强客户维护和产品组合设计，开展深度营销和经营，提升交易银行产品销售，带动存款增长。通过集中代收付、公共交易资金托管、云监管、云账单等产品组合与应用，强化公共资金洼地领域的探索和挖掘，形成"政府资金链"业务模式，开展专业化账户服务，提升活期存款。针对税收、医院、财政、税务、学校、海关、住建等机关团体单位，强化数字化服务和客户画像，利用场景支付、利用集中收付款等产品，加大市场营销力度，做实资金结算服务。根据政府类机构无贷户价值贡献、利率敏感度等不同维度特征，实行差别化定价，提高存款定价吸引力。

### （四）加强活期存款业务拓展

存款活期化直接衍生大量现金管理类的金融服务需求。不断丰富创新优化现金管理类产品，推动企业财资管理平台创新，扩大统管资金池业务等创新产品的市场推广力度，强化现金管理的品牌优势。以现金管理类产品为切入点，提升现金管理、财富管理、公司理财等产品加载数量，强化整体金融服务方案营销力度，增强综合服务层级，提升客户黏性。全方位、多维度地提升与互联网的融合度，强化虚拟账户、直销银行等渠道建设，为客户提供一站式、高质量、个性化的资金管理服务，增强客户个性化体验。

### （五）建立存款交易平台

对于现代商业银行而言，如何扩大负债并且扩大客户基础、降低成本是一个重要的课题。在客户方面，如何利用开放银行的成果，在不同机构之间转移账户，并且提高投资回报率，商业银行可以建立存款交易平台，为吸收存款增加了一个免费的渠道。可以将不同合作机构的存款展示在存款平台上，吸引存款人到这一平台上开户，查找合适的存款产品，可以帮助客户开立在本行的托管账户。通过增加客户的流量，吸引更多的客户了解本行的产品，也可以掌握同业存款产品设计的长处，帮助创新自身的存款产品，提升定制化存款产品的能力。在参加银行成功筹集到存款时，存款银行将根据所筹集的存款总额支付部分费用，增加了平台开办行的收入。

### （六）开发灵活的养老存款服务计划

大多数退休计划都是基于一种旧观念，即人们在职业生涯的大部分时间都在一个雇主公司工作。如今劳动力是流动的，人们更频繁地换工作，雇主要求新的方法来帮助人们为未来储蓄。商业银行位于海外的分行可以开发可携带的退休存款退休福利，建立简单易行的操作，每一名雇主和合同员工都能简易地参加可转移退休储蓄计划。雇员可以在网银上设定参加养老存款计划，像雇员发出邀请，并定期存入一定比例的资金，雇员按照固定的比例和频率存入资金，也可以随时存入额外的资金，消除原有政府强制养老金计划带来的高成本、复杂性和信托风险。

### (七)建立未成年人存款托管账户

新千年家庭正成为巨大的成长市场,他们的金融需求还没有得到很好的满足,新千年的父母看中投资于孩子的教育和未来的退休生活以及应急的存款。商业银行可以建立未成年人存款托管账户,帮助父母为孩子建立好的未来,帮助家长从孩子出生开始,为孩子的生活准备好保障,不仅是教育还包括每一个生命周期事件。家长可以为孩子将来经历的所有人生阶段储蓄。

### (八)开发员工紧急资金存款账户

在新冠疫情流行的大背景下,全球范围内很多人财务状况受到影响,紧急资金存款账户是许多雇员希望雇主提供的一项福利,商业银行可以开发员工应急资金存款账户。帮助人们为紧急情况储蓄,并确保他们为生活中的意外事件做好准备。有了安全保障存款,通过帮助员工自动解决他们的头号压力源和大多数人的首要财务问题,减少员工分心,提高工作效率,雇主可以用最少的成本和精力立即对员工的生活产生积极影响。这个项目很容易建立和管理,雇主和雇员可以在几分钟内创建一个账户,可以在一年中的任何时间轻易地开始部署。雇员可以设定自己的各种紧急需求目标,为意外情况存款变得简单而自动。可以每次发工资时自动储蓄,雇员和雇主可以随时存入资金,可以随时查看自己存款的完成进度,为失去工作、物价上涨、自然灾害、火灾、意外法律事务等意外情况做好准备。

### (九)开发社交存款账户

商业银行可以通过开立社交存款账户的方式增加与客户的互动并增加客户的存款。世界上有很大比例的人正在使用某种形式的非正式社交银行账户作为替代融资解决方案,无论是加勒比海、西非,还是拉丁美洲,这些与社交网络结合的银行账户,可以帮助人们保持他们对团体的财务承诺,以证明他们有良好的财务行为。根据世界银行的数据,这些群体的违约率不到1%,所以我们应该充分利用这一传统。社交存款账户可以帮助银行以很小的成本将一个客户变成十个客户,银行客户经理每年努力实现银行的核心存贷款目标,现代人储蓄减少,银行存款竞争加剧,尤其是千禧一代和小企业主,很多贷款申请被拒绝,银行还需要向贷款申请人提供正向积极的客户体验,社交存款账户正式简单、低成本、效率高的客户营销方式,帮助提升客户体验和存款。通过这一账户共同建立集体努力目标,对客户建立的目标起到督促的作用,改善客户的财务状况。

### (十)开发结合游戏功能的存款账户

商业银行可以开发游戏化的个人理财应用程序,使用与奖金挂钩的储蓄,用户可以玩游戏并赢取现金奖励。通过这一系统,客户在该系统中可以玩多达几十种以上的游戏。打开应用程序时,客户会收到一个免费的每日游戏,客户通过每日游戏每天获得硬币,多存多赢,客户可以使用储蓄任务来帮助自己并赚取更多的硬币。随着客户的链接银行账户余额的增加,他每天的硬币利率也会增加,这样客户就可以玩更多的游戏,赢得更多的胜利。每次完成储蓄任务时也会获得硬币。当客户维持储蓄余额、实现储蓄目标或完成任务时,客户将获得玩游戏和赢取现金奖励的硬币。讨厌理财的人将变成财务赢家。

### (十一)开发帮助客户建立财务目标的存款账户

商业银行可以与金融科技公司、心理学、神经科学和行为经济学科学家共同研发帮助客户建立财务目标的存款账户,通过运用认知和行为科学来显著改善用户情感体验,为客户创造丰富的个人情感体验,为客户提供一种个性化的、情绪化的、高度吸引人的客户体验。通过对客户金融消费行为加强洞察,了解客户的生命周期事件,帮助客户确立有感染力的人生目标,并邀请客户的亲属朋友共同为客户的存款目标提供帮助。为客户现有的金融产品提供框架,以提供更具吸引力的客户体验。通过开发平台账户,金融机构能够与客户的需求建立起真正的联系,创造新的客户参与度,推动额外的收入和增长机会。

## （十二）建立多渠道多产品销售平台

商业银行可以开发多渠道协同的开户互动平台，利用与客户的合作中收集的数据，在任何渠道和任何设备上提供一致、统一的体验，在屏幕、通话或分支机构中创造无缝体验，从根本上提高客户参与度。通过加强对开户行为的洞察，为客户提供定制化的产品和个性化的建议。很多人都在致力于充分利用加密货币浪潮带来的机遇，81%的客户对数字加密货币有兴趣，希望充分利用加密货币安全、隐私、方便的优势，银行也可以将数字加密货币功能整合进多渠道、多产品互动平台，增加客户参与度，推动潜在客户向开立账户转换。

# 02 理财业务创新

## 人工智能技术驱动银行理财业务蝶变

近年来,银行理财业务蓬勃发展,为实体经济的融资客户解决了资金需求,为广大投资者带来了财产性收益,也为银行的收入结构调整做出了重大贡献。资管新规和理财新规发布后,银行理财的生态发生了较大的变化,2020年,理财业务加快进入理财公司年代。随着全球范围内商业银行同质化竞争的加剧,各地金融机构在理财方面开展了一系列创新。本文从人工智能理财产品销售管理平台、动态投资组合调整建议工具、互动式退休规划系统、寿险定制系统、智能化投资组合动态再平衡工具、场景模拟的投资组合管理工具、数字投资管理平台创新等几方面分析国外理财业务的创新趋势,并对我国商业银行理财业务提出建议。

### 一、人工智能理财产品销售管理平台

旧金山的Fligoo公司开发了Sharp AI Practice Insights的预测分析工具。该公司使用数据驱动进行预测分析,实现决策自动化,并通过人工智能提升短期、长期投资回报率。该公司与Broadridge Financial的合作加快了发展步伐。Broadridge Financial拥有85%的美国财富管理公司作为客户。Broadridge Financial利用Fligoo潜在客户的数据,快速进行软件部署,平均实施时间为90~120天,结果立竿见影,将对合作伙伴日常运营的干扰降至最低。该平台利用客户数据提出产品建议,最大限度地提高销售转化率,

大幅增加了B2C和B2B产品销售（信用卡、保险产品、储蓄账户、商业和个人贷款），销售额提升了200%~300%，为各类型的机构客户带来数十亿美元价值。

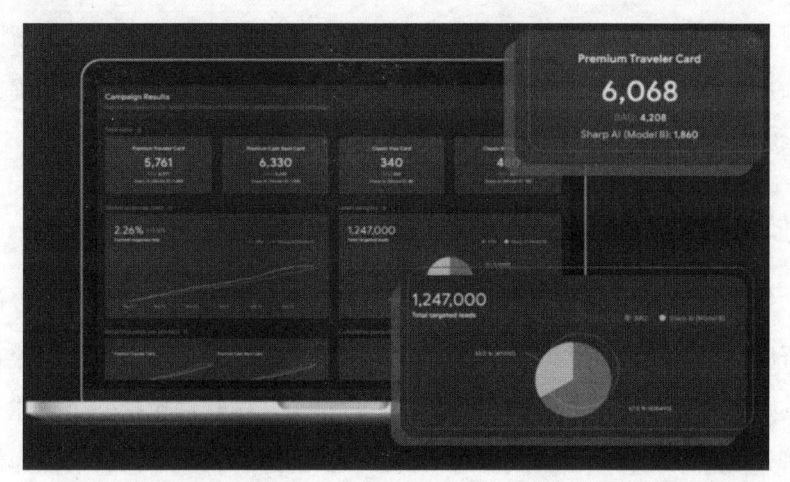

**图1　Fligoo公司系统**（图片来源：https://fligoo.com/home）

该公司通过人工智能技术分析数千种客户行为参数，增加对客户的理解，为客户提供最及时最个性化的产品，提高客户的满意度、忠诚度和钱包份额，增加销售减少流失，使用该技术，在90天之内信用卡销售增加了44%。

在理财顾问的仪表板上，会提示对哪些客户生成了新的投资建议，点击这一模块，就可以看到客户的名单，名字后面有向这名客户推荐的产品名称，如养老基金、证券基础贷款、替代投资等，页面上还展示发送建议的按键。点击这一按键，就会看到一个邮件内容，邮件上列出建议客户购买产品的明细，并告知客户与客户类似的客户在购买这些产品，所有的建议符合合规的要求，如果客户按下发送建议按键，就会向客户发出邮件。

理财顾问点击进入每一名客户的页面，可以查看客户一段时间来的满意度、忠诚度、购买产品潜力的曲线，并且给出了各项预测因素的分值，包括产品组合构成、产品组合表现、同类客户一致性、税务计划、就业状态、季节性，下面展示了向客户推荐的产品的话术和邮件内容和每一项推荐产品的明细和与客户的匹配度，客户的名字旁边展示了客户的满意度、忠诚度、购买潜力的分数和比上月的变动，展示客户的资产总值、管理资产总值、可用现金、市场价值机会等数值。在每一项产品和策略的下面，也可以查看使用这一策略或产品的客户的名单，系统还可以查看所有理财顾问的评分表现，包括产能、客户获取速度、客户满意度、新客户数量得分的对比，从而对理财顾问的表现有全方位的了解。这一系统帮助美国和加拿大的银行提前90天预测90%的客户流失，也帮助投资公司提升了300%客户的投入。

## 二、场景模拟的投资组合管理沟通工具

匈牙利的Dorsum公司的投资软件为资本和财富管理市场参与者提供多种解决方案，在功能、时间和预算方面为客户提供独特的支持。该公司开发的财富管理通信中心系统提供实时客户参与。该软件包括一个功能齐全的聊天信息系统和一个集成的聊天机器人。通过聊天机器人，可以为任意数量的客户创建个性化消息，满足任何类型的预先确定的标准，例如，即将到来的到期日、损益阈值或个性化问候语。此外，还可以通过该系统发送和签署文件。系统支持投资和财富管理的数字化转型，Dorsum系统充分满足了客户对投资组合进行集中洞察、灵活进行净资产估值、定制投资建议、股票匹配、线上建议和确认功能等需求。系统的自动化使银行服务客户的时间缩短了34%，每天帮助银行节省工作人员多达1 000小时的工作时间。

即使在数字化时代，一对一的交流沟通仍然十分重要，不论对普通客户还是VIP客户，当一名客户接到银行的提示信息，由于新冠病毒爆发造成的恐慌，该名客户的资产组合市值下跌了10%，银行建议这名客户对资产组合进行再平衡，这时如果这名客户给理财顾问打电话，理财顾问的电话永远占线，这时可以使用该行部署的Dorsum一对一聊天工具与财富和管理交流中心进行沟通。这一工具将理财顾问和客户通过实时聊天和通知联系在一起，这样即使理财顾问在电话上也能通过聊天及辅助系统处理客户的咨询与诉求。

当客户打开投资App上的即时聊天工具，发出询问时，理财顾问经理一边接到对方的聊天信息，一边弹出客户投资账户的页面，展示客户的资

产总额、资产类别、投资工具、货币分类、交易历史明细、平均价格、资产组合价值、收益与损失、预期现金流、资本移动、风险汇总、预期风险和回报、手续费与税收等。理财顾问可以首先回复一个资产组合再平衡的教育宣传链接，客户可以先行了解什么是资产组合再平衡，例如，在风险较高的市场，最好先卖出高风险资产买入安全资产，几分钟之后，理财顾问完成查看客户的账户信息和系统的建议，致电客户，理财顾问端显示了几种不同的策略选项，其中包括绿色能源组合、全球研究与发展组合、核心资产组合、高技术组合等，客户之前表示过对绿色能源投资感兴趣，因此理财顾问把绿色能源相关的产品文件发送给客户，这时理财顾问利用系统对客户的资产进行模拟调仓，在预测调仓后的组合状况后，将调整资产组合内容的文件发送给客户，客户只需在手机上进行人脸识别验证，就可以完成整个交易确认。

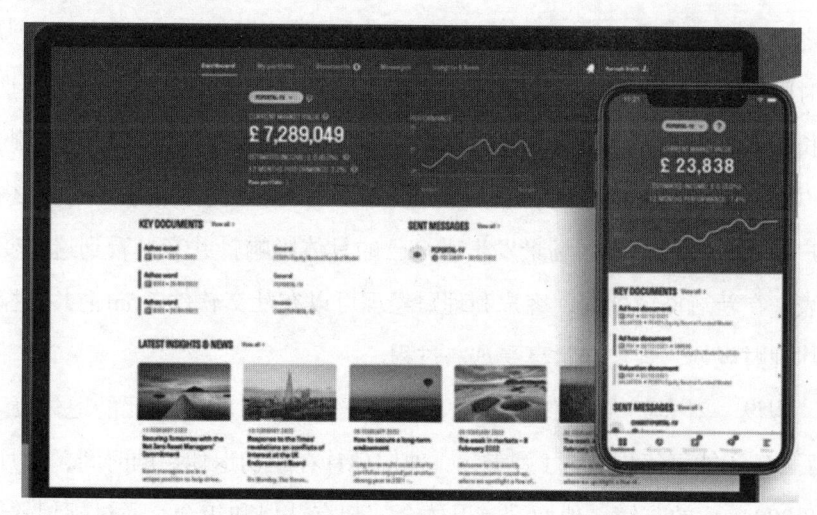

图2　Dorsum公司系统（图片来源：https://www.dorsum.eu/）

## 三、互动式退休规划系统创新

Wealth Conductor是一家金融科技公司，在资产管理、财务规划和金融技术开发方面拥有80年经验。该公司帮助财务顾问和经纪交易商向客户提供退休规划。帮助银行实现服务差异化，并为客户提供高质量的服务。美国每天有1万人年满65岁，退休资产超过25万亿美元，金融专业人士帮助客户花掉他们毕生努力积累的钱。Income Conductor是一款直观的软件，使用该系统可以根据客户的独特目标制订个性化的退休分配计划，并随其优先级的变化实时进行调整。在一个客户中投资多个策略，并将每个策略连接到一个单独的Income Conductor计划部分。Income Conductor被批准用于80多家经纪人或经销商，帮助增加金融机构对客户的价值。

对老一代美国人来说，当他们年龄不断变大，身体状况恶化，他们的退休金和由雇主支付的医疗保险可以支撑他们高涨的医疗费用，但对于即将退休的老年人来说，退休人员破产的比率近年来提升了一倍，老一代的退休策略不再能提供充足的退休保障。在这些过时的退休计划中，要么向客户销售单一的年金产品，要么提供一个支取计划，客户只能有一定概率获得成功而没有一个书面计划。多数理财顾问的建议建立在这些过时的策略之上。Income Advisor使用全新的策略，将客户一生的剩余时间划分为不同时间段，逐段分析支出与收入，帮助财务顾问服务更多的客户实现业绩增长，系统提供互动的计划制订画面，采用全新的方法，客户和理财顾问可以一起更改退休理财计划，实时查看各种假设对整体财务规划的影响，客户喜欢查看各种不同场景发生对自己的具体影响，并亲自看到这些变动图表。在新冠疫情期间，客户和理财经理可以在社交软件Zoom上共同探讨退休理财规划，客户非常享受这一过程。

假设一对夫妇在两年后退休，他们已经积累了80万美元的退休资金，之后2年还能每年再存入1万美元，他们预计在最初退休后的时间，每月需要8 000美元的花销。他们没有退休金，却有社保和年金，通过规划软件，可以看到这对夫妇有37万美元的资金缺口，他们的资金将在20年内花光。

Income Advisor能够帮助分析客户每一类别支出的构成，他们在医疗支出上使用更高的通货膨胀率进行估算，同时随着年龄增长，旅游和按揭的支出将会停止。这样的规划后，资金的缺口将变成盈余10万美元，这样就可以把这10万美元拿出来放在另外一个资产组合中。在未来的30年，这部分资产将增值到与现在的本金相同。

退休计划的篇幅短小精练，理财顾问非常喜欢这一系统，因为可以与客户通过互动增加联系，无须解释50页的文字规划报告书，这导致更高的客户满意度，留住了更多管理资产，只有被客户批准的计划才能实施。

系统可以很方便地与金融机构和基金公司进行连接，他们将客户的资产分为多个不同等级的分层，投入不同的资产组合，系统每天对资产的变动进行分析，当市场出现新的规定或客户有新的消费需求时，系统会给出转换资产的建议。市场风险出现时，系统也会及时提示风险。这一系统帮助一些客户的资产实现指数级的增长，许多原来使用顾问机器人的客户转而使用这一系统。

## 四、互动式寿险定制系统创新

Amplify是首个面向700亿美元终身寿险市场的D2C（直接面对消费者品牌）平台，通过终身人寿保险帮助人们积累财富，为客户提供直接获取人寿保险产品的渠道，通过无摩擦的保单定制、预承保和有效保单管理构建了智能客户旅程，客户可以通过购买人寿保险进行免税的投资，同时可以保护他们的家人。该平台收集多方数据，根据每个人独特的个人偏好、健康和财务状况以及预算定制政策。平台内置了运营商承保参数，以简化审批流程，并将报价、推荐、保单提交和保单管理的不同工作流整合到一个中心平台，供保险代理人和客户经理使用。他们的API（应用程序编程接口，Application Programming Interface）允许连接财富管理平台和其他B2B2C渠道。

Amplify帮助客户建立起保险平台和智能化的投保流程，客户仅需要点击按键，系统就能了解客户的预算、风险偏好、喜好，帮助客户进行保单定制，系统能够跟踪数字化客户的行为、人口特征、偏好的变化，帮助进行产品定价和长期获客，该平台能与金融科技生态系统相连接，并与银行的理财顾问系统相连接。

客户登入系统，首先需要填写年龄、性别、每月的预算，系统会显示终身的保额、65岁时保险的价值，假设填入年龄为35岁，每月预算为150美元，终身保额为15万美元，到65岁时保险的价值为7.86万美元。客户可以随时改变每月的预算，例如，变为200美元，系统互动显示出终身的保额和30年后的现金价值。

　　Amplify是唯一一家能够做到互动显示保险条款变动的保险公司，该公司并不提供单一的保险计划，而是基于客户不同的需要，提供不同的方案，客户可以从如下几个选项中选择自己的偏好：①保护自己的家人免受意外事件、重大疾病的影响；②现有6%~7%的税后回报并可以在任何时候使用资金；③下一代可以安心继承这笔财产。系统会询问客户购买人寿保险的目的，如在意外事件发生时代替自己的收入、还债、继承、存款和税后收入增长、意外疾病的花销等，产品建议引擎将根据客户的偏好推荐最好的产品和合适的类型，客户需要输入自己的年收入、身高、体重、客户输入自己保额和希望每月投入的预算，系统会帮助客户推荐合适的保险产品，系统会询问客户有什么基础病，接受何种治疗，系统会在众多的保险公司中进行匹配，客户可以在不同的保险方案中进行选择，每一个保险方案都可以互动调整每月保费和保额，客户可以进行申请，输入自己的姓名和证件号码，保险合同可以瞬间完成并签署。15%的客户愿意帮助他们的家人购买人寿保险，他们可以在平台上购买和办理。通过这一快捷的平台，客户能够实现财富的增长，使自己和家人获得安全的保障。

图3　Amplify公司系统（图片来源：https://quotes.getamplifylife.com/）

## 五、透明化的数字投资管理平台创新

CybiWealth是FIM Capital Limited的一个部门，FIM Capital Limited是一家总部位于马恩岛的财富管理公司。他们提供简单直观的数字投资平台，使个人能够轻松地投资于世界主要证券交易所上市的高质量跨国公司股票，如可口可乐、联合利华、雀巢和欧莱雅，他们为希望在海外投资的个人提供从500英镑（约9 500兰特）开户投资的机会。CybiWealth投资组合由FIM Capital经验丰富的投资团队管理。客户可以经由CybiWealth的网站和API通过转账、借记卡或信用卡进行投资。

该投资组合由上市的跨国公司组成，这些公司都是成功、成熟的国际品牌，有着良好的业绩和股息支付记录。这些公司通常是特定领域的市场领导者，拥有全球分销网络，在世界各地销售其值得信赖的品牌，具有多元化的产品和市场分布，使它们更能适应不断变化的经济条件、技术和趋势，并在可预测的行业运营。CybiWealth的股票投资组合允许客户直接持有全球公司的股票，而不是持有集体投资计划或共同基金的一小部分，由经验丰富的投资专家团队每天管理他们的投资组合，客户享受CybiWealth的完全透明。客户将收到来自自己直接持有股份的公司的股息通知和新闻。CybiWealth每年收取0.75%的管理费，除管理费外，CybiWealth还收取0.075%的年费，用于保管客户的投资。与许多其他产品不同，它没有初始费、退出费或绩效费。

该公司创始人在年轻时曾试图寻找低起点的投资途径，但是由于不知向哪里进行投资，不能达到投资门槛而不得不放弃。为了达到投资简单化的目的，该公司开发了简单的高质量的跨国投资组合，客户可以在App或电脑网页上查看投资的股票股数、股价和投资组合价值，客户不用盯盘。该公司的团队选择了20家公司的股票形成投资组合并确定何时进行买卖，与此相对比，许多ETF、共同基金和投资计划往往投向多达50家公司，侧重得到较多的股息回报，而且在一年的时间内计划全部更换一遍，导致投资者基本不了解他们投向哪个方向和原因，客户不能容易地投向自己希望投资的公司。CybiWealth更加关注如何帮助客户开启投资，其投资门槛定为500英镑，而同类的投资一般起始投资金额为2.5万英镑，客户登入CybiWealth的App，仅需要输入希望投资的金额，选择付款的形式。在透明度方面，系统清楚显示所有的手续费，以及可以查看每一种投资股票的信息，许多客户不信任基金公司的原因是不了解投资的每一种股票，客户还能够随时了解到组合的调整信息，哪些股票被替换，不仅让客户了解组合的进展，还告知客户组合调仓的原因。

图4 CybiWealth公司系统界面（图片来源：https://appadvice.com/app/cybiwealth/1263100601）

## 六、智能化投资组合动态再平衡管理工具

荷兰的A银行与德国的Fincite GmbH公司合作，提供一流的数字投资建议和管理服务。他们开发的模块化投资软件通过智能咨询引擎将客户的财务信息与投资组合管理软件连接起来，可以汇总、分析和管理客户的金融资产。基于这一软件，银行、资产管理公司、保险公司和顾问共同为客户创造创新的数字服务。自动顾问引擎通过数字咨询流程指导私人银行顾问和客户。客户或顾问可以通过检查其投资组合是否符合A银行的投资策略来提出投资建议，或者根据对其投资组合的分析和客户的要

求提出投资建议。投资组合将应用A银行的投资策略，并符合监管的要求。通过在A银行私人银行业务中实施这一解决方案，投资组合的再平衡计算时间减少了99%。高速的开发保障了高质量的项目交付和快速进入市场。

系统帮助拥有很大数量理财顾问的银行提高工作效率，能够提高理财顾问的工作效率，使他们有更多的时间服务更多的客户，也能够使其理财建议更有效，提高客户的满意度。这一工具的所有要素都是从客户角度考虑，包括客户的国籍、分行、服务和建议的类别、优化的引擎、客户风险偏好等级、客户资产组合、客户投资限制（包括行业地区的限制、除外的投资工具、工具数量、工具市场价值），针对能源、大宗商品、工业、医药、信息技术、通信、公用事业，可以设置传统市场、新兴市场等地区，可以设定债券的种类，都有设置限制的开关，客户可以选择关上对应的选项，如果客户不喜欢在医药行业进行投资，理财顾问可以关上这一行业的开关。

客户可以选择在自己的投资组合上投入更多的资金，也可以选择取出一定款项，假如客户希望取出10万美元的资金，如果通过传统的方法，由财务顾问进行分析和建议，大约需要1小时的时间，而使用这一平台，只需要输入希望取出的金额后，点击分析按键，系统几秒钟之内就可以完成分析，系统会显示出客户持有的证券、债券、另类投资、流动资产的柱状图表，相应的图表就会展现客户现有投资组合的比例、整个A银行客户投资这类资产的比例、对这名客户建议的投资比例，之后只要客户按照建议的投资比例进行调整，就可以完成资金的提取，在系统页面相应地还显示对每一种资产的投资情况和调整建议，买入和卖出何种股票以及原因，例如，系统建议一名客户更换现在持有的能源类股票，如果客户对建议买入的股票不满意，可以点击对应位置的按键查看所有能源类股票的情况，每一个股票名称后面都有购买、持有的建议和评级，有建议买入的价格。对于医药行业的股票，由于客户设定不进行投资，因此建议卖出。系统可以回答客户的任何问题，系统对每个客户可以节约

1小时时间，加总起来，全年能够延长相当于10周，理财顾问可以利用这些时间加强与客户的联系，系统也能够大幅减少人工理解、操作上的错误。

图5　Fincite GmbH公司系统（图片来源：https://www.fincite.de/）

## 七、开展投资效用分析的投资组合管理工具

Andes财富科技公司由金融技术资深人士创立，帮助理财顾问提供个性化的建议并获得更好的结果。该解决方案包括一系列实用的功能，实时风险监控以提供可视化监控页面并与客户沟通风险，理财顾问可以使用它来识别客户并转换潜在客户。先进的风险承受能力测试直观、准确地测量客户的风险偏好，利用行为金融学开展灵活的迷你调查，帮助银行准确测定投资者类型、行为偏好、金融智商，以及开展准确的认知能力测试，通过提供新一代的分析和预测，帮助金融服务专业人士做出更好的决策。系统优化特定资产类别、干预时间范围以及其他目标函数的信号，使客户能够提高回报、降低风险和提高效率。

该公司是首家将金融行为学与金融分析相结合帮助理财顾问提供大规模真正个性化服务的财富管理公司。商业银行首先需要了解客户的特点，在客户汇总展示界面上，展示客户的投资者类型、投资者情绪风格、损失厌恶度、认知能力、财务智商、风险容忍水平、预期回报、市值、不同期限的回报率和风险损失、不同指数的比照业绩基准水平。他们根据研究将客户分为被动的接受者、趋势跟随者、叛逆者、风险厌恶者等，通过准确的测试，可以帮助客户更好地了解自己，成为更好的投资者和客户。认知能力测试随着客户年龄的增长帮助及时了解客户认知能力下降的信号，使理财公司能在合适的时间采取合适的行动，保护这些客户。

使用行为金融数据，可以开展客户资产组合健康分析，帮助发现风险客户，他们将客户的资产组合在坐标图上显示，X轴代表风险，Y轴代表收益，代表不同客户资产组合的图标显示在不同的位置上，可以从图中找到高风险而低收益的资产组合的客户，帮助这些客户改善资产组合。通过这一图标工具，提升服务客户的效率。

系统对风险容忍度测试有全新的设计，在风险容忍度图上，不同的风险容忍度对应不同模型的资产组合，每一风险模型的绿柱代表收益，红柱代表风险，客户选择自己最舒服的资产组合，系统针对每一种资产组合都有效用曲线分析，系统利用过去30年的数据，计算出每一种资产组合的不同历史时间段的效用曲线，同时会显示出当期资产组合的实际效用曲线，实际的效用曲线与估算的效用曲线往往发生偏移，这样就可以指导客户在特定的市场条件下调整自己的实际风险偏好，调整资产组合，提升收益率，例如，当实际效用曲线向图标左下方迁移的时候，客户可以选择更高风险偏好，实际风险增加不多，资产组合的收益却有较大提升。一般客户在调整自己的资产组合时，往往没有清晰的方向，在精准分析的情况下，就可以更有力度地调整资产组合，系统这一功能非常强大，帮助银行获得更多客户的青睐。使用这一工具能帮助客户克服心理恐慌，在正确的方向上加大投入。银行还可以使用这一工具监控金融危机的形成，当金融危机来临时，所有的效用曲线都向右下方迁移，这样可以帮助投资者确定金融危机的来临，帮助投资者躲避风险。

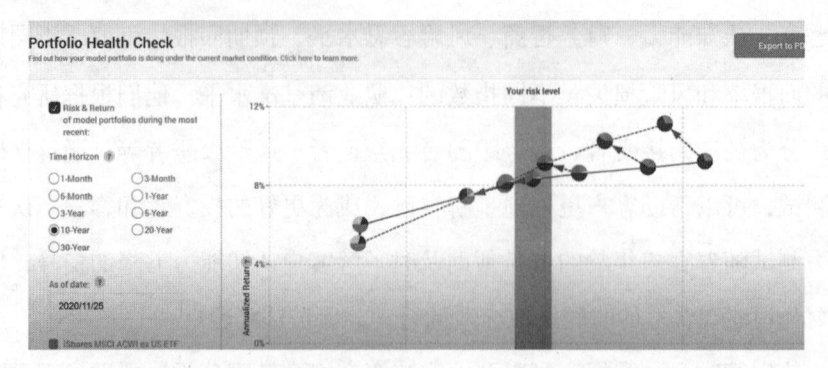

图6　Andes公司系统（图片来源：https://andeswealth.com/financial-advisor-solutions/）

## 八、我国理财市场的创新趋势

近期，我国银行理财市场相继推出了养老理财商品及衍生品类理财、REITs（不动产投资信托基金，Real Estate Investment Trust）理财产品等创新产品，满足了居民多样化的资产配置需求。理财业务的发展呈现以下几个特点：

### （一）理财公司在银行理财业务中起到了主要作用

资管新规规定："主营业务不包括资产管理业务的金融机构应当设立具有独立法人地位的资产管理子公司开展资产管理业务，强化法人风险隔离，暂不具备条件的可以设立专门的资产管理业务经营部门开展业务。""商业银行应当通过具有独立法人地位的子公司开展理财业务。暂不具备条件的，商业银行总行应当设立理财业务专营部门，对理财业务实行集中统一经营管理。"截至2022年年末，已有31家理财公司获批筹建，其中30家已正式开业。截至2022年6月末，理财公司理财规模达19.1万亿元，占理财规模的66%。

### （二）养老理财产品取得新发展

开展养老理财产品试点，稳步推进养老金融改革，发展第三支柱养老保险。我国居民的养老需求旺盛，2021年9月10日，银保监会发布《关于开展养老理财产品试点的通知》，选择工银理财（武汉市和成都市）、建信理财（深圳市）、招银理财（深圳市）和光大理财（青岛市）"四地四家机构"开展养老理财产品试点。试点期限暂定1年，每家试点机构养老理财募集规模不超过100亿元。通知要求四家试点机构稳妥有序开展试点，同时，坚持正本清源，要求各理财公司规范养老理财产品名称使用，持续清理名不副实的"养老"字样理财产品，维护养老金融市场良好秩序。目前我国养老金融市场中的养老型产品主要包括三类：公募基金养老产品、保险机构养老产品、银行机构及理财公司养老产品。理财公司有望在养老金融领域发挥更重要的作用。

### （三）理财公司探索发行ESG主题产品

理财公司积极探索ESG（环境、社会和公司治理，Environment，Social and Governance）主题产品，多为长期限的固定收益类产品。根据《中国银行业理财市场半年报告（2021年上）》，2021年银行理财市场大力响应国家政策号召，多家理财公司持续发行ESG主题的理财产品，积极响应国家政策号召，践行社会责任投资，参与塑造和完善ESG投资体系，助力我国碳达峰、碳中和目标实现，还有机构推出了投向更为鲜明的"碳达峰""碳中和"主题理财产品。2021年，共有15家理财公司发行并存续99只ESG主题理财产品（包括碳达峰、碳中和和绿色金融主题），多为开放式净值型产品。

### （四）试点发行公募REITs

理财资金陆续试水公募REITs，资产配置品种进一步拓宽。公募REITs表现出了既能获取稳定现金流同时又能享有资产增值收益的"股债双性"，是较为优质的配置资产，银行理财参与积极性高。理财资金试水公募REITs，光大理财推出首款公募REITs理财。工银理财、建银理财等理财公司参与投资首批公募REITs，2021年建信理财共参与8单基础设施公募REITs投资，合计认购金额超过32亿元，最终获配金额5.2亿元。2021年11月4日，光大理财发行了理财公司首只公募REITs理财产品——阳光红基础设施公募REITs优选1号，主要投向公募REITs基金（公募REITs的投资比例不低于80%）。

### （五）多家理财机构布局指数类理财产品和衍生品类理财

截至2021年9月，理财公司指数类产品共62只。其中，招银理财的指数类产品数量共29只；宁银理财共9只。种类包括：挂钩配置指数：工银理财、建信理财、中银理财、中邮理财、招银理财、宁银理财、杭银理财均布局挂钩配置指数的理财产品，配置指数涵盖范围既包括某一主题下的股票指数，也包括跨资产类别的大类资产配置指数，还包括FOF指数等。挂钩宽基指数：工银理财、招银理财、平安理财均布局挂钩宽基指数（股票指数）的理财产品，这里的宽基指数包括沪深300指数，中证500指数，其中挂钩中证500的产品较多。挂钩商品指数：中邮理财、光大理财均布局挂钩商品指数的理财产品，均挂钩黄金指数。挂钩债券指数：中银理财布局挂钩中短期高等级信用债指数的理财产品。兴银理财发行衍生品类理财，进一步丰富了理财公司产品线。衍生品类理财产品挂钩中证500指数，到期可获取高于指数的收益。以兴银理财指数新动力2号为例，该产品有区间安全垫，在指数下跌20%以内可获取保护，即中证500指数在存续期内任一日未跌破期初价格的80%，该产品至少获取6%的收益。

## 九、银行怎样创新理财业务

### （一）开发互动式退休规划系统

以往的财务规划师通常依赖随机模拟和过去的绩效模型，商业银行可以开发互动式的退休规划系统，帮助顾问和客户合作，将客户关注点从投资回报转向收入的可靠性，实现成功的退休绩效。将收入计划分解为时间分段的里程碑，每个部分都可以与特定的收入目标相一致，从而提供可靠的短期、中期和长期收入。还可以帮助理财顾问链接和同步来自任何来源的收入数据，以计算、完善修正每个计划。通过时间分段的策略将可能发生的较大的问题划分成更小、更易于管理的部分。系统每日跟踪和自动洞察功能帮助客户在不放弃市场增长的情况下保证收入。系统可以帮助客户模拟不同的经济场景，查看自己退休计划的预期投资结果，在购买退休计划后，系统可以跟踪和管理客户收入计划中的资产，保护他们未来的收入。

## （二）建立互动式的寿险定制平台

人寿保险其实是可以帮助人们实现财富增长，而不仅仅是保护人们的资产，保费的78%是被投资出去的，许多年轻人不知道这一资产投资形式，商业银行可以与保险公司合作建立寿险定制平台，帮助客户基于客户的预算、兴趣和个人情况定制化保单，提供定期、终身、现金价值的人寿保险。客户可以进行高增长投资，客户可以将高达90%的保费投资于高增长的投资基金，积累财富，客户可以以免税的方式获得自己想要的，同时仍然提供保护自己的亲属的保险。现金价值的人寿保险是把客户投入的绝大多数保费存入账户中，客户可以免税地使用这部分资金，客户本人死亡后，受益人也能得到保障。客户需要确定需要保护什么，可以根据需要定制策略，无论是家庭、资产、健康、退休还是葬礼。根据目标确定保险保额。客户仅需要回答几个基本问题就可以在5分钟之内得到报价。通过平台向客户提供多家保险公司的人寿保险，客户可以进行选择，银行可以增加代销保险收入。

## （三）开发人工智能理财销售平台

商业银行可以建立人工智能销售决策引擎，以更低的成本和更快的速度为客户提供更高的投资回报率。使用人工智能将其各个部门、业务部门和通信渠道转变为数据驱动的有机整体，实现对客户前所未有的了解。从每次互动中学习，不断优化和加强客户关系。从正确的贷款、信贷优惠和保险产品中进行挑选，确定客户在其生命周期的每一时刻需要的产品。人工智能每天监测市场环境变化、每一名客户的资产组合并与客户互动，并向理财顾问提供向客户的建议，及时准确地预测客户的信用水平，合理评估抵押，并建议正确的延期或催收行动。理财顾问在仪表板上可以查看向每一名客户推荐的产品名字和详细内容，降低客户流失率，提升参与度。

### （四）开发场景模拟的投资管理和实时通信工具

商业银行可以开发财富管理聊天通信工具功能，系统提供不同来源的实时数据，系统设有前台和后台模块，可以灵活地进行净资产估值、股票配对、限额和清算监控，通过一对一或群聊即时联系客户，轻松向特定客户发送通知内容。现今社会的客户体现出一些新的行为特点，58%的私人客户更喜欢使用移动技术进行支付和交易，83%的新一代投资者要求对其投资组合进行集中、透明的洞察，65%的私人客户希望使用具有定制通知功能的移动应用程序，56%的客户希望在与供应商正式互动后获得数字形式的签名。当客户资产组合估值下降到一定程度时，系统将向客户发出调整资产组合的建议，客户可以通过聊天机器人与理财经理进行联系，理财顾问端可以实时查看客户的资产和交易、收益等信息。系统可以根据客户的风险偏好制定调仓建议，客户可以通过在线人脸识别功能完成确认。

### （五）开发数字投资平台

商业银行可以建立数字投资平台，让个人能够以较低的投资起点直接投资于高质量的跨国公司，投资组合中的目标公司是根据严格的标准选择的，公司必须在主要的证券交易所上市，必须有向股东支付的股息随时间增长记录。客户可以持有领先的全球跨国企业的离岸股票组合。数字投资平台应聚焦提高投资的透明度，平台应具备以下几个特点：涉及简单的投资解决方案、容易参与投资以及透明化。客户以自己的名义持有购买的股份，而不是以投资经理的名义持有。一旦客户进行了投资，就会收到对应的通知，包括客户的投资组合中股票的种类和股数，客户也能随时查看得到的股息，客户可以随时登录自己的账户查看账户余额和投资活动。

### （六）开发自动投资组合再平衡工具

商业银行可以开发投资组合智能化再平衡工具，可以帮助客户进行养老金和财务规划，在分析所有客户的财富数据基础上提供投资建议报告，为客户提供自动化和高速个性化的建议，可以应用于银行的零售、财富和机构客户，将来自不同银行、房地产、养老金和其他资产的账户与市场数据联系起来，创建一个整体视图。为客户提供最先进的投资产品，包括友好的用户体验设计（前端）和定量算法（后端），通过展示客户组合的潜在改进来赢得更多客户。将客户的金融专业知识与最先进的数字思维和IT基础设施结合起来。52%的零售客户希望银行或保险公司提供可持续的金融产品，而只有5%的零售客户"拥有"可持续的金融产品。可以基于ESG KPI（关键绩效指标，Key Performance Indicators）分析现有客户的投资组合，查看客户投资组合的当前ESG绩效，并展示更多与ESG相关的见解。可以优化投资组合，从现有客户的投资组合中衍生出符合ESG的投资组合，或从头开始为新客户构建符合ESG的投资组合。

### （七）借助行为金融数据开展资产组合分析

理财顾问需要高效地向客户提供个性化的服务，商业银行可以将行为金融学与传统金融学相结合建立客户投资效用曲线，应用适应性市场理论，将风险容忍度测试与传统风险问卷相结合，具有直观、准确的特点，结合风险可视化，为财务顾问提供新的财富管理方式。帮助客户了解他们的行为倾向（厌恶损失、过度自信、羊群效应），帮助他们更准确地了解自己作为投资者的行为特征，将客户的选择直接映射到客户的模型投资组合，为客户提供超个性化服务。对客户的投资组合进行效用分析，用图表显示客户的实际效用曲线与估算效用曲线之间的偏差，指导客户在特定市场条件下调整自己的实际风险偏好，调整投资组合提高收益率，在精准分析的条件下，更大力度地调整资产组合，提升收益率。

## 03 消费金融创新

## 数字与智能技术如何助力零售信贷场景创新

随着全球经济复苏放缓，商业银行面临竞争加剧、利率市场化、客户行为模式变化等挑战，盈利能力受到影响，个人金融业务具有逆周期的特点，各国商业银行均加大力量发展个人金融业务，个人金融成为商业银行成长最快的业务，零售信贷业务是个人金融业务中利润最为丰厚的业务。近年来，PC时代被移动互联网时代替代，人们的行为方式越来越碎片化，消费需求也越来越个性化，为金融机构将一切需求与供给通过多种场景来链接提供了可能。各国商业银行通过整合充实自身服务场景、融入外部服务场景、新建服务场景等方式，创新零售信贷业务场景生态，取得了业绩增长。本文分析总结国内外商业银行在利用最新金融科技开展零售信贷场景创新方面的探索实践，为我国商业银行的业务创新提供借鉴。

### 一、购车场景

美国的CuneXus公司与汽车网站埃德蒙多网站合作开发了一种革命性的在线和移动汽车购买方案。在最初的12个月里，CuneXus平台发放消费者贷款，此后，该团队宣布了新的分销渠道和合作伙伴，增加了数十家银行和信贷联盟客户。CuneXus公司的预先批核贷款将先进的数据分析和顺畅的流程整合在一起，向客户提供个性化的贷款和购物体验。在此过程中提高了贷款交易额，减少了运营成本和处理时间，加深了客户关系，提升了银行和销售商的利润。

CuneXus公司为贷款、汽车消费带来根本性的改变。该系统采用CPL综合预授信的方式，向银行或信贷联盟的客户预先批核贷款，贷款申请程序变得没有必要。当客户登入银行的网银账户，页面上显示多种贷款的选项，其中包括学生贷款、家居贷款、新车贷款、修车贷款、现金额度、信用卡和整合贷款。客户申请贷款时可以点击申请按键，填上自己的电话，后续银行会和客户取得联系。手机应用界面上会显示每期还款的金额，客户点击接受键，贷款就完成审批。

客户也可以在商店购买某种商品时申请消费贷款，客户可以在手机上填入需要的金额和期限，系统会显示每期还款金额和利率，客户可以留下电话号码，点击确认键，系统会显示贷款申请文件，客户可以在屏幕上签署申请文件，系统会提示现金当时即可使用。客户在购买新车的同时，还可以同时出售旧车，系统会对旧车进行评估，并计算出所需的贷款。客户也可以选择购买相应汽车的保险，同样可以分期支付。这时现金已经存入客户的借记卡，客户可以使用手机和指纹在商户非接POS（刷卡终端，point of sale）上进行支付，整个过程非常顺畅快捷。

DCU（Digital Federal Credit Union）是加拿大的一家成长最快的商户贷款商，目前有1300多家商户，该公司在2011年投产了这一服务，每天的贷款金额达到数百万加元，该公司通过向位于商户的客户提供有竞争力的贷款，帮助商户完成交易。这些服务包括客户贷款的快速批核、稳定的系统和有竞争力的利率。这家公司向商户提供iPad应用，使用该软件，可以帮助商户完成交易，商户无须承担手续费。

当客户在商户结账时，如果他希望得到贷款，可以在iPad上申请，需要填写电邮地址、手机号码，使用iPad对身份证件拍照后，客户身份证件上的信息和照片也被附加到申请表中，客户需要在电子表格上签署，服务员也要签署完成表格的填写。客户可以选择等额还款的期数，系统会显示不同的期数下的实际利率，显示还款的频率和每一期的还款金额。在系统的后台，银行可以看到每一笔借款的详细资料。系统可以由DCU公司提

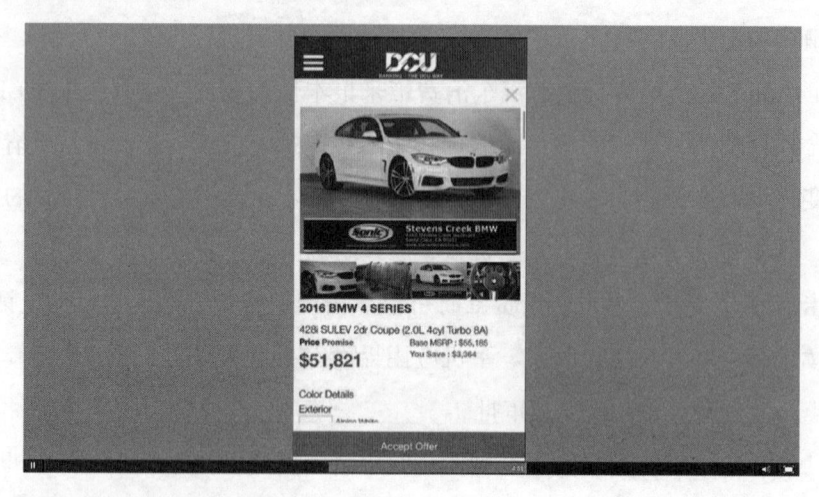

图1 DCU公司系统界面（图片来源：https://www.dcu.org/financial-education-center.html#auto-loans）

供，该公司为多家银行提供相应的服务，银行在后台可以看到所有与这笔贷款相关联的资料，包括客户的申请历史、客户信用状况的变动情况，以及审批团队所做的所有工作的记录。

## 二、现金贷场景创新

### （一）工薪日贷款

在美国有为数众多的人口依靠工资生活，其中有大量的人工资被拖欠。美国加州的PayActiv公司与各家公司合作，向雇员提供实时取用工资的借贷服务。PayActiv对公司招募员工、员工表现和员工挽留产生明显的效果，使用PayActiv的员工可以减少生活中的财务压力，平稳安排自己的日常支出。PayActiv的MyMo应用和生态系统对参加公司的现有IT和发薪流程没有改变，参加这一服务的员工可以智能地管理自己的财务，及时获得资金，应对紧急事件而无须支付高昂的贷款利息。

这家公司在人们需要的时候就支付工资，这些工资是雇员已经挣到但没有拿到的。这一应用弥补了消费与工资到账之间的时间缺口。登入MyMo的登入界面后，可以看到我的资金、分析、存款三个选项，页面的上方显示了现有的资金余额，客户可以选择在商户提取现金、向银行账户转账、支付账单、向他人汇款、为手机充值等几个选项。如果客户选择向银行账户转账，页面会显示出客户登记的所有银行账户。之后，客户需要填写希望转入账户的金额，PayActiv不收取利息，只收取5美元的手续费，点击确认键，资金就会转入客户的银行现金账户。当天或者次日，客户就能取出现金。如果客户需要更加紧急的现金，可以在手机界面上填写需要的金额，之后界面上会显示出一个密码，使用这一密码，客户可以在ATM或零售商店内得到现金。使用MyMo还可以支付账单，避免缴纳滞纳金，客户可以选择相应的商户并填写相应的金额。客户还可以选择存款，在界面上设定存款的频率和每次存款的金额，帮助客户建立存款的良好习惯。目前已经有1万多人开始使用这一应用。

图2　MyMo系统界面（图片来源：https://www.payactiv.com/for-you/）

### （二）汽车紧急贷款额度

美国佛罗里达州的Finova公司推出了汽车紧急贷款额度，向客户提供紧急现金。这一线上汽车紧急贷款额度的成本比一般贷款成本低50%，该公司使用自己的系统评估客户的信用预测贷款的未来表现，因此即使仅有较少信用记录或没有信用记录的客户也可以享有较低的利率。贷款的利率非常透明，只要客户登录系统，并提供必要的信息，就可以立即得到贷款的决定。多数的银行和贷款公司对于客户的紧急用款申请只提供短期贷款，Finova公司提供的贷款的偿还期最短为12个月，因此这一公司的贷款可以作为紧急贷款的首选，也可以被用来整合其他贷款。当客户使用Finova公司的贷款时，也得到了信用评分的积累，客户财务信用更为健康，便于客户今后申请新的贷款。

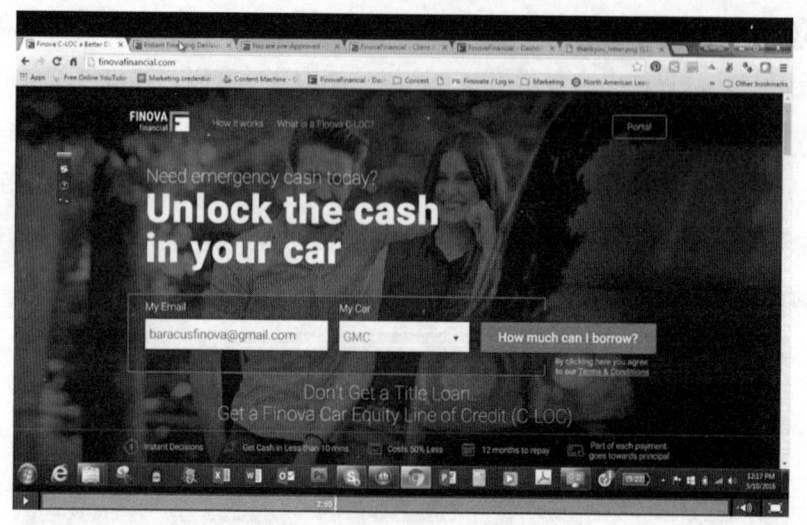

图3　Finova系统界面（图片来源：https://www.finovafinancial.com）

　　50%的美国人在遇到紧急的情况下拿不出400美元的现金，当他们紧急用钱的时候，他们开车走遍大小商店，将信用卡作为抵押，经过两个小时，填写很多表格，申请到一笔贷款，这笔贷款通常在30天内需要全部偿还，或者只偿还利息，一般情况下，利率高达30%。这些借款人偿还八次利息后，本金仍未偿还。Finova开发的汽车紧急额度贷款可以在12个月内分期偿还，如果客户有良好的还款历史，还可以享有更低的利率。使用Finova申请紧急现金的时候，仅需要输入自己的姓名、汽车的品牌、购买年度、汽车的里程，系统会显示客户有较大的概率获得汽车紧急额度贷款，之后客户需要按照指引填写自己的电话号码、汽车的情况、公司信息、联系人、汽车编码、型号，还需要上传汽车的图片，客户可以使用手机对自己的证件和驾照拍照，整个过程只需要10分钟，就可以获得贷款。这家公司在1年之内就发放了5 000万美元的贷款，在Finova后台的电子地图上，显示了其客户的地理位置。许多客户由于很方便地申请到了Finova公司的紧急贷款，对这家公司非常感谢，因此这家公司与客户建立了非常好的关系。这家公司的目标是将美国正规贷款体系之外的客户的20%纳入他们的客户范围。

## 三、旅游场景

英国的升级包公司开发的App使用独特的机制，将未销售的顶级座位和房间通过快速和打折扣的方式提供给银行客户，向客户提供有折扣的飞机和酒店升级服务，帮助银行挽留和吸引客户。这项服务得到了高价值客户的认可，也提升了这些客户的消费额和钱包份额，使银行的消费、客户的忠诚度、产品需求都得到提升。据统计每天仅有83%的飞机机票和74%的酒店房间被销售出去，而剩余的机票和酒店房间只能闲置。旅游是大多数消费者最喜欢的消费种类，95%的人在旅游中希望他们的旅游计划可以升级。升级包公司可以使客户这一渴望得到满足并成为现实，在这一过程中，客户可以看到获得了很大的价值回报。银行使用这一服务，只需支付一次年费，客户可以无限次使用升级服务。这种升级服务在这一渠道之外并不向公众提供，使客户可以更加聪明地旅游。客户在酒店可以享有更大和更舒适的房间。

当银行客户登录手机银行，可以选择在手机银行里进行机票和酒店的预定，在支付完成之后，可以点击进入升级包的链接，这时页面会显示飞机行程和酒店住宿两个选项，点击飞机行程，输入订单号码，系统会显示已经购买的机票信息，（出发地和目的地，起飞降落时间、航班号、承运人等），同时会显示升级到商务舱的原始价格和优惠价格。如果客户点击升级，就会显示客户的信用卡号码，客户输入CVV就可以完成支付和升级。客户也可以使用透支账户进行支付。

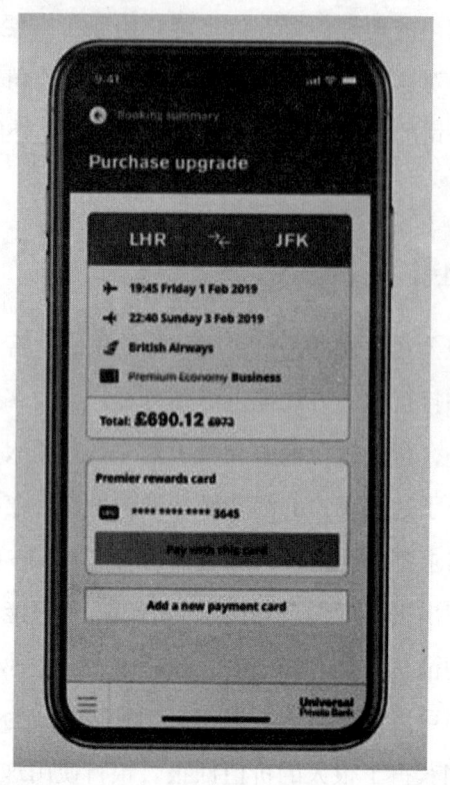

图4 升级包公司系统界面（图片来源：https://www.upgradepack.com）

## 四、教育场景

美国马萨诸塞州的Simple Tuition公司帮助学生寻找合适的个性化的学生贷款，该公司帮助学生和学生家长了解教育贷款的多个选择，提供多种教育贷款选择，帮助学生和家长从多个出借机构中选择合适的贷款，并将借款人与贷款人直接联系起来，帮助学生和家长了解不同学生贷款之间的差别，帮助潜在的借款人比较月度还款金额、偿还次数、第一次还款日期和实际利率，还向客户提供贷款价格优惠和其他方面的贷款信息。

美国的B银行提供的教育贷款包括本科生贷款、研究生贷款、家长贷款、在职人士教育贷款和学生重组贷款。学生在相关学校大学申请学习时，可以查看到贷款申请的链接。本科生贷款是为参加传统4年制大学本科学习的学生提供的贷款，可用于支付大学教育的学费、书费、计算机和住宿费用，学生在离校后6个月内无须支付任何费用，学生在上学期间可以选择提前还款，免收申请费、提前还款费等费用，学生享有贷款利率优惠。研究生贷款是为攻读MBA、法律和其他研究生、攻读专业证书的学生提供的贷款。学生可以享有有竞争力的利率，研究生可以享有利率优惠，尽管大多数借款人无须提供共同借款人，但是假如有共同借款人，也可以享有更优惠的利率优惠。在职教育贷款是向参加两年制职业教育培训或非传统教育计划的学生发放的贷款。学生可以享有利率折扣。学生家长贷款向学生家长、家庭成员、朋友提供，帮助学生覆盖教育成本，使他们能够集中精力学习，家长可以选择立即还款，也可以选择在48个月以内的时间内偿还本金和利息。学生重组贷款，帮助学生对所借的贷款进行重组，防止影响学生的信用评分。重组贷款可以将客户的借款重组为5年、7年、10年、15年或20年期限的贷款，可以帮助申请的客户降低实际利率。使用这一产品，学生可以将多笔联邦或私人贷款整合成为一笔联邦或私人贷款。重组贷款提供一个全新的利率，有可能降低每月的还款金额。

## 五、养老场景

美国、英国等国家的商业银行提供反向房屋抵押贷款。反向抵押贷款通常用于补充老年人的退休收入、偿还按揭贷款、装修房屋、支付照看费用、支付日常支出账单等。反向抵押贷款直到借款者去世或卖掉房屋，贷款不用偿还。美国有三种反向抵押贷款产品：住房权益转换抵押贷款（HECM：Home Equity Conversion Mort-gage）、住房持有者（Home-Keeper）贷款和财务自由（Financial Freedom）贷款。HECM是一种半公共半私人性质的贷款，占房屋反向抵押市场的95%；Home-Keeper贷款受国家财政支持，具有社会优抚性质；Financial Freedom贷款是由私人机构提供的，以营利为目的，是一种贷款人自保的纯私人性质的反向抵押贷款。不仅年老的客户可以使用这一贷款，这种贷款通常由拥有房屋但缺少现金流的老年客户申请。贷款金额的给付可以一次性支付也可以按月支付。对客户没有医疗或收入的要求，贷款无须缴税，只要老人居住在房屋内，就无须偿还贷款。

一些银行向老年客户提供的反向抵押贷款提供灵活的年期选择，客户可根据自己的需要，选择在10年、15年、20年或终身每月收取年金。除了每月年金外，客户还可选择提取一笔过的贷款以应付特别的资金需要，如全数偿还房产原有按揭、支付物业的主要维修及保养或医疗费用。

一些银行还对最多6名家庭成员或朋友共同承担为支付照顾老人的费用而申请老年人过桥贷款。老年人过桥贷款可以作为房屋反向贷款的一个替代品。老年人过桥贷款通常应用在如下几个场景：一是老人入住有人照看的场所，老人搬入养老院居住需要支付月费、社区入住费、盘价费等，提供过桥贷款后，老人家庭可以在6月、12月或18个月内归还贷款，减轻了家庭支出的负担；二是老兵等待津贴，美国政府为每位老兵每月提供1 000美元的津贴，但平均的处理时间需要9~18个月；三是销售房屋，这一过程通常需要几个月的时间处理，银行过桥贷款可以帮助家庭寻找最好的买家。过桥贷款通常在24~48个小时之内就能完成批核。

## 六、手机银行场景

### （一）英国的Nostrum公司

英国的Nostrum公司使用经过验证的风险策略，包括涵盖了全部例外情况的风险定价和灰色的信贷决策策略，实时进行信贷审批决策。系统采用全自动的迎新和投诉处理机制，可以实时完成资金的自动划转。如有必要，该公司经验丰富的员工会随时将例外情况上报风险委员会进行处理。他们不断了解客户的新需求，向银行、信贷机构提供领先的贷款服务方式，使贷款流程变得快速和安全，也降低了银行的运营成本。

当客户登入他们的手机银行应用，他们会收到这样的信息，该名客户被预先批核了一笔1 000英镑的贷款，并且利率也比原来的贷款更低，如果客户需要这笔贷款，可以点击继续键，这时手机界面会显示客户的贷款详细情况，原有贷款的余额，以及贷款利率，客户可以拖动滚动条，调整新批准贷款的金额。之后还可以选择还款期限，还款期限分别为12月、

18月、24月、30月、36个月，新贷款的利率为11.9%，这时屏幕的下方会显示客户总的贷款余额，客户可以选择贷款的目的，包括度假贷款、交通工具、结婚、装修房屋、债务整合、个人庆典、其他等，点击继续键，手机屏幕上会显示贷款协议。贷款协议上会注明总的还款金额，原有贷款的金额、利率、每月还款金额和最终还款日期，以及现在客户准备增加贷款的金额、新的总欠款金额，每月还款金额，还款期数和利率，客户可以输入自己的交易密码确认。客户输入密码之后，系统提示客户资金将马上到达客户的指定账户。整个过程非常快捷，客户的整体贷款利率从原来的17.5%下降到11.9%。对于原有贷款客户的推荐新贷款是基于后台对客户管理账户基本状况和能力的分析，以及从征信公司获得的信息，在整合所有这些信息的基础上确定客户是否有资格获得一笔新的更低利率的贷款。对客户给予一笔新的贷款的动作可能由几种事件触发，例如，客户查看自己的贷款账户，或者致电银行要求处理账户的结算，或者客户到达已经安装了Beacon的商户。客户获得新贷款的信息，可能通过电子邮件、手机短信等方式通知到客户。这一系统帮助借款人满足了降低利率和增加贷款的需求，帮助银行成功挽留了客户。

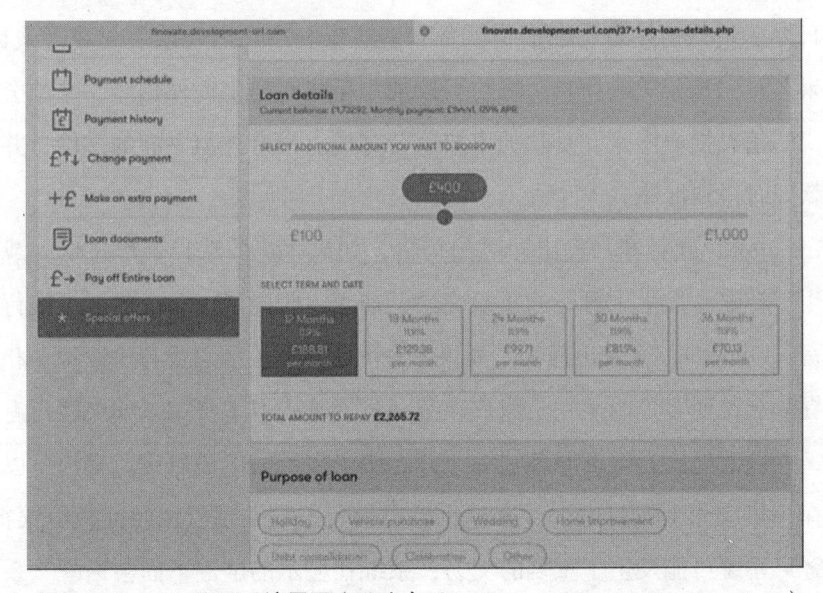

图5　Nostrum公司系统界面（图片来源：https://www.nostrumgroup.com）

## （二）开展场景化营销

美国的千禧一代掌握了大量的个人流动资产和收入。这一代人是婴儿潮一代之后最多的一代人，71%的千禧一代客户不愿意到银行网点办理业务。西班牙的Fintonic公司专注于改善千禧一代的客户体验。西班牙的Fintonic公司开发的系统能够及时了解并提醒客户的金融需求，并向客户推荐贷款和其他产品。客户在手机应用上申请贷款非常方便，为客户带来无缝衔接的数字化体验。在整个系统中应用到了最新的大数据分析方法。客户可以方便地进行账户梳理并确定如何增加收入和减少支出。客户的消费被自动整理成不同的类别，客户可以方便地查看每周和每月的消费情况。Fintonic能够帮助客户预测下个月消费多少金额，客户可以手动调整下个月的预算，客户能够有效地控制冲动型消费。

如果客户账户发生了透支，手机应用的下部会显示客户已经获得了银行预批核的贷款，客户点击预批核贷款的界面，可以看到贷款总额和每月还款的金额，客户可以调整每月还款额和贷款总额，之后会显示出贷款的首次还款额、贷款总额、最后一次偿还的金额、总还款额、利率、贷款到账日期、贷款初始费、取消贷款费、迟还款利率、迟还款手续费等项目。如果客户同意相关的项目，客户可以使用手机对身份证件拍照，系统会将客户的信息提取出来，贷款的审核就会完成。没有任何书面的文件，并且贷款即时得到批核。

Fintonic能对客户发出即时的提醒，如果客户的账户余额过低，或者发生了转账、发生了可疑的重复交易、透支、收到了工资、收取了银行手续费，Fintonic都会发出通知。如果客户的账户被收取了银行手续费，相关的提醒会说明客户的某一个账户在某一日期被收取了费用，如果客户有异议，可以致电银行电话服务热线，并注明了银行的电话号码。客户可以直接在手机应用上拨打电话。客户也可以设定提醒在预设的时间致电银行。如客户系统可能发生了重复的交易，系统在显示的金额下面会提醒，系统会提示客户在某个日期发生了某个金额的两笔交易，这两笔交易有可能是重复交易，如果确实是个错误，客户可以致电银行。

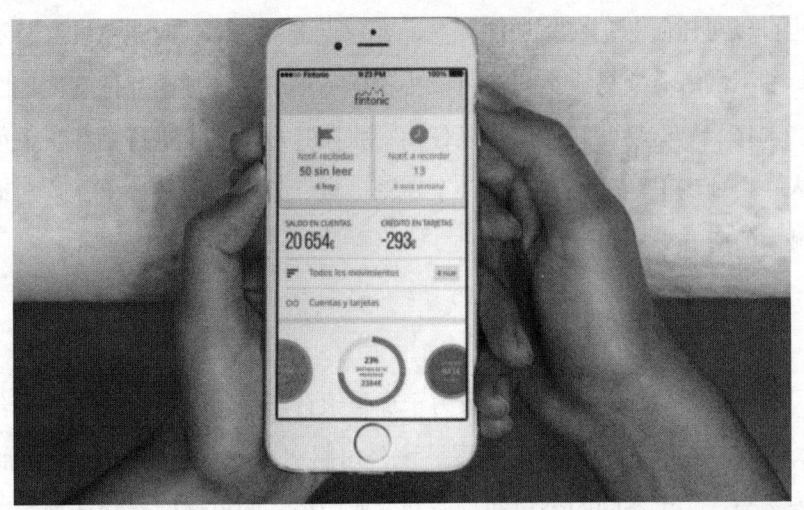

图6　Fintonic公司系统界面（图片来源：https://www.ing.com/Newsroom/News/Fintonic-secures-additional-funding-from-ING-Ventures.htm）

## 七、网上购物场景

挪威Monobank公司开发的软件应用于线上支付、线上购物、手机银行场景，当客户在网上浏览，需要进行购物支付时，可以登录这一App，决策支持模块会迅速做出决策，客户可以即时得到信贷额度，即时申请一张数字信用卡，无须等待实体卡寄到自己手中，就可以开始消费。系统即时返回卡号，并且提供一个动态的CVV数值，使用动态的CVV数值，可以提高交易的安全性。当需要在网上支付时，可以复制这一卡号，直接填入支付的表格内。Monobank还帮助客户对交易进行控制，客户在旅游之前时，可以设定一定的消费预

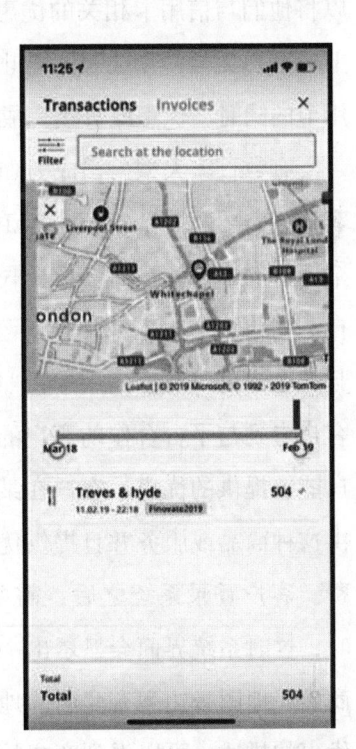

图7　Monobank公司系统界面
（图片来源：https://www.monobank.no）

算，之后所有在这一旅游过程中的消费都会被标注上这一旅游的标签，客户也可以对任何一笔交易加注标签，客户点击一个标签时，系统会显示这一标签下的所有交易。客户还可以为任何一笔交易添加图片标签或地图标签，选择一笔交易，就可以插入任何一张图片或用手机进行拍照，也可以插入一个地图上的地址。选择一个地图区域，系统还会统计出在这一地图区域内的所有交易和汇总金额。

## 八、线下购物场景

美国加州的CardLinx公司致力于加强银行与信用卡周边行业的融合合作，促进信用卡相关行业的发展。该公司制定了统一的技术规范和标准，方便参与这一生态圈的公司和行业开发使用统一的忠诚度奖励计划。该公司的CLIMe产品为商户提供了一个集中的线上平台，银行的合作伙伴们可以将他们与信用卡相关的优惠和数字产品提供商连接在一起。在这个平台上，客户无须使用会员卡，也不需要纸质的兑换券，客户在使用自己的信用卡的同时，优惠就直接完成兑换了。

有数百家大型公司成为CLIMe系统的成员，他们形成了共有的数据库，客户只需要从一个银行或CLIMe网站上登录，就可以看到几十个甚至几百个商户的Logo，享有多家公司的奖励优惠。几乎所有的人身上都随身携带自己的信用卡，也都带着自己的智能手机。CLIMe的产品将两者结合在一起，客户可以对准信用卡拍照，手机应用就会在平台上登记这张卡片，当客户走到与平台合作的商户的时候，手机应用上就会显示出商户为这名客户能够提供的优惠。客户在某一地点想购买某种商品时，可以搜索附近提供这种商品或服务并且提供优惠的商户，选择优惠力度最大的商户进行消费。客户登录系统之后，需要做的第一件事情是搜索想要的产品，如茶叶，这时系统界面会显示出一个电子地图，地图上标注出提供优惠的茶叶商店，地图旁边列有商店的地址、电话和提供的产品价格优惠。点击进入优惠的描述，可以看到商户的名称、地点、邮编、电话、电邮、网址、优惠的描述、优惠的有效期、适用的卡片种类，客户可以提交自己的咨询。

商户为了吸引客户到店消费，可以即时调整对客户的优惠，客户得到的优惠是在恰当的时间适合客户的消费需求和所在的地点的优惠。客户可以从手机应用端进行消费支付，也可以在商户通过刷卡或扫码的方式进行支付，在消费的同时享受到优惠。

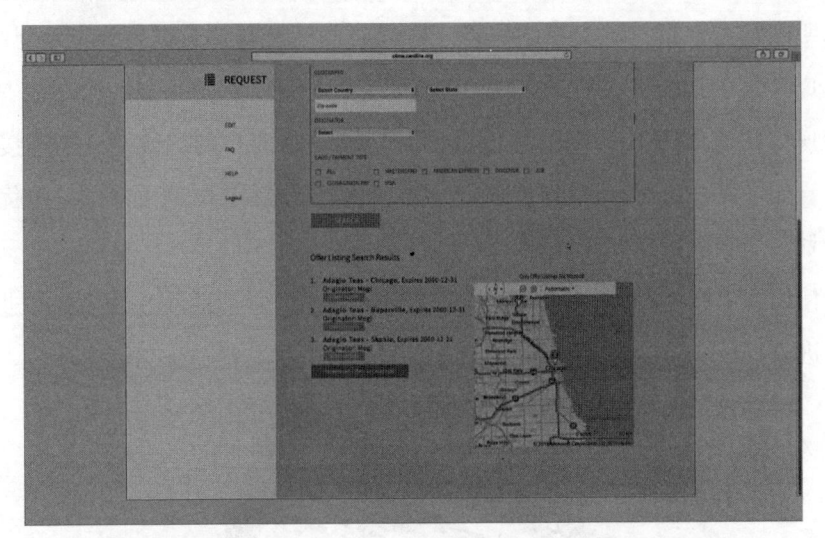

图8 CLIMe系统界面（图片来源：https://www.cardlinx.org）

## 九、餐饮娱乐场景

总部位于新加坡的Touché公司将阿里Pay、二维码支付、安卓Pay、苹果Pay、Google Pay等多种支付方式整合在一起。Touché的读卡器上面有芯片和磁条读取设备，这一设备由商户持有。当持卡人在餐馆用餐结束，需要结账的时候，餐厅的服务员可以在Touché移动终端上点击相应的餐台号码，屏幕上会显示对应的用餐明细单，每一款餐食的价格和汇总金额，如果选择AA制付款，屏幕上就会显示每一份金额的圆饼图，点击其中的某一份，可以调整每一份的支付金额。在选择了金额之后，可以将移动终端交给持卡人，持卡人如果已经登记了Touché服务，在手持移动终端的同时，移动终端背面的指纹阅读器可以读取客户两个手指上的指纹，完成持卡人身份的验证。如果客户通过身份验证，Touché系统就会打开客户的移动钱包，屏幕上显示出持卡人拥有的并且这家商户能够接受的付款形式。例如，如果有美运卡，但这家商户不接受美运卡，美运卡就不会显示出来。这时客户的优惠会自动应用在这笔消费中，客户无须使用他的会员卡、忠诚度卡、兑换券、折扣等，所有这些优惠都会直接生效，系统会将优惠自动算好计入这笔交易。同时客户会收到一封电子邮件，其中显示客户支出的明细和客户每一笔交易的地点。Touché的后台与商户进行详细地对账，客户只需在Touché注册一次，无须在每家商户注册，就可以在全球范围的商户方便地使用Touché的增值服务。Touché将商户的忠诚度计划连接起来，如果商户没有忠诚度计划，它可以很容易地在Touché上建立一个优惠计划，让客户可以积累积分、兑换积分，并设立不同层次的奖励计划。通过使用人工智能技术，商户可以分析和预测各种营销活动的效果，并进行改进。

图9　Touché公司受理设备（图片来源：https://www.ubiqglobal.com/touche-pos/）

# 人工智能时代，银行如何创新消费金融业务

消费金融是向消费者提供消费贷款的金融服务方式。消费金融服务主要面向大众市场，用户群体数量巨大，具有长尾、小额、分散的特点，消费金融在提高消费者生活水平、支持经济增长等方面发挥着积极的推动作用。消费金融业务具有单笔授信额度小、审批速度快、无须抵押担保、服务方式灵活、贷款期限短等独特优势，对社会刚需的群体来说，由于受自身财力不足等原因的影响，这些群体购买一些产品或服务时需要投入超过现有存量的资金，使得预购资产额度高于现有资金额度，这就使得消费金融模式受到了不同消费群体的广泛欢迎。

## 一、我国消费金融市场的现状

### （一）消费金融市场概况

消费金融市场参与者包括传统银行、互联网银行、消费金融公司、互联网小贷公司等多种类型。消费金融是2017年以来规模增长最快的金融子行业，与商业银行近200万亿元总信贷规模和信托近20万亿元的规模相比，我国独立的消费金融行业的业态尚小。根据金融稳定报告相关统计数据，截至2018年年末，全国成年人在银行获得过贷款的比例为40%，在银行之外的机构、平台获得过借款的比例为23%，居民已经接触了较多消费信贷手段。截至2019年年末，仅银行表内的消费贷款余额（不含房贷、经营贷）为13.91万亿元，比2015年增长了约135%。

传统银行客群基础较好，市场占有率较高，可获得低成本稳定的存款。除存款外，通过同业市场、发行债券等方式融资的渠道也较为畅通，资金来源优势明显。全国性银行资产负债两端的优势更为突出，区域性银

行则无法在异地展业，部分中小行负债端成本也高于全国性银行。

消费金融公司股东结构多元，可借助股东资源发力。头部消金公司盈利能力较强，除不可吸收存款外，具有机制灵活、目前大量长尾客群消费贷款需求仍未被满足。相较互联网小贷公司，消费金融公司除资金来源渠道更丰富外，杠杆率也较高（据各地金融监管局，互联网小贷杠杆率监管上限多为2~3倍。另据消金公司股东年报，2019年消费金融公司总资产/净资产平均水平为8.4倍），作为持牌机构，具有监管优势。

互联网小贷公司具有科技和机制上的灵活性，但资金来源明显受限。小贷公司由各省市金融局（办）进行监督和批设，监管强调加强网络小额贷款公司资金来源审慎管理，禁止通过互联网平台或地方各类交易场所销售、转让及变相转让信贷平台的信贷资产。

### （二）消费金融市场主要业务和收入构成

银行消费金融业务主要包括信用卡（信用卡分期和预付现金）、汽车贷、小额消费贷、现金贷和直销银行的消费贷、现金贷，其中信用卡业务收入是银行消费金融业务的主要来源。信用卡业务作为国际上成熟的消费金融模式，一直以来为持卡人提供可靠便利的消费金融服务。近年来，我国各家信用卡机构纷纷在已有的客户、资金、管理、人才等比较优势的基础上，加强在产品体系、服务能力、风险管理等方面的创新升级，已成为消费金融领域的国家队、主力军。到2022年年底，我们国家银行发行的信用卡和借贷合一卡累计超过7.98亿张，信贷余额达到8.69万亿元，预计到2025年，我们国家银行发行的信用卡将累计超过12.76亿张，信贷余额将达到53.1万亿元。

银行信用卡业务收入主要包括利息收入和非息收入，各家银行非利息收入包括发卡收入、分期手续费收入和商户收单手续费收入，各类收入占比与银行的战略定位相关。消费金融公司收入主要包括利息收入、手续费及佣金收入。不同消费金融公司收入结构存在差异，有以利息收入为主的消费金融公司，也有以非息收入（手续费及佣金收入）为主要收入的消费金融公司。

## 二、消费金融市场的趋势

### （一）市场监管环境趋严，合规发展要求提升

2017年下半年以来，政策持续规范消费金融行业发展，积极创造良好的市场环境。首先，加强业务资质管理。多项政策规定未取得牌照的平台不得从事相关金融业务，无牌照和业务资质不得经营。《关于立即暂停批设网络小额贷款公司的通知》明确指出，小贷公司由各省市金融局（办）进行监督和批设。其次，严格产品管理。严格整顿网贷平台"校园贷""现金贷"业务，鼓励消费金融平台为客户提供丰富、规范的金融产品。最后，严格贷款资金杠杆管理。政策规定对借款人收取的综合资金成本应符合最高人民法院关于民间借贷利率的规定，向借款人收取的综合资金成本应统一折算为年化形式，禁止发放或撮合违反法律有关利率规定的贷款。"现金贷"综合利率不得超过年化36%，加强网络小额贷款公司资金来源审慎管理。禁止通过互联网平台或地方各类交易场所销售、转让及变相转让信贷平台的信贷资产。

### （二）市场产品同质化，市场竞争加剧

一是近年来消费金融市场产品出现同质化倾向，在业务模式、产品种类、目标用户等方面同质化严重。总体而言，消费金融市场上主要的产品是现金贷和基于不同场景的分期产品，同质化现象颇为明显。商业银行消费金融产品以信用卡、无抵押无担保贷款为主，消费金融公司等则以现金贷、循环贷和消费分期为主，各互联网电商平台主要提供现金贷或分期产品。也有一些创新的产品，比如消费信托、消费信用保险等，但占比小。无论是银行信用卡业务还是消费金融、小贷公司以及互联网机构，本质上与银行传统信贷并无差别，通过将资金供需双方进行匹配，以此获得手续收入和资金利息收入。二是细分市场领域竞争激烈。2020年年初，消费金融公司收到窗口指导，要求产品年化利率上限降低至24%，这将与银行产

生直接竞争。本次行业利率上限规定体现了监管的倾向。零售消费金融市场逐渐进入"巷战"年代。资金、流量、技术、运营能力、合规、牌照仍是竞争的重中之重。

## (三)市场参与者增多,两极分化日趋严重

头部流量消费金融公司会注重前期积累客户的转化,尾部无流量企业则需面临竞争下更贵的获客成本和被多次筛选后的更低客户质量,不良率抬升,甚至被迫转型。场景流量的集中造成行业之间的差距加大,市场从蓝海变为红海。头部企业大数据、人工智能、云计算、物联网等先进技术的发展也为其零售业线上线下的联动打下了坚实的技术基础,保证了其智慧零售方案能够顺利落地。

## (四)金融科技广泛应用,重塑竞争格局

一是各消费金融企业加大金融科技应用投入,大数据、人工智能云计算等先进科技对消费金融企业的重要性越来越明显,很多零售消费金融企业开始利用金融科技改善企业拓客能力、风险管控能力、与外部场景整合能力、运营效率和客户体验,也有越来越多具备输出能力的企业开始将自己的技术和服务输出给传统金融机构。二是越来越多的市场参与者开始尝试打通线上线下的获客体系,有能力参与者在继续扩展自己C端业务的同时,与金融企业联动打造线上线下渠道联动,实现C端B端业务协同闭环获客。三是金融科技助力消费金融诸多细分领域深入发展。近年来,人工智能和大数据技术细分领域不断取得突破,机器学习自然语言处理、计算机视觉、数据存储、数据清洗、数据可视化、知识图谱、数据采集与预处理等多种细分技术在解决消费金融业务痛点过程中结合具体场景加以落地,提升消费金融公司的竞争实力。

## (五)跨业合作不断深化

为了满足用户多种、多变的信贷需求,消费金融行业的各类平台要保持可持续化的发展方式,一定是走向开放的,在每一个流程环节与最擅长

的企业进行合作。一是可以提升拓展新客群的能力。商业银行等机构进一步拓客一定要进行跨界合作，运用新技术、新方法可以提升客户体验度，商业银行有着自己的风险偏好、风控手段、反欺诈模式和合规监管要求，通过合作对接各类场景的能力可能是未来的核心能力。二是可以提升信贷服务能力。银行需要借助新技术，与外部机构合作，来为自己的客户群在网上提供全流程、高效率的金融服务，银行、信托、消费金融公司等资金机构与有流量的互联网场景方以及大数据风控、人工智能技术成熟的金融科技公司之间各有优势，但是在某些环节也存在经验不足的情况。跨界合作可以提升客户的服务体验。趣店、马上消费金融、京东数科、度小满金融、腾讯金融科技、蚂蚁金服、新网银行、微众银行等多家机构也都强调其开放平台属性，与相关企业共同向消费金融客户提供服务。

## 三、消费金融市场的挑战

### （一）行业资产风险加大

随着现金贷、互联网消费贷、P2P等市场放贷主体增多，消费金融行业共债、逃废债等债务风险不断暴露，共债客群资产质量波动明显。杠杆率的快速攀升对居民的消费支出水平产生负面影响，还导致居民还款能力与还款意愿的下降。受部分金融机构业务经营策略偏向激进影响，目标客户在低年龄群体和低收入群体中下沉、渗透得过猛，受疫情影响，客户还款能力和还款意愿降低，导致消费金融贷款资产质量下降。

### （二）个人征信体系尚不完善

消费金融业务很大程度上依赖于个人信用体系，我国的个人信用建立较晚，目前我国实施的是由中国人民银行牵头组建的于2004年12月开始运营的个人征信系统，目前该系统覆盖面还很低，很多人的信息和资料还没有纳入个人征信系统。用户信息中心依赖用户各种各样的数据，并在对这些数据归类整理基础上形成大数据中心，实现用户信息与信用之间相互关联，通过数学模型找到用户信息与信用之间的对应关系，进一步给企业带来一定的参考。我国信用体系一些机制还没有建立起来，往往会造成数据不统一、不齐全，很多数据是无效的，一定程度上给分析带来误差，因此建立数据分析标准具有重要的意义。

## （三）行业技术和运营能力有待提升

在获客能力方面，商业银行等机构相较于电商、互金平台处于不利位置。客户流量是消费金融业务的核心要素之一，在无线互联网时代，消金机构拓展客户能力需要与电商、互金助贷等流量平台与公司深度合作，实现共赢。在风控定价能力方面，消金机构能力较低，消费金融业务的核心就是对居民个人的偿还意愿风险和偿还能力风险进行合理度量、定价和有效控制。消费金融机构需要与从事助贷业务平台和公司合作，发挥它们的风控能力和经验，完善自己的核心风控体系。在技术能力方面，消金机构需要加快提升核心技术体系，加强与金融科技平台和公司合作，提升对大数据、人工智能、云计算等技术的应用能力。

## （四）消费金融与生产环节的融合有待加强

一是消费产品的需求与供给之间存在不匹配。消费者的个性化消费需求和消费观念经常快速变化，由于信息传导和技术转换的效率较低，供给端产能和产品结构调整往往不能及时跟上市场需求。同时消费者对产品品质和体验要求越来越高，而产品供给方在产品品质和服务上不能满足消费者需要，出现有产品有需求却无市场的情况。二是消费的完整闭环包括融资、信贷、生产、销售、支付、运输、售后服务等多重环节，而这些环节的顺畅进行又离不开信息技术、金融市场、仓储物流以及管理咨询等基础设施和技术的协调配合。我国目前消费市场中的这些基础设施和相关技术还存在一定的短板和不足，使客户的消费需求不能得到满足。

## （五）制度体系尚不完善，消费者权益保障有待加强

随着新技术发展和金融模式创新，既有法规难以调整新的社会关系，存在监管滞后于实践的现象。在行业发展初期，金融模式不成熟，本身可

能具有较高风险，加之缺乏准入门槛、行业标准、监管和自律，行业鱼龙混杂，野蛮生长，信贷欺诈、支付安全、信息泄露等风险日益暴露，金融消费者自身合法权益更需得到保障。加之目前我国的社会保障制度仍处于初级阶段，欺诈风险的发生使用户更不会有信心去贷款消费，从而导致很多的潜在目标客户无法转化成现实消费金融客户。随着消费金融的增多，消费金融所带来的问题也越来越多，特别是消费者和金融机构之间的矛盾也越来越多，解决好消费者与金融消费服务机构之间存在的问题非常迫切，消费者权益保护尤为重要。

## 四、发展消费金融业务的策略建议

### （一）加大科技融合，释放创新动力

金融科技在消费金融各个信贷环节的应用可以大幅提升消费金融的服务效率、客户体验等，能够为消费金融行业带来营销成本降低、获客的精准性、风控的能力提升等，实现低成本与高效率的目标。大数据、云计算、人工智能、区块链等金融科技不断发展，将继续释放消费金融行业潜力，为行业的进一步发展带来新的革新力量。金融科技业务流程方面，从获客、风控，到贷后、催收、客服等各个环节，都可以增加智能化的选项，如智能获客、智能风控、智能催收和智能客服等。商业银行和消费金融公司可以通过大数据处理采集的用户数据，云计算为大数据和人工智能提供算力和模型基础，人工智能通过模型识别处理过的用户画像，进行精准客户营销，通过结果性反馈进一步优化人工智能的算法模型。在前沿科技的加持下，未来客户实际业务需求与金融多元化消费场景结合，加上前沿科技产生的合力，可助力消费金融公司与传统银行和新兴的互联网巨头形成错位发展的格局。

### （二）提升风控实力

消费金融机构需要不断提升风险控制和风险定价能力，需要深入研究分析借贷各个阶段中所产生的风险因素，然后对其进行分析，进行资料审

核、数据分析、信用评估，等等，了解借贷用户的真实情况，贷款期限、偿还能力，等等，防止存在不良贷款行为。风险控制需要建立大数据平台，依托大量的数据资源进行分析，构建数学模型，然后来提升风险控制能力和水平。增强多场景的风控处理能力，加强与征信、大数据、风控、催收等领域的第三方消费金融服务中介机构合作，借助外力，强化在风控领域的数据、技术双核驱动力，升级风控体系，实现快速识别客户风险和快速放贷，利用大数据和人工智能构建全面风险管理体系风险授信审批，由经验决策转变为数据决策，客户在短时间内能够得知审批结果和授信额度，大大提升客户体验和风控水平。

### （三）提升拓客能力

消费金融市场竞争不断加剧，各家消金机构需要不断提升拓客能力。随着互联网经济的迅猛发展，线上交易比例越来越高，目前70%的消费都发生在互联网上，对消费金融机构来说，源源不断地获得市场客户，并且降低获客成本，这对提升服务机构的经营能力和水平具有重要意义。支付宝、京东、微信等平台，用户数量非常大，通过这些交易平台结合用户的交易分析，可以实时掌握用户的消费情况，以此来分析用户的信用和资金能力，把这些用户转化为目标。消费金融参与主体要与互联网企业跨界融合，连接场景、流量、资金、资产，从线上到线下打造消费金融生态"联盟"和"链盟"，有效提升服务能力，拓展其服务广度和宽度，为用户创造更佳的使用体验，实现跨界多赢。在与互联网企业合作时，可以采取白名单准入的方式进行管理，在年龄、贷款期限、行业限制、风险偏好等方面进行标签化管理。白名单可以基于用户在互联网企业App使用的行为数据，如注册时长、在网时长、交易频次、交易额度、手机使用稳定性等维度，从海量互联网企业用户筛选出一部分人，再经银行二道防线审批，通过建立自己的信用评分进行审批决策。

### （四）加大线上线下融合发展

消费金融机构加大线上线下融合的发展模式。随着数字化技术的普及更新和新时代客户金融需求的不断变化，线上渠道具有自动化、成本低的优势，但缺乏足够的对场景的渗透，而线下渠道根植场，但运营成本高，以线下渠道进行渗透，线上进行运营，二者结合将是未来的发展方向。商业银行通过开放平台与线下配合拓客，线上为物理网点的营销提供客户资源，线下运转模式向线上迁移，使得线上线下相互连通，相辅相成。线上客户、产品与服务应形成系统的运营、活动体系，线下存在自有的独立体系。线上交易的方式成本收入比优势明显、贷款小额可分散风险、线上风控体系可不断迭代升级，具有更好的可持续发展性。与此同时，物理网点仍然有它存在的意义，只是物理网点的作用应从传统的交易型网点向营销型作用网点，再向体验型作业网点逐步转型，更多地围绕不同层次的客户需求打造不同布局的物理网点。

### （五）在细分领域发展

消费金融参与主体要能够在万物互联的浪潮下建立开放的消费金融网络结构，从而实现自由的多元协同和分布式的自组织形式。伴随整个社会的消费升级，消费金融将在教育、旅游、医疗、娱乐等垂直细分领域大有可为。"技术+生态"将成为消费金融进一步健康发展的第一驱动力。从技术角度来看，能否利用新兴技术达成降低成本、增加获客、提升风控能力等目的，是对市场参与主体的最终考验，也是其核心竞争力的体现。要关注5G、VI（视觉识别系统，Visual Identity）、云计算、大数据等新兴技术对金融服务的改变与驱动作用，拥抱科技，赋能金融，实现消费金融服务质量、效率和体验的全面提升，唯有科技力量可以真正实现普惠金融。网络协同，打造生态，实现共赢。从生态角度来看，消费金融参与主体要跨界融合，连接场景、流量，从线上到线下打造消费金融生态联盟，拓展其服务广度和宽度，提升服务能力，实现跨界共同发展。

### （六）加快移动App发展

随着移动互联时代的发展，我国互联网金融已进入"平台经济"时代，构建以用户为中心、以平台为支撑、以场景为依托的大众消费生态圈成为一种主流模式，搭建综合化的App平台已成为商业银行吸引客户、服务客户的必然选择，"平台"在生态圈中的作用至关重要，不仅能有效地连接起消费、生活和金融场景，而且顺应了互联网时代行业细分化、垂直化的趋势，聚合多方客户、信息、技术、服务资源，形成营销、支付、服务、消费金融的闭环。各消金机构运用移动App布局流量入口，以金融服务、生活场景为基础，开展拓客与营销。对于商业银行，传统的渠道经营较难在"平台经济"时代打赢流量和生态之战，而需要用一个需求更加细分的App打通消费、生活和金融的壁垒，实现金融场景和生活场景的巧妙融合。移动App很好地承担了这一使命，因其独有的消费金融属性使它可以连接各类生活消费场景，通过消费、金融和生活的有机融合为消费者带来便捷、优质的服务体验，为消费金融业务引流。

### （七）开展消费金融产品创新

一是深耕场景，围绕客户的衣、食、住、行、娱等多方面消费需求，推出场景化消费金融产品。根据消费场景特征、场景合作方需求的不同，打造定制化的消费金融产品，并将定制化的产品嵌入到消费场景中，实现金融与场景的无缝对接，提升基于消费场景的客户体验。通过设计针对不同场景的金融产品，完善产品组合和产品体系，打造覆盖客户生命周期不同阶段的综合金融能力。二是深耕客群，深刻了解目标客群的偏好和需求，在此基础上定制设计差异化的消费金融方案，并根据客户信用风险的不同，实施差异化风险定价和差异化服务模式。三是推进消费金融产品标准化、模块化，并实现柔性化定制为了快速推出场景化消费金融产品，需要将金融产品打造成标准化、模块化、工具化的产品，并根据消费场景特征和场景方需求的不同，对产品进行分拆和组合，开展柔性化产品定制。将定制化的金融产品无缝嵌入场景业务链，为客户提供特定场景下的产品分期服务。四是丰富产品形式，除了各类消费贷款外，可以开办信用卡额度余额分期和循环信用产品、现金分期和大额消费如汽车、家装等专项信贷产品。满足客户全生命周期的金融需求全方位匹配相应的消费信贷产品。同时可以提供灵活的期限和定价。根据客户所需消费信贷时长的差异性，提供从免息到3~24期不等的分期产品，基于自身的资金成本优势，差异化制定消费金融产品的费率。

### （八）加大场景建设的力度

一是加强自建场景建设。可以布局租房、装修、结婚、汽车、旅游等重点场景，构建多元化的场景生态圈，对接客户在不同阶段的需求，增强客户黏性，挖掘客户价值。强化团队行业专家、资源整合专家、产品与技术专家配置，开拓场景产业链，构建场景生态，推出场景化消费金融产品，加强外部合作。二是加大金融、非金融业务与生活、工作场景的融合。金融业务与非金融业务已经在全面融合。商业银行需要对自身的业务服务愿景以及拥有的资源、渠道等有整体的规划和调度，将生活工作场景、信息技术的移动载体以及所能提供的金融服务组合在一起，客户可以根据自己实际的生活、工作、娱乐需求，便捷地在移动端选择满足这些需求的个性化的金融服务。三是开展跨界合作，可以与线上线下商户合作发行联名卡，布局不同的消费场景，可以与线下商户合作覆盖线下消费场景，开展场景营销，如教育培训机构、汽车经销商、电器商城、手机门店、家居馆等，通过开放API接口、提供SDK（软件开发工具包，Software Development Kit）嵌入等方式将银行的消费金融产品服务接入各类互联网消费平台，嵌入各类生活消费场景，如电商平台、旅游、装修、租房等垂直类行业消费平台等，与大流量平台合作，共享平台的流量和渠道资源，实现流量的批量迁移和转化，如社交平台、网络社区等。四是打造全场景的数据服务结构。强化大数据分析处理能力，通过对已有客户和潜在客户进行深入的数据分析，开展与其相匹配的主动营销活动以及处理风险管控相关的问题，为客户提供全面、便捷的金融服务产品，全方位提升客户体验。

# 国外的消费金融创新经验，银行如何借鉴

消费金融能够帮助消费者完成财富资源的跨时空转移和优化配置，从而满足其不同消费需求并最大化其效用。近年来我高消费金融快速发展，预计到2025年我国消费金融规模将超过88.5万亿元。随着全球范围内越来越多的商业银行、互联网机构、消费金融公司等进入到消费金融市场，市场竞争日趋激烈。新冠疫情的暴发，金融机构面临较大的借款人的信用风险，消费金融机构的持续经营面临考验。近来国外消费金融领域开展了多种形式的创新，本文从个性化营销、开发互动式营销系统、创新手机银行App功能、智能化推介产品、流程管理、开发贷款集中管理平台等角度分析近年来国外消费金融领域的创新案例，并对我国商业银行发展消费金融业务提出建议。

## 一、个性化营销展示

美国得州的Q2是一家金融体验公司，为美国和国际上的银行、信用合作社和金融科技公司提供数字银行和贷款解决方案。Q2使用客户数据和机器学习技术，对向客户展现的内容进行动态排序，Q2为银行提供无代码工具，在对客户体验深度理解的基础上帮助银行塑造用户体验。使用"点击式"门户构建器设计和定制借款者的旅程，允许银行快速部署并随时间轻松迭代。

登入Q2系统的手机应用，该系统包括中小企业主的手机应用界面和针对个人客户的手机应用界面。在中小企业主公司客户的页面上，展示公司卡的图片，图片上显示账户余额，下面是客户的最新任务，如您的建设贷款文件已经准备完毕，等待审核签署。下面是客户的业务审批，包括即将

发放的工资单、汇款请求等，再往下展示客户近几个月的收入和支出的图表，以及与中小企业合作的汽车图书公司的连接，客户可以点击链接，购买相关的图书。系统还显示公司的各种账单。

在个人客户的手机应用界面，显示了个人支票账户、信用卡账户的余额，客户被预批核的现金贷款链接，客户的财务状况评估、信用评分、信用报告，客户可以被批核的信用卡，关于新冠疫情的内容读物，以及与银行职员取得联系的链接等。在系统的后台，银行客户对不同的人群设定不同的展示内容。如将人群分为消费者、中小企业、商业、账单到期、修复信用、潜在产品购买者等，可以选择展示的模块包括批准事项、现金流、智慧广告、直接汇款、联系银行等模块。客户还可以设定财务目标，系统会显示客户为设定的财务目标所存入的款项。客户可以设定包括周末旅游、汽车定金、紧急现金等目标，随时查看存款的进度。

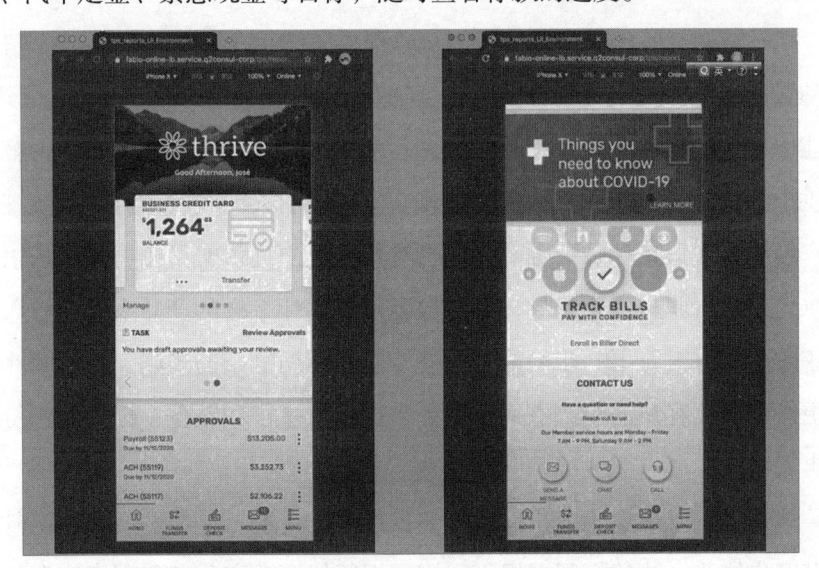

**图1　Q2公司系统界面**（图片来源：https://www.q2.com/）

在系统的后台提供了贷款管理工具，使用这一贷款工具，可以更快地完成贷款的审批和发放。这一系统减少了分行的操作流程。使用这一系统平台管理账单、支付、催收、记账等贷款全生命周期。使用系统可以快速修改各种条款，如付款频率，利息结构，拖欠宽限期，以帮助借款人保持对他们的财务状况的掌控。通过使用基于有用数据的微调策略与客户联系，银行获得更好的互动和更高的联系反馈。平台让银行能够添加新的金融产品，从而在竞争中保持领先。

系统还具备催收管理模块，使用云计算技术提升借款人的用户体验，使用云计算支撑的自动灵活的催收流程，最大化银行的坏账催收回款。通过自动的贷款决策和合规检查清单，提升了生产效率，降低了人工成本。

## 二、个性化互动式营销

伦敦的VeriPark公司向金融机构提供智能客户体验解决方案。VeriPark提供客户关系管理、全渠道运营、分行运营自动化、贷款发放、下一步最佳行动判断的功能，帮助金融机构增强客户获取、保留和交叉销售能力。该公司在美国、英国、欧洲、亚洲、非洲和中东都有办公室。

VeriPark的平台管理所有接触点，提供无缝、一致的客户体验，覆盖移动银行、互联网银行、移动钱包、呼叫中心、ATM和信息亭银行。该平台能够捕获客户需求，获得见解，并使对话个性化和优化。该系统向客户提供个性化和完善的网银服务，提供丰富而吸引人的在线体验。系统基于客户细分、人口统计、财务和产品持有量向客户提供交叉销售和追加销售建议，向银行职员提供指导，制订向客户提供什么样的产品来提高收入和销售效率的方案。下一步最好的行动专注于使用复杂的规则、分析和算法来更好地预测客户需求，进而提供更多相关的操作和服务，提高钱包份额和忠诚度。

该系统不仅聚焦于客户体验，还聚焦于银行员工，帮助员工利用科技提升客户体验，让他们留在银行。许多银行使用数字化迎新程序等多种办法进行获客，但他们往往忽视一个事实，就是一家银行获得一名新客户实际上就是另外一家银行流失掉一名老客户。VeriPark的目的就是为客户设计出愉快的经历，使他们能够留在银行。使用VeriPark系统，银行的客户经理能够查看到任何一名客户的资产、客户的产品、投资、AUM、RUM、互动的时间点、客户的理财目标、预测、客户之间的关系、客户支出分析等。其中非常有特色的一个功能是预测功能，例如，一名客户与银行有着长期良好的关系，但近期系统预测一栏中的信用卡流失预测图表显示客户信用卡的流失概率达到75%。点击图表进去，显示出客户信用卡的消费图表，图表显示客户的消费金额从六月份开始持续下降，唯一可能的原因就是客户在市场上获得了一张其他的信用卡，并且这张信用卡取得了客户的信任。这时客户关系经理点击建议的图标，这里面有几个备选的方案，于是客户关系经理打电话给客户，询问客户交易下降的原因，客户说其他银行给他的卡片提供较高的现金回赠，这时客户关系经理发现他可以马上向客户提供更加优惠的现金回赠，于是他点击对应的按键，向客户提供5%现金回赠的优惠，并即时生效，相关的通知会发送到客户的邮箱和手机。这样通过点击几个按键就可以及时挽回客户。

传统的银行向客户销售产品的方式是不停地向客户发送各种信息和优惠，而VeriPark则是通过结构化的方式在客户的生命周期事件期间向客户推送产品信息，例如，客户关系经理可以从系统上看到近期某一名客户刚刚结婚，并且换了一个新工作，系统预计客户近期会去度假，系统也预计客户会有90%的概率申请按揭贷款，这时如果向客户推送按揭贷款的广告，效果会很好，同时，系统还将财务管理功能应用到客户身上，系统发现客户有两个财务目标，一个是近期需要购买一辆高级轿车，另一个是几个月后需要缴纳按揭首付款。这期间客户会比较缺乏资金，于是系统建议向客户这一期间提供一笔个人贷款，这家银行早于其他银行向这名客户推荐了贷款，或者提供更低的利率优惠，取得了业务机会。

此外系统还有客户的关系分析，可以看到客户与周围人的关系，包括同事、股东、上下级、兄弟、夫妻、共同借款人、同学等，这时银行员工可以点击按揭贷款的按键，关系图中就会显示不同颜色的泡泡，黄色泡泡的人员是预测有很大可能申请按揭贷款的人员，同样也可以查看哪些人最有可能申请投资、保险、存款、信用卡、游艇贷款等产品，如果发现一名客户有很高的概率会申请游艇贷款，就可以选择邀请客户参加一项活动。

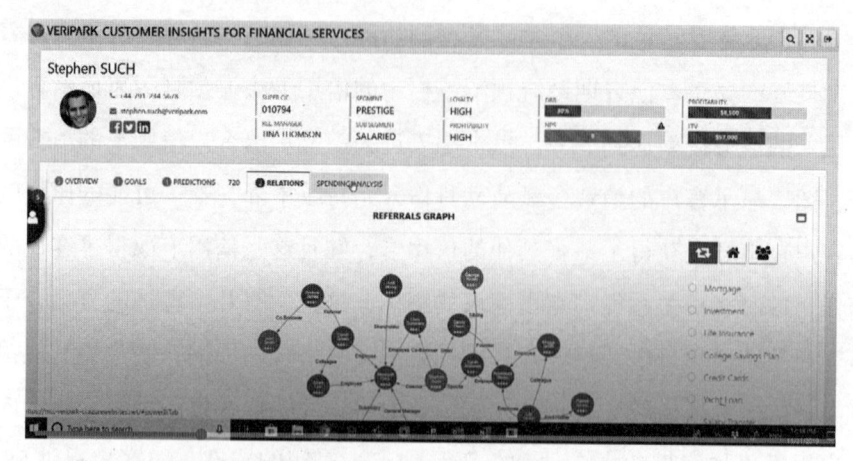

图2 VeriPark公司系统界面（图片来源：https://www.veripark.com/）

## 三、App功能创新

美国加州的Zeta是一家现代金融科技公司，为发行信用卡、借记卡和预付费卡产品提供全套、基于云技术的API核心业务平台，帮助传统银行推出现代零售和企业金融科技产品。其模块化的移动应用程序，帮助金融机构推出新银行体验，降低成本收入比、降低欺诈率、提高客户参与度。

Tachyon是整合了信用卡、借记卡、消费贷款功能的移动支付App，银行可以销售更多的产品和贷款。当客户登入系统界面时，可以查看到自己的账户余额、月结单，可以查看按照商户图标展示的交易明细。在信用卡界面可以查看到虚拟卡额度，客户可以即时申请虚拟卡，同时申请实体卡，帮助提升银行销售。

在Tachyon App 内部，有亚马逊、旅游、出租车等商户的图标，点击进去，可以浏览这些网上商户的商品，在查看相关的商品明细后，可以进行购买，购买时可以选择使用信用卡支付，也可以选择使用贷款支付。

系统上用图表标识了在星巴克、AT&T、亚马逊等知名商户的交易明细，客户可以对每一笔交易随时转换为贷款，例如，对一笔亚马逊的交易，可以转换为3个月、6个月或9个月的贷款，客户可以按照交易分类查看交易，如食品和日杂、加油站、购物、公用事业费等分类，客户也可以按照商户名进行分类，点击一个商户的图标，就可以查看在这家商户的每一笔交易。客户还可以对某一家商户进行交易锁定，锁定后，这个商户就不能再进行交易。

客户点击信用卡功能，可以查看到自己的信用卡图标，上面显示客户的信用卡卡号，还可以进一步显示4位数的动态密码和3位数的动态CVV（信用卡验证码，Card Verification Value）号码。客户可以设定POS交易、非接触交易、线上交易、国际交易等选项。客户可以随时冻结和解冻自己的信用卡，可以对在哪些城市不能使用信用卡进行设定。

客户还能按照家庭成员对交易进行分类，可以点击家庭成员的图标，查看这一家庭成员名下的每一笔交易。在家庭节点页面，客户可以添加家庭成员，客户在这一界面上可以填入家庭成员的名字、电话；可以勾选允许的交易类型，如日杂商店、餐馆、医疗、俱乐部、酒吧、书店等；可以设定交易的时间段；可以设定7×24小时交易，也可以设定具体允许交易的时间段；可以设定每一名家庭成员的透支限额，这些都有助于银行向客户销售更多的贷款。

使用这一App，客户还能进行二维码付款、ACH汇款、公用事业费收款、二维码收款。

此外，这款App还有存钱罐的功能，有固定存钱的选项、也有每月固定存入一定金额的选项，还有灵活支取的选项，客户可以随时支取存入的资金，并获得5%的利息。客户可以按照具体的目标创建存钱罐，如佳能相机、周末旅游等。这一系统是完全模块化的，银行使用这一系统可以在60天内投产。

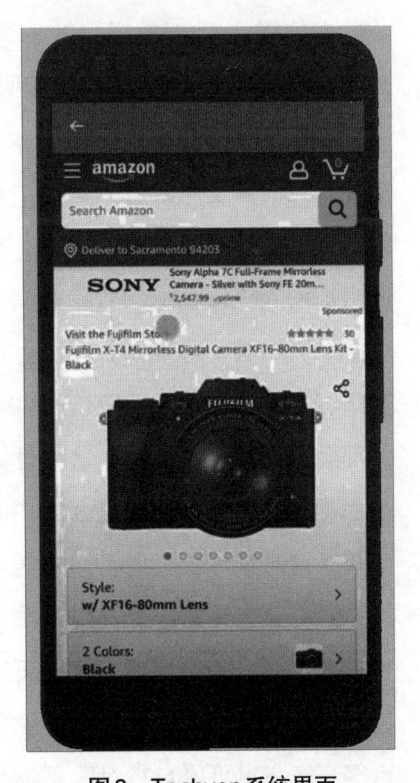

图3 Tachyon系统界面

（图片来源：https://www.zeta.tech/us/）

## 四、智能化产品推荐

伦敦的Cashoff公司提供开放式银行API解决方案。该公司提供多银行数据聚合、大数据预测分析、个人财务管理报告数据分析、个性化的现金回赠优惠,帮助银行增加客户参与度,并提供更多的交叉销售机会。该公司的解决方案提供了全新的消费贷款营销和还款方式。通过向客户提供个性化的优惠,增加了客户对手机银行的参与度。银行可以搜集更多客户消费习惯和偏好的数据,增加交叉销售收入。通过消费品提供商提供现金返还的资金,为忠诚度计划提供了新的资金来源。预测消费需求,及时对相关报价进行个性化调整,刺激购买决策,并与消费者建立长期关系。

Cashoff 2.0可以达成三个目标,一是可以提升客户对手机银行的使用,二是能降低银行忠诚度计划的资金成本,三是能方便客户进行捐款。

在使用Cashoff的银行的手机银行界面,显示了客户在各家银行的账户情况,包括账户余额和交易明细,还可以添加其他的会员卡、忠诚度卡,例如,超市、百货、牙医等各种品牌,通过在这些商户内的交易明细,银行能够了解到客户的消费行为习惯。手机应用就可以展示交易分析的图表,查看所有的交易明细。有了这些数据,银行就可以在合适的时间向合适的人提供合适的营销推广。例如,通过机器学习和人工智能,银行了解到一名客户每隔3个月就会光顾一家牙医诊所,就会在到三个月的时间向客户推送在这家牙医诊所30%的现金回赠,通知这名客户之前每三个月都会到这家牙医诊所,这个月如果再次光顾这家诊所将会得到30%的现金回赠。如果银行发现这名客户开始购买一些婴儿用品,可能他已经有了小孩,这时银行就会向客户推送一些教育存款或者家庭意外保险和健康保险。系统还会显示出客户经常购买品牌的商品,购买这些商品客户就会获得8%~30%的现金回赠,客户可以选择在附近的很多家商店购买,银行是通过客户绑定的忠诚度卡获得的交易信息,交易的商品种类、商店名、地点等。客户也可以自行对购买物品的收据拍照上传。客户经常进行的每一笔消费,都可以得到一笔现金回赠。这笔现金回赠经常性地送达客户,将会积累很大的金额。银行向客户提供的现金回赠是由厂商提供的，因此降低了银行的营销成本。客户可以随时提取积累的现金回赠，可以将资金存入任何一个账户，可以用于偿还信用卡，也可以进行慈善捐款。

图4　Cashoff公司系统界面（图片来源：https://www.coff.uk）

## 五、流程管理创新

爱沙尼亚的Bankish公司为银行提供了一个端到端的，高度模块化的贷款管理平台。Bankish贷款管理平台帮助简化银行及其客户的流程并提高效率。商业银行通过提高系统的模块化、易用性、可配置性来提高个人贷款的市场竞争力。

贷款管理软件由具有多年经验的专业人员开发，系统精简且功能强大。可以轻松生成新的贷款产品，与客户直接互动及发送自动通知等。系统具有灵活的自动评分功能，根据银行策略调整自己的评分模型。贷款申请可以通过自助服务、呼叫中心代表或信贷经理发起。客户使用贷款自助服务门户，可以实时查看贷款概况，可以申请新贷款，与贷款经理互动并查看贷款的状态。该系统的CRM模块将所有客户互动信息存储在集中式系统中，不会造成电子邮件或文档的丢失。

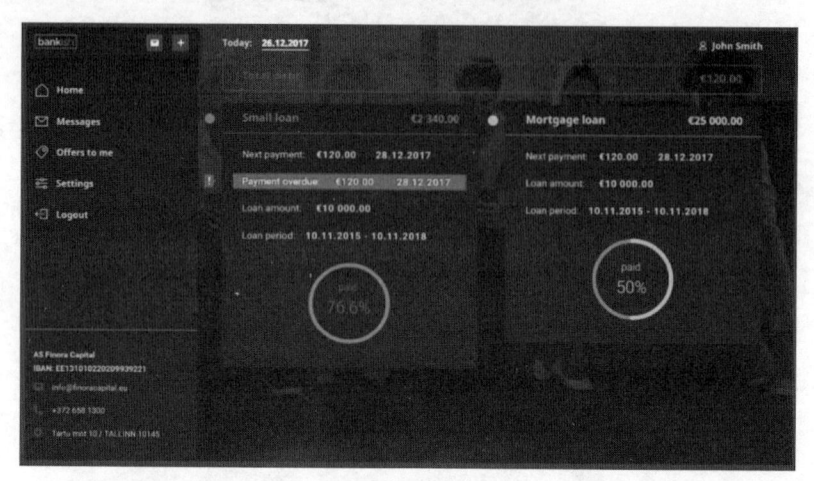

**图5　Bankish公司系统界面**（图片来源：https：//www.bankish.eu）

　　Bankish贷款平台可以支持多种贷款，通过一个集中式的平台管理全部贷款流程，包括对公贷款、对私贷款、抵押贷款或信用贷款。系统具有快速和简单的流程，在引入新贷款产品和生成客户化的贷款文件时也非常方便，后台的业务人员非常容易使用。在银行职员用户端可以看到一个仪表板页面，可以查看有多少笔新贷款，多少笔贷款正在进行中，有多少笔贷款需要与客户联系，有多少笔贷款需要补充新的信息和存款资料，页面上还显示贷款申请人的姓名、联系状态、贷款状态、贷款分类、持有贷款的员工姓名、下一部动作、结果、注意事项等明细信息，系统具备功能强大的CRM（Customer Relationship Management）模块和联系模块，可以查看与客户沟通的信息列表和明细，可以查看和更新客户信息，查看支付还款明细信息。

　　系统具有机器学习功能，生产可视化的重要指标分析图表，可以查看员工管理的贷款分类、显示出按揭贷款、微型贷款、小企业贷款、经营贷款、消费分期、账户透支的统计信息，发现贷款的逾期情况，统计出贷款总量和平均审批时长、放款时长。银行员工可以方便地新增贷款产品，可以输入贷款产品名称、产品利率、还款方式、还款时间、利息支付期间、费用标准、手续费计算方法、客户通知方式、客户通知信件、贷款合同等，在用户端，客户可以查看自己的贷款信息和贷款图表，方便进行贷款方案的调整，并随时进行还款或与贷款经理联系。

### 六、开发贷款集中管理平台

葡萄牙的Itscredit是一家专门从事信贷业务解决方案的软件公司，该公司拥有15年以上信贷经验的高素质团队，提供一个全渠道信贷平台，帮助银行对贷款的全流程进行控制。该公司开发的精灵顾问将客户的贷款和储蓄整合在一起，帮助客户管理他们的财务并在短期内实现他们的目标。ITS系统提供贷款的全流程管理，从贷款申请、审批到签约和发放。适用于汽车贷款、消费者贷款、租赁贷款等各种产品。系统考虑了信贷业务的每个阶段，涵盖了从计算到批准、承包和支付的全过程。适用于汽车贷款、抵押贷款、消费贷款、租赁信贷、借记卡等各种产品。该系统有评分引擎进行贷款的预批核与决策，系统会基于银行设定的参数计算申请是否符合标准，系统还能够监测与分析贷款审批的时限是否符合服务标准，集中化的系统支持银行完全自主地管理自己的产品特性，支持多品种的产品多渠道、多语言地展示与提供给客户。

Itscredit将客户的账户信息与贷款连接在一起，帮助银行提高贷款比例、贷款金额和效率，系统将客户存款和贷款组合在一起，为客户的财务管理带来方便，帮助他们实现生活目标。客户登入手机应用界面，上面显示了账户信息和针对客户的优惠信息。例如，一名客户希望购买一辆新汽车，同时希望夏天去度假，客户登入App，可以看到自己未来几个月的财务预测情况，上面显示未来时期每一个月固定消费、其他消费和可用金额，客户可以定义自己的财务目标，可以选择一辆汽车和一个假期，这时系统提示针对客户的汽车购买愿望，建议从2月份起每月存款500欧元，到4月份时将有1 000欧元，作为3万欧元分期的定金，实际分期金额为

29 000欧元，这笔分期将持续20个月。针对客户度假的愿望，系统建议从3月份起每月存款100欧元，到6月份时将有500欧元，作为3 500欧元分期的定金，实际分期金额为3 200欧元，这笔分期将持续32个月。这时客户可以查看申请分期后的财务情况预测，显示每个月的存款金额、分期偿还金额、剩余的金额，看完之后，客户可以调整自己的购车价格，分期期数，系统会显示每期偿还金额。客户如果认可分期计划，系统就会显示贷款申请文件，客户可以在屏幕上签署后提交。客户输入收到的验证码完成验证，整个申请过程就完成了，整个申请过程非常简单。客户可以管理财务和达到自己的目标，完成贷款后，客户还可以查看更新的财务状况，系统的流程非常顺畅，所有类型的客户都可以在线上完成申请。

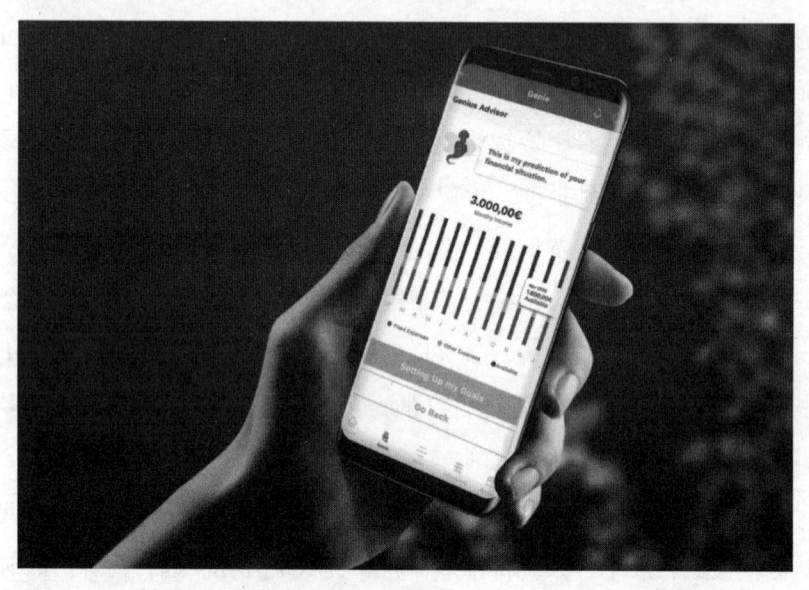

图6　Itscredit公司系统界面（图片来源：https://www.computerworld.com.pt/2020/02/12/itscredit-desenvolve-app-para-clientes-de-bancos-atingirem-objetivos-de-curto-de-prazo/）

## 七、开展消费金融业务创新的策略

### （一）开展个性化营销创新

商业银行可以在App上展示个性化的内容，通过建立全面的端到端解决方案集，为消费者、小型企业等各种客户提供连贯、安全、数据驱动的体验。在手机应用界面可以将客户区分为消费者、中小企业、商业、账单到期、修复信用、潜在产品购买者、目标积极等群组，除显示存款账户余额、客户的最新任务、个人支票账户、信用卡账户的余额以外，还可以显示预批核的现金贷款链接、批准事项、现金流、智慧广告、直接汇款、联系银行等。人们申请贷款的目的是完成购买贷款相关的产品或服务，使用这一系统能够帮助客户更快更容易地完成他们的借款，帮助银行销售更多贷款，建立更牢固的客户关系。提供贷款催收所需的系统架构，提供简单的应用程序工作流以及文档管理和自动化功能，通过计量跟踪和自动化，提供成功贷款催收所必需的体系结构，显著缩短产品上市时间并减少维护费用。

### （二）开发个性化互动式营销系统

商业银行可以开发互动式营销系统，将客户关系管理放在系统架构的核心位置，利用来自多个来源的数据生成对客户的全面360°视图的知识和洞察。通过完全响应的用户界面，客户可以从不同的设备访问移动银行、移动钱包、ATM和信息亭银行等系统。将来自后端系统和数字渠道的数据整合在一起，提供统一的前端和标准化的流程，高效地服务客户。提供优化和定制的解决方案，以满足客户的需求；为员工提供指导性销售工具，为客户提供个性化和完善的网银服务和差异化的建议。可以随时查看客户的账户和交易情况，使用复杂的规则、分析和算法来更好地预测客户需求，基于客户细分、人口统计、财务和产品向客户提供服务，通过结构化的方式在客户的生命周期事件期间向客户推送产品信息。通过对客户的关系分析，可以看到客户与周围人的关系，包括同事、股东、上下级、兄弟、夫妻、共同借款人，向有可能购买银行产品的客户推荐相应的产品。

### （三）移动App功能创新

商业银行可以开展移动支付App的创新，可以在App上整合信用卡、借记卡、消费贷款功能，客户可以即时申请虚拟卡，可以随时申请实体卡。可以通过App登录各种购物网站，购买商品时可以使用信用卡支付，也可以选择使用贷款支付。可以对家庭成员的交易权限进行定义，选定家庭成员允许的交易类型，如日杂商店、餐馆、医疗、俱乐部、酒吧、书店等，可以设定交易的时间段，还可以设定存钱罐，如购买相机、旅游、婚庆等。丰富手机银行App场景内容，提供餐饮优惠、影票、出行、便民服务、生活缴费、话费流量、商超便利店、商城等选项，在餐饮优惠中，可以提供喜茶、瑞幸咖啡、奈雪、肯德基、星巴克、面点甜食、火锅、快餐、西餐、日式料理等分类，按照客户距离远近推荐优惠券。在影票里面，可以提供居家观影、猫眼演出、观影优惠、观影攻略等频道。在出行分区中，可以提供网约车、共享单车、客运购票、公交地铁，在网约车、共享单车界面，可以展现合作伙伴的约车、用车画面，在客运购票上，可以展现携程的购票界面。公交地铁频道可以展现乘车码。城市服务频道可以提供电子社保卡、医保电子凭证、惠民保险、交通罚没、个人信用报告、海关税收、道路停车、企业年金。商超专区可以购买包括各类商场优惠券。手机商城可以选择手机、电脑、数码、家电、家居箱包、腕表珠宝、奢品精选、食品酒水、美妆等频道。同时，可以购买各类理财、基金、保险等。

### （四）开展智能化产品推荐

商业银行可以开展智能化的产品推荐，通过对客户资金流动和分项收入的分析，在银行数字渠道使用定制服务、机器人咨询和游戏化等智能数字工具扩大客户基础，使用大数据和人工智能深入了解消费者需求，预测消费者的购买行为，有针对性地推荐优惠和金融产品，提高手机银行的活跃度、客户的忠诚度、参与度与市场份额，增强与客户之间的信任，也增加了收入来源。调查表明如果消费者经常购买的品牌能够提供现金回赠，74%的欧洲消费者愿意提供自己的消费数据。商业银行可以在手机应用中展示各家银行的账户情况，客户也可以添加会员卡、忠诚度卡，例如，超市、百货、牙医诊所等的会员卡片。可以帮客户提供多种还款计划，及时审视消费者对新产品发布的反馈，及时调整促销策略。

## （五）开发贷款集中管理平台

商业银行可以建立基于云技术的贷款管理平台，增强系统的可配置性，实现流程自动化和效率的提高。系统提供自动评分功能，提供强大的客户关系管理功能，提供客户友好、整洁、简化的自助服务门户，帮助改变信贷市场的竞争格局。使自助服务门户、客户可以使用贷款门户申请贷款，提交补充资料等。系统的客户关系管理模块将所有客户互动信息存储在集中式系统中，不会造成电子邮件或文档的丢失。平台集中管理全部贷款流程，包括对公贷款、对私贷款、抵押贷款或信用贷款，银行管理人员可以随时查看有多少笔新贷款，多少笔贷款正在进行中，有多少笔贷款需要与客户联系，有多少笔贷款需要补充新的信息和存款资料，每笔贷款的状态、分类。使用可视化的指标分析图表，可以查看员工管理的贷款分类、显示出按揭贷款、微型贷款、小企业贷款、经营贷款、消费分期、贷款总量和平均审批时长、放款方式、客户通知方式、客户通知信息等，提高运作效率。

商业银行也可以开发贷款集中管理平台。整合适用于客户和非客户的开放银行接口，系统是一个全参数化的系统，适用于各种产品，银行可以轻易地变更参数支持不同的贷款产品。工作流程覆盖贷款申请、预授信、表单生成等各个阶段。有了信贷流管理工具，贷款发放可以100%线上进行。贷款申请可以从分行网点、手机应用和银行核心系统发起，由于使用核心系统的数据，最大限度地减少了客户输入数据的烦琐和数据错误的可能。客户可以看到自己未来几个月的财务预测情况，上面显示未来时期每一个月固定消费、其他消费和可用金额，客户可以定义自己的财务目标，可以选择一辆汽车和一个假期；客户可以设定自己的目标，系统建议分期还款计划，客户如果认可分期计划，系统就会显示贷款申请文件，客户仅需要确认就可以完成审批及实现资金到账；客户还能够更新自己的财务状况。

# 消费金融业务创新新愿景

近年来，随着居民收入的稳步增长以及消费金融行业监管框架日益完善，商业银行消费金融业务持续稳步增长，并逐步成为零售业务转型的重要抓手。但与此同时，商业银行消费金融行业竞争压力持续加大，风险管控压力持续增长。商业银行应细化消费贷款客群管理，强化科技赋能，有效管控风险，促进业务持续稳健发展。近年来，受新冠肺炎疫情等因素影响，消费特别是接触型消费恢复较慢，中小微企业、个体工商户和服务业领域面临较多困难，商业银行在消费金融领域开展了多种创新。本文从集中式贷款平台、个性化营销视频、贷款流程自动化、个性化营销数据分析平台等方面的创新分析国外商业银行开展消费金融创新的实践，并对我国商业银行的创新提出建议。

## 一、集中式贷款平台创新

美国得州的FinFirst是一家端到端的金融服务聚合商，它将企业和消费者与银行和非银行金融机构进行配对，全面实现新客户拓展、信用评估和服务的自动化。该系统有两个门户：企业和个人客户的门户，显示客户信息与产品请求信息，银行门户，显示信用评估要求和出借方的贷款人标准和规则。

目前90%以上的金融交易还是通过填写纸质的表格介质完成的，FinFirst是全自动的全体系金融服务提供平台，将消费者与银行和非银行金融机构匹配到一起，其中的产品包括企业贷款、消费者贷款、投资基金、资产管理和账户管理。

当客户登入平台的门户时，需要填写客户的申请信息和账户信息，公司客户需要填写的数据包括公司贷款信息、公司行业、详情、地址、负责人姓名地址、财务报表等，系统会将客户的信息与外部数据进行匹配，即时进行数据的验证。当客户输入客户信息之后，在30秒钟之内，系统就会对其与全系统的产品进行匹配。系统向客户展示来自不同银行的产品列表，客户仅需要选择其中一个银行。在银行的门户，上面显示风险过滤指标、贷款匹配过滤指标、银行产品独特卖点、特征、财务信息、文件生成、黑名单生成、用户管理等选项，可以查看每一笔贷款申请的公司信息、贷款产品、银行产品、财务信息、公司行业、类型、员工数等信息。系统在30秒之内就能完成贷款的匹配，并分配给对应的审批人，即使客户半夜申请贷款也能即刻完成任务分配，第二天一早银行职员上班就能够立即处理。系统还可以对贷款审批进行分配。系统会显示客户的各项风险指标和信用评分。系统显示每项过滤指标是否通过，系统上存储了来自各种来源的黑名单，系统会对每一笔贷款申请进行信用评估。所有贷款所需的文件资料都已客户化准备好。

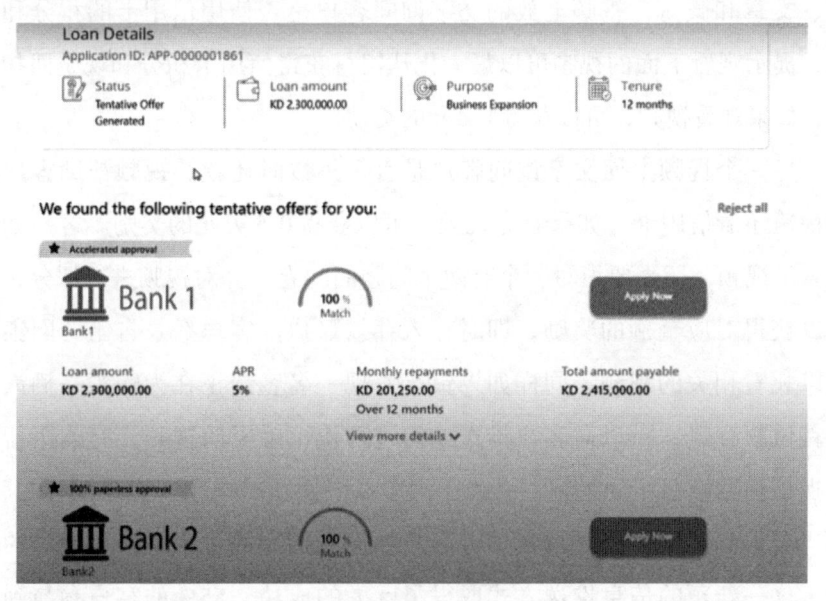

图1　FinFirst公司系统界面（图片来源:https://www.finfirst.com）

## 二、个性化视频营销

美国密歇根州的Plinqit公司为全国的银行和信贷联盟提供服务,帮助这些机构以方便且经济的方式吸引和挽留客户。Plinqit向用户提供客户收费的内容服务App,该技术正在申请专利。通过提供客户收费的视频内容,提高金融机构的客户参与度,更好地服务于银行的千禧一代客户,帮助客户顺利地完成度假、建立紧急基金、偿还信用卡债务等目标。

这些机构有2 400万客户,使用这一应用向客户提供基于客户教育和信息的视频内容,这些内容可以是与客户需求高度关联的,如果客户观看了视频内容,并且完成简单的问卷和评分,就可以获得一定的金额奖励,直接存入客户的存款账户。例如,当一名客户登录应用后,可以看到自己的账户信息、总的账户数和账户余额,客户会同时看到提示:我们注意到您每个月都有大笔的信用卡还款,您想知道如何整合信用卡欠款,获得较低的利率吗?客户点击这一提示,就会进入到一个内容展示界面,包括视频、文章和微博,视频上放的文字询问客户是否使用信用卡的积分和奖励,提示观看下面的视频可以最大化从银行获得信用卡积分和现金回扣奖励,如果观看视频,可以获得1美元的奖励。

另一个视频上面文字询问客户是否每月按时还款,视频帮助客户如何快速还清信用卡,如果看完视频,可以获得0.5美元的奖励。客户如果观看了视频,还需要填写一个有两个问题的问卷,并对视频进行评分,就可以获得对应金额的奖励,即时存入存款账户。客户登录自己的网银也可以观看相关的视频,同样如果银行发现一名客户正在为购买一辆汽车的首付款存钱,可以向客户推送如何进行汽车融资的视频,有购买新车的视频和翻修旧车的视频。有关于汽车以旧换新的视频,观看视频之后,客户会得到奖励,同时视频告诉客户如何在购车的过程中获得银行的帮助。这一新颖的信息推送方式取得了巨大的成功,55%的客户参与到观看视频的活动,二期花费的金额仅相当于与Google等搜索引擎合作的十分之一。

图2 Plinqit公司系统界面（图片来源：https://www.plinqit.com）

## 三、流程自动化创新

纽约的Lendsmart公司开发了AI驱动的数字贷款平台，节省运营成本并为客户提供独特数字体验，在20分钟之内帮助借款人完成贷款申请，提高了贷款效率。该数字贷款平台与购房市场相结合，简化了招募新客户的流程。通过一系列系统程序，自动化了贷款处理流程，使用该系统的银行每天处理的贷款业务量比原来增长了5倍，最大限度地降低了风险。

Lendsmart建立了一个购房市场，以简化和优化购房者的体验。该系统使用人工智能对房屋购买和贷款流程进行自动化和数字化，帮助借款人获得贷款、再融资或购买房屋。一般情况下申请贷款或房屋抵押贷款可能需要花费客户数周的时间才能完成。有68%的客户在过程中放弃，有75%的客户想要得到数字体验，有50%的人最终申请失败。

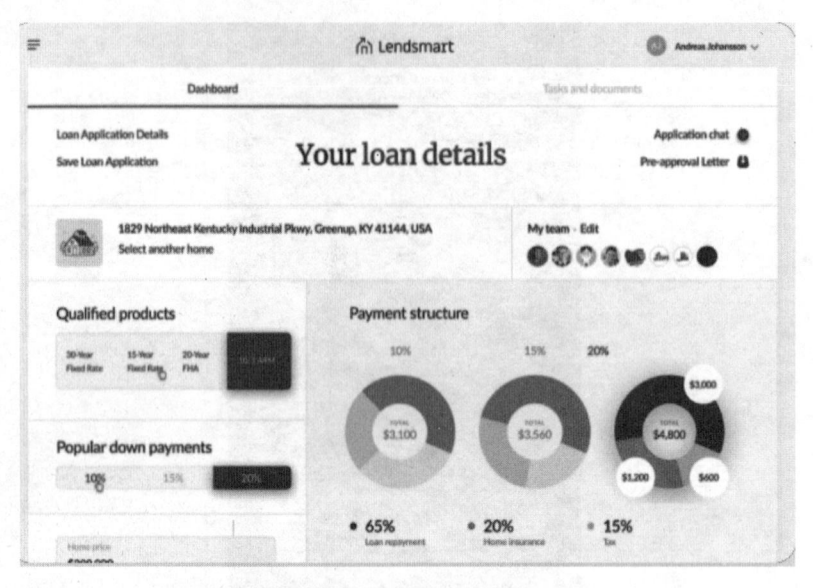

图3 Lendsmart公司系统界面（图片来源：https://lendsmart.ai/products/mortgages-lending-software/）

客户从网银上进入贷款系统，首先会显示出所在城市的房产地图，选择所购的物业，系统就会导入有关房产的全部数据，这时，客户可以与银行的虚拟贷款经理在电脑上聊天，虚拟贷款经理会询问客户有关的需求和问题，客户可以在聊天过程中提供自己的地址、家庭情况、收入情况等。虚拟贷款经理会帮助客户填写贷款所需的申请表格。系统通过人工智能技术抽取与贷款相关的数据、信息和表格，如果客户认为有必要，可以从电脑上的顾问列表中选择任何一位银行置业顾问，直接与贷款经理联系提问，提出感兴趣的问题。也可以在手机或电脑上上传文件，无须使用电邮等其他渠道提交资料，只需要使用Lendsmart的对话框，就可以完成所有资料的提交。系统会读取客户提供的所有资料，这大大节省了时间，AI识别了这些信息，银行可以立即验证客户的真实身份、资产、收入，就业信息，身份验证报告当时就可以完成，而不是需要好几天的时间。银行节省了大量的时间和成本，在银行职员端，可以看到自己所管理的每一笔贷款的信息，系统还会自动产生各种表格，大大提升了效率，所有的申请过程被压缩到15分钟以内。在系统上，客户还能在平台上找到律师、保险商、评估师、搬家公司，客户也可以使用自己带来的律师、保险商、搬家公司等，客户可以当场登入自己的银行账户，选择发放贷款使用账户，系统显示贷款的全面信息、进展情况、贷款成本。

### 四、开发个性化营销数据分析平台

德国的Fintec公司的分析平台对客户网上银行的数据进行分析。分析的数据包括现金流信息、有关退单、预算盈余等的报告。这使银行能够以标准化的方式快速处理系统中的交易。他们利用现代机器学习方法对分析平台不断演进升级。该平台将分类后的交易数据生成结构化的账户数据观察，它独特的自学习算法保证了最大的可靠性。商业银行使用分析平台作为决策参考，不仅可以对客户的偿付能力进行评估，还可以识别交易数据中的风险特征，以便在早期阶段识别信用和欺诈风险，大大降低支付违约的风险。分析平台为银行量身定制了解决方案，为交叉销售和追加销售做好准备。

在使用这一平台时，银行工作人员首先需要选择上传个人客户数据还是公司数据。工作人员选择上传现有客户数据后，进入平台，界面上会显示全部客户数据的汇总情况，每一个客户显示为一个按键，点击进入系统之后，显示有下载PDF和数据分析两个按键，点击进入后可以查看客户所有的支出和收入明细，每一条数据是以银行内部数据的格式展示，一般业务人员不能够理解数据的含义，也就无法回应客户的需求，此外商户的不同部门对客户也有不同的理解角度，银行工作人员首先命名一个报告，银行工作人员可以选择客户基础数据、客户姓名、账户状态、余额纵览。可以选择分类展示不同类别的支出，如租房或房贷支出、租车支出、人寿保险、消费、批发、零售、日杂、百货、旅游的支出，在数秒钟的时间内，就会显示出相关的交易明细，以及汇总的分析图表，显示出每一列消费的比例。银行职员可以选择相应的计算要求，可以显示每一种商品的汇总金额、平均金额、中位数金额，系统还可以显示客户的信用评分，所以银行职员可以勾画出客户的财务图景，并将客户归入相应的分组，制订个性化的产品方案。Fintec公司向银行提供将客户的数据转化为知识，帮助银行避免风险，并找到扩大销售的机会，例如，客户的家庭状况或工作状况发生了改变。

通过将客户分到更精确的客户分群，可以向客户提供更准确的产品推荐，例如，系统感知到客户最近进行了租房或申请了房贷，可以向客户推送家具的优惠，推荐家庭财产保险；如果感知到最近有旅游交易，可以向客户推送旅游门票、餐饮住宿的优惠和贷款；当客户有很多医院的交易，可以向客户推荐医疗健康的商户优惠；如果有婴幼儿的消费，可以推送儿童用品的优惠和教育课程优惠。

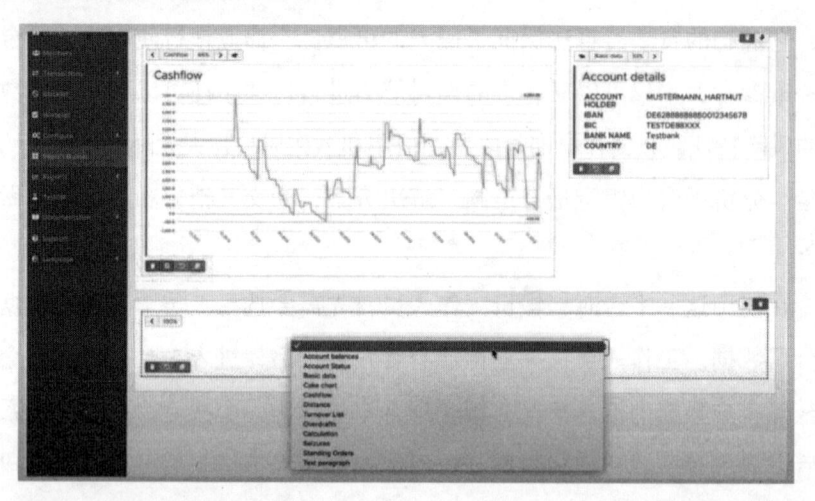

图4　Fintec公司系统界面（图片来源：https://www.digitalkredit.de/fintech/fintec-systems/）

## 五、开展个性化营销

伦敦的Meniga公司是领先的白名单数字银行解决方案提供商。该公司产品服务于包括总部位于荷兰、新加坡、意大利、西班牙的银行等世界上最大的金融机构，帮助30多个国家的6 500多万数字银行用户提升客户体验。Meniga公司的产品包括个人财务管理、自动实时通知、预测分析和个性化参与技术、定制奖励和消费者数据分析。在生态保护意识越来越强烈的背景下，该公司的系统使用丰富的交易数据，帮助他们减少并抵消碳足迹，对节能减排产生积极的影响。

在过去的几年里，环保和改善不适宜工作环境成为人们热议的话题。现在这些概念也更多地被带到时装业，时装业是污染最严重的行业之一。纺织纤维生产和产品配送对环境造成了一系列的负面影响，包括水、空气和土壤污染。时装业占全球碳足迹的10%，是世界上第二大淡水污染行业。大多数时装产品是由棉和涤纶制成的。棉花是一种天然的纺织纤维，植物生长需要大量的水资源和大量的化学物质，如化肥和杀虫剂。聚酯纤维是一种合成纤维，它的使用已经远远超过了天然纤维，由于最终产品的生产和销售成本非常低，所以发展迅速。它使用了几种从石油中提取的合成纤维，它们的生产对环境仍然有害。

当人们买一件衬衫或一条裤子时，这一选择会以某种方式影响环境，尤其是购买低成本品牌时，这些品牌往往使用最不环保的方式生产。有时，这也会对生产这些产品的国家的员工产生影响，为降低生产成本，这些员工通常在恶劣的条件下工作。因此，另一种时尚需求也在上升，这种时尚包括生态可持续性，也包括推动整个行业转型的贸易原则。

Meniga的目标是帮助银行职员建立长久的关系。该平台分析实时的消费交易行为分析，提供改善业务所需的信息，帮助改善员工业务绩效。通过个性化奖励提高忠诚度和销售额，并关注银行职员的业务增长。该平台创建现金返还活动，在适当的时间瞄准合适的客户，奖励忠诚的顾客，并找到可能的新顾客，向客户提供现金返还。

客户登录App，可以关联上自己的卡片，关联之后，就可以在App界面上看到附近的商品，在每一件商品的图片上，注明了购买时提供的返现金额，还会在地图上显示每一件商品所在商店的位置，地图上显示上面所有的商品总计能够提供多少现金回赠，系统会告知客户银行与环保组织有合作，询问客户是否同意将自己的现金回赠捐赠给环保组织，这样可以抵消自己必不可少的碳足迹。并且告诉客户该家银行所有的客户一共捐献了多少现金回赠，相当于减少了多少吨的碳排放。该行目前有超过20%的客户选择了使用Meniga做出现金回赠的捐赠。银行拥有大量的数据，能够帮助客户做出更有意义的事情。

**图5 Meniga公司系统界面**（图片来源：https://www.meniga.com/product/carbon-insight）

## 六、对商业银行的建议

### （一）建立集中式的贷款平台

商业银行可以开发集中式的贷款管理平台，连接多家银行和非银行贷款机构，将企业和个人与银行和非银行金融机构进行的贷款产品进行配对。对于银行而言，他们需要平衡企业客户和个人客户的风险，也要平衡成本与收入的关系，对于客户而言，他们需要产品的透明度，也需要了解产品审批和操作到了哪个阶段。集中式贷款平台的产品包括企业贷款、消费者贷款、投资基金、资产管理和账户管理，客户需要获取产品的透明度，也需要了解产品审批和操作到了哪个阶段。当客户登入平台，需要填写客户的申请信息和账户信息，公司客户需要填写的数据包括公司行业、详情、地址、负责人姓名地址、财务报表、公司贷款信息等，系统将客户的需求发送给各家金融机构，客户仅需要选择其中一个银行，就能够匹配相应的产品，客户可以开始进行申请。在银行的门户，上面显示银行产品独特卖点、特征、财务信息、文件生成、黑名单生成、用户管理等，以及风险过滤指标、贷款匹配过滤指标等选项，可以查看每一笔贷款申请的公司信息、贷款产品、银行产品、财务信息、公司行业、类型、员工数等信息。通过提供多家金融机构的产品，满足客户的多样化需求。

### （二）开展个性化视频内容推送

现代人每天会接触到数十条甚至数百条广告信息，这些提供的广告信息并未得到客户的允许，也并非一定符合客户的需求。作为金融机构需要从这些广告噪声信息中脱颖而出有效地触达客户。商业银行可以建立移动化平台，向客户推送个性化内容视频，这些内容是与客户需求高度关联的，商业银行通过分析客户的地理位置信息和交易数据，向客户提供相关的产品信息和产品使用帮助信息视频，如果客户观看了视频内容，并且完成评分和问卷，就可以获得一定的金额奖励，直接存入客户的账户。可以向客户推送办理汽车分期、汽车融资、汽车修理翻新、按揭申请、信用卡申领、还款、提升额度、使用优惠商户的个性化视频，平均每名客户在一年中观看一定数量的视频，观看视频也会拉动金融产品的销售。

### （三）开发AI虚拟贷款客户经理

一般而言，房屋按揭贷款对借款人和贷款人都是很烦琐的过程，商业银行可以通过AI建立新的数字化流程提升效率、销售额和银行的盈利能力。实现贷款和购房流程的数字化和自动化。可以在银行网银或手机银行界面上提供人工智能客户经理，当客户查询贷款产品时，向客户显示所在城市的房产地图，如果客户选择所购的物业，就会显示该房产的全部数据，虚拟贷款经理可以询问客户有关的需求和问题，提示客户输入自己的个人信息和财务信息，虚拟贷款经理可以帮助客户联系任何一位银行置业顾问，客户可以直接提交所有资料，可以在对话页面选择贷款申请保险商、评估师、搬家公司、律师，也可以查看和管理全部贷款信息、进展情况、贷款成本。系统执行数字化贷款流程，将整个申请过程减少数周，能够在非常短的时间内完成审批放款。系统采用最高级别的加密技术构建而成，可为银行客户提供最高的安全性。

### （四）个性化营销数据分析平台和营销奖励

许多银行积累了数量庞大的数据，但是得不出有用的数据分析结果。商业银行可以开发数据分析平台，帮助银行理解交易背后的客户，做出更准确更迅速的日常决策，将合适的产品销售给正确的客户。实时对客户的交易进行风险评级，降低风险并加快贷款销售流程。客户上传数据后，可以选择多个预设模块进行分析，银行员工可以访问所需的账户数据，实时调用电子账户对账单或查看单个指标，系统导入分析的数据可以包括基础数据、账户状态、现金流信息、有关退单、预算盈余、余额纵览等信息。可以选择分类展示不同类别的支出，如租房或房贷支出、租车支出、人寿保险、消费、批发、零售、日杂、百货、旅游的支出，在数秒钟的时间内就会显示出相关的交易明细，以及汇总的分析图表，向合适的客户推荐合适的产品和商户优惠。

商业银行可以建立基于购买行为的绩效营销平台，帮助深入了解市场、客户和竞争对手。分析实时的消费交易行为分析，向消费客户提供个性化的现金回赠，通过个性化奖励提高忠诚度和销售额，在适当的时间瞄准合适的客户，奖励高消费的顾客，并找到潜在的新顾客。当客户消费时，可以查询手机App上的地图，地图上显示在每一家附近的商店可以得到的现金回赠和总计能得到的现金回赠。如果客户同意捐献现金回赠，也可以将这部分奖励捐献给环保组织，用以减少碳排放，利用丰富的交易帮助客户减少和抵消碳足迹，使客户有更好的体验，同时对环保事业有帮助。

# 04 信用卡业务创新

## 信用卡创新有哪些新突破

近年来,全球主要经济体增速接近触顶,部分新兴市场国家出现金融动荡。全球贸易摩擦、美联储收缩货币政策、美元升值、全球美元流动性趋紧、地缘政治冲突、原油市场波动等因素影响下,全球经济面临下行风险加大。消费在各国经济发展中的作用凸显,消费金融市场迎来了快速增长,消费环境的升级、大众支付方式的转变以及互联网科技的进步,都给信用卡行业带来了新的机遇和挑战,导致信用卡市场竞争激烈。近年来世界各国的信用卡行业利用金融科技开展了多项创新,本文从使用股权作为交易的奖励方式、使用人工智能技术开展精准营销、建立客户联系图形、连接全球支付平台、整合账单支付、实施交易控制、提供医疗优惠的财务管理工具等几个方面分析国外开展创新的动向,并对我国银行卡再战信用卡业务创新工作提出建议。

### 一、使用股权作为信用卡交易的奖励方式

波兰的Bumped公司是一家在客户与品牌之间建立紧密关系的高科技公司。该公司与能为客户提供免费股票的品牌合作,将这些忠诚的客户转变为股东,帮助与公司关系最密切的客户进入股票市场。Bumped公司将购物者变成股东,当客户购买商品的时候,开始获得这家公司的股票。对于各种品牌而言,这种联系比以往的联系方式更加深入。通过这种方式,客户

不是被确定为营销的目标,而是将商店变成了客户自己的商店。

在开办Bumped公司之前,该公司创始人的公司帮助各类品牌提供忠诚度奖励的移动或者数字礼品卡,取得了很大的交易量,但从传统的礼品向数字礼品卡的转变,并没有带来实质性的创新。他们考虑为市场带来一种全新的激励机制,这就是所有权,是一种真正的忠诚度的表现形式。

客户下载Bumped App,关联上他们的信用卡,选择他们有较高忠诚度的合作商品牌,设定好Bumped之后,每当使用信用卡在他们选择的品牌消费,就会得到一定比例的该公司股票,通过建立这样简单的链接所有权的入口,Bumped帮助客户了解他们喜欢的品牌的股票,有一些顾客从未参与过股票市场的交易,减少了进入传统股市的麻烦。

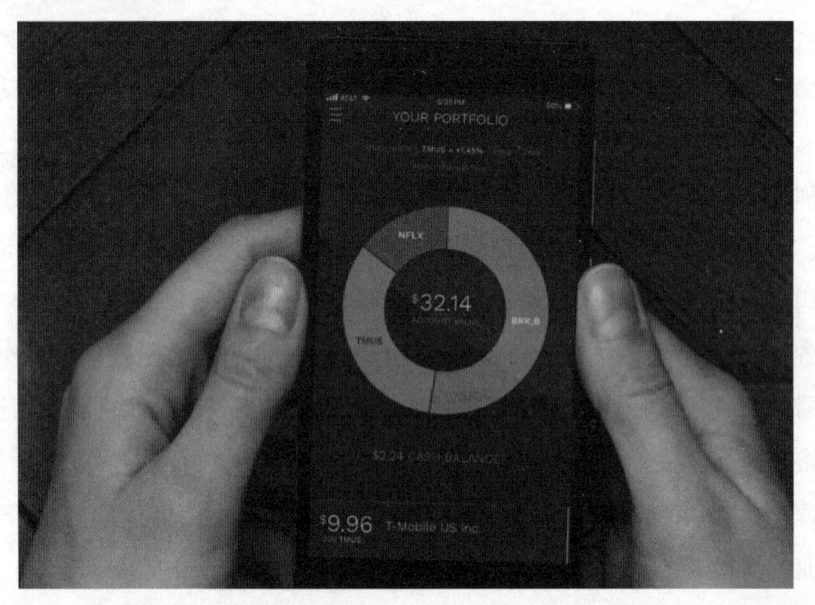

**图1 Bumped公司系统界面**(图片来源:https://www.doctorofcredit.com/wp-content/uploads/2019/07/Screen-Shot-2019-07-07-at-11.23.26-PM.png)

当客户登入Bumped手机应用的时候,可以查看自己关联的信用卡和借记卡。同时可以查看自己针对每一类忠诚度品牌的忠诚度计划以及奖励的力度。系统可以查看客户在每一家商户的消费明细,以及得到奖励的金额。客户还可以进入每一条记录,对忠诚度奖励计划进行修改。例如,客户看到一家商店已经建立了股票奖励计划,就可以将这一类别消费对应的忠诚度计划改变为使用股票奖励计划。客户可以在股票奖励列表中查看自己的交易历史，可以查看到每一笔消费得到了多少金额等值股票的奖励，客户也可以将得到的股票卖掉。股票卖出后，资金就会转入账户余额，并可以进一步转入银行账户。人们可能想象不到，一家公司的股票在未来可能变得非常值钱。对华尔街而言，有一类新的人群正在成为最大的公司的股东，这些人就是这些公司的顾客。

## 二、使用人工智能技术开展精准营销

乌拉圭蒙得维的亚的Prisma营销推广公司为金融机构提供智能化的全渠道协同营销的管理系统。该系统在对金融机构的数据分析基础之上，帮助金融机构通过数字化或非数字化的渠道提供分层和个性化营销方案。该公司打造的新平台，不仅管理营销活动，还向客户提供个性化的优惠，向其提供全流程的新客户拓展和开户流程。该系统使用机器学习的算法预测在特定的环境下针对特定客户最有效的营销行为，帮助金融机构加深客户关系，该公司还帮助金融机构设计营销的对话和流程，以便在最小的IT干预下完成营销推广。

Prisma将营销活动和迎新活动整合在一个平台之上，将统一的营销活动推送到同一客户的不同电子渠道上去。银行了解客户在什么地点、客户的喜好和需求是什么，平台确定目前与客户最相关的推广，并通过所有的平台向这名客户展现。当一名客户登入自己的手机应用时，他看到的个性化的营销推广与他登入网银看到的营销推广是一致的，例如，客户在纽约可以申请Prisma金卡，客户可以享有3倍的积分，在办卡后的前三个月内消费3 000美元，可以获得30 000积分。

又如，这家银行了解某位客户的妻子也在这个城市，而她还不是这家银行的客户。银行就会同时向这名客户推送另一个要求客户妻子办卡的申请和优惠，如果客户的妻子申请这张卡片并且获批，可以得到在纽约6个月免费Spa的优惠以及健康俱乐部的免费会员身份。这是完全可以由机器学习推动的一对一营销方式。如果这名客户愿意接受帮助他的妻子开卡的要求，就可以在线帮助他的妻子填写表单，提交申请。

在部署这些优惠的时候也非常方便，使用Prisma系统的后台，可以针对每一个主题设计一套独特的营销的图片，有网银、平板电脑、手机银行三种，可以在图片的旁边设计电子表格，表单可以包括姓名、电子邮件、生日、个人账户号等。客户可以使用电子表单填写相关的内容。客户填写完电子表单后，可以扫描自己的身份证件并拍照，资料上传之后，客户就会得到成功批核信用卡的通知。

图2　Prisma系统界面（图片来源：https://prismacampaigns.com/）

## 三、建立客户联系图形，实现病毒式传播

美国加州的Betarank公司帮助银行和信贷联盟将它们的历史交易数据发挥最大的价值，用来拓展新客户和进行产品交叉销售。Betarank公司从金融机构的匿名信用卡历史交易数据的分析中发现客户的行为模式，将客户购买产品的可能性绘成图形，帮助金融机构增加获客的成功率。该系统堪称银行和信贷联盟的增长引擎。

如果一家公司拥有三年以上的客户借记卡或信用卡交易数据，那么这家公司就坐在世界上最有价值的数据之上。电子化获客现在对于银行和信贷联盟来说非常重要，因为目前大多数机构都处于激烈的竞争当中，一方面大型的机构也在争抢客户，另一方面互联网巨头投入巨资深入挖掘数据。推特等公司曾经使用数据建立客户之间的关联，这些就是客户关系图表。

  Betarank公司将银行或信贷联盟的数据联系在一起，生成这家机构的独特的客户关系图形。客户使用信用卡或借记卡进行交易的数据是非常简单化和相互独立的数据，大量的这种数据组合在一起，可以将客户分成不同的社区。系统运算后将客户分为不同的虚拟社区，之后会找到每一虚拟社区的关键属性。虚拟社区在客户的营销中具有非常重要的作用，人们都是属于不同的虚拟社区的。银行的竞争者们在营销客户的时候多数是针对单一的客户，但实际上人们是生活在社区中和网络中的，与相同社区的人有相同的行为特征，使用虚拟社区进行营销会更加有效。

  例如，我们分析一些具有高存款余额的客户，我们会发现他们属于同一个虚拟社区，如果我们深入分析这些客户的特征，会发现他们属于中学生的家长，这一群体的特征是他们都是美食家，这些客户之间有稳定的积极的相互影响的作用。发现了一个虚拟社区之后，点击系统上的按键，就可以找到统一社区的潜在的客户。点击客户关系图表上的一个点，可以查看将客户连接成社区的重要客户的特点，点击某一个特征，可以形成具备这些特点的客户名单，使用这些名单，可以大幅度提升营销的效果。

  在过去的几年中，Betarank公司使用这些数据建立起客户关联，很多客户已经成为他们服务的银行的客户。

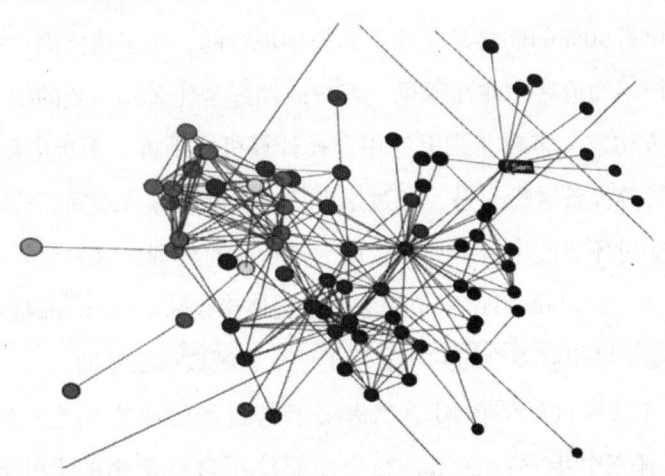

图3　Betarank公司系统相关示意图（图片来源：https://www.alpha.com/）

## 四、提升线上线下商业协同能力

美国加州的CardLinx协会试图提高线上商业对线下商业以及信用卡产业的协同运作能力，促进跨行业合作。该协会近期由其创始会员之一的微软开发了卡片连接软件套件，会员公司可以使用API接入这一网络，CardLinx将开发源代码向外开放，降低门槛，鼓励各类商户加入它的生态系统中。CardLinx协会的目标是增加线上对线下商业及卡片连接领域的各行业之间的合作。使用API介入的方式，各公司可以方便地针对它们自己的行业开发出有特色的服务。

消费和购物在全球经济中扮演着极为重要的角色，2022年美国、日本、德国、法国人均国内生产总值分别为7.64万美元、3.49万美元、4.86万美元和4.24万美元，消费是成熟经济体发展的第一大支撑。同时消费购物也在发生巨大的变化。例如，美国的最大的零售商之一的J.C.Penny公司2020年以来关闭了242家门店，梅西公司也关闭了125家门店。相反，亚马逊公司同期却新建了2 000多家门店。不同的零售商有着不同的命运，亚马逊的主要的竞争优势就是数据。消费者现在越来越频繁地通过手机、平板电脑等设备进行线上交易，亚马逊可以很容易地追踪客户的行为、获得客户的Cookie和其他数据。

目前仍有90%的购物是在线下商户中进行的，由于这些商户并不掌握数据，他们不知道客户住在哪里、客户的偏好是什么。一般的线上对线下交易由三方构成，客户在线上使用台式计算机或手机、平板电脑、手表、健康追踪器等设备进行交易，通过亲自到店、邮购等方式完成线下商户的交易，在支付环节使用借记卡或信用卡进行交易处理。这三个领域内的数据互不相通。CardLinx将这三个领域的数据连接起来。CardLinx提供的最主要的功能就是以相对廉价的方式实现了三个领域数据的互通。

客户可以将自己的信用卡或借记卡与自己的账户相连。客户使用CardLinx有三个步骤：首先，客户需要使用自己常用的卡片登记注册CardLinx的服务；其次，客户在网上找到数字广告或电子优惠券的链接，点击链接进去之后就登记了数字广告；最后，客户使用卡片在线下商户进行消费，通过使用卡片或手机钱包进行支付的同时就完成商户奖励的兑换。

图4　CardLinx协会会员机构（图片来源：https://www.cardlinx.org/）

## 五、与全球支付平台建立连接

美国北卡罗来纳州的Spreedly公司帮助银行通过一个单一入口接入更多的支付平台交易。这家公司想成为客户需要的最后一家支付网关公司，使用Spreedly，人们可以一次性地接入支付架构，并保障银行卡数据的安全。当一家公司建立创新型、成长型和全球化的业务模型时，接受支付可能成为一项挑战。人们可以使用标记化的卡片数据进行交易，使用全球范围支付入口API进行支付，帮助这家公司在更多的市场上与更多的合作方进行合作。

Spreedly帮助商户顺畅地处理交易，尽管可能有多家商户介入到同一笔交易中。这家公司与全球超过100个国家的超过220个支付网关和第三方API建立起连接。Spreedly上一年度处理了9 000万笔信用卡交易。统一的API与多家合作伙伴、商户和网关连接在一起，建立起更快捷的交易方式。该系统能够安全地获取、更新和传输卡片交易信息，降低信息泄露的风险。使用Spreedly，商户可以接受全世界的卡片，帮助商户接触并服务于新的国际市场，使商户可以使用目标国家的支付网关，当商户需要支持新增的网关时，升级起来也非常方便。

Spreedly的一家商户希望开立全球的高尔夫练习课搜索引擎，在全球有13 000多种高尔夫球的培训教程和训练计划，也有数万种会员服务计划。购买全球众多的高尔夫球俱乐部提供的不同种类的训练计划，需要在不同的支付方式下进行切换。这家商户做的就是与Spreedly合作，与不同商户的支付方式进行对接，这样客户就可以在一家公司的网站上查询购买全球的高尔夫课程产品。Spreedly成功地将服务模式由B2C变为B2B模式。在Spreedly的系统后台，可以查看每一笔交易通过哪一个节点连接到银行，还可以查看哪一个支付机构支持哪些国家的商户。

Spreedly可以收集和安全地储存客户卡片数据，帮助商户增加新客户，帮助客户进行循环交易，商户可以由此加强客户关系。Spreedly还可以提供报告分析功能，通过对交易时间和交易失败率的分析，可以加强客户关系，促进销售。

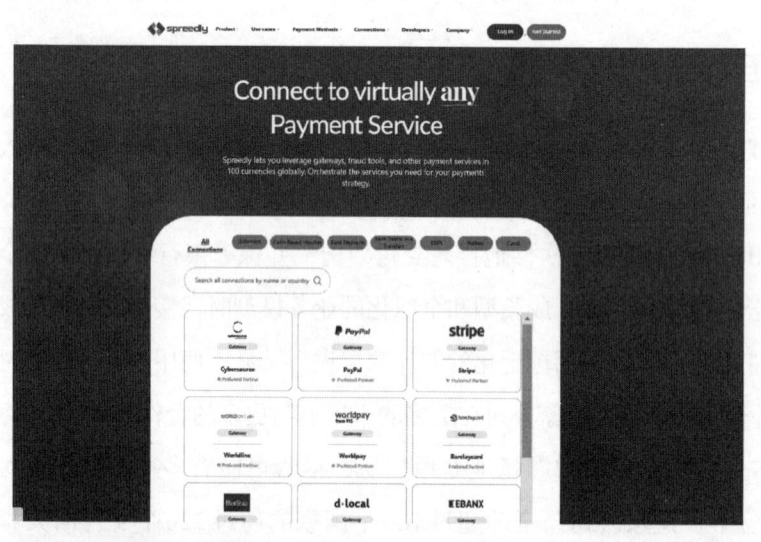

图5 Spreedly公司系统界面（图片来源：https://www.spreedly.com/connections）

## 六、整合账单支付的创新

美国得州的Q2公司向银行和信贷联盟提供电子银行平台，平台目前向400多家金融机构和1 000多万客户提供服务，支持账单支付、核心处理、远程存款等。Q2缴费专线是该平台的一个新的账单支付解决方案，客户可以将自己的所有账单整合在一起，并使用借记卡或信用卡进行支付，提升了账单支付的体验，帮助银行提高收益，将银行账单支付业务处理部门从成本中心转变为利润中心。金融机构可以使用该平台提供的API自行开发建立账单收费的前端系统。

  Q2缴费专线能够向客户提供三个功能。首先，能够将客户所有的缴费业务集中在一起展示，人们可以方便地管理自己的生活；其次，能够即时进行缴费的操作，由于可以进行实时或准实时的缴费，能够通过支付业务为金融机构带来交换费的收入；最后，能够向客户推送更新的支付和缴费信息。客户在该应用注册并设置自己的主要支付卡后，可以进入到账单的主界面，在页面的上端，以时间坐标轴的形式显示了每个月的账单张数和总金额，点击账单总数的图标就可以进入该月的汇总显示页面，还有以横向日期坐标轴形式显示的每日账单到期的展示图。客户也可以查看下一个月的账单到期汇总情况。在这个页面可以看到自己所有的支付账单集中在一起展示，包括娱乐公司、电力、移动电话、燃气、亚马逊、加油站、电力等各种商户的图标，图标旁边展示了在每一家商户的账单金额和到期日，点击一家商户的记录，进入新的页面后可以查看账单金额。可以立即缴费，也可以选择预约缴费，还可以展示缴费的历史记录。

**图6　Q2公司系统界面**（图片来源：https://www.q2.com/consumer/digital-banking）

## 七、对卡片实施交易控制

美国加州的Ondot公司帮助人们能够使用手机远程控制他们的信用卡或借记卡，持卡人可以实现对自己名下的信用卡百分之百地控制，决定怎样、何时、何地进行支付，增加卡片的使用，同时减少欺诈的损失和金融机构的服务成本。交易类型的设定使用户在用卡的中更有自信，提升了他们使用小额交易的频率，帮助他们减少发生欺诈的概率。Ondot公司通过与商业银行直接或间接合作的方式，为全球12 000多家金融机构提供服务。Ondot公司卓越的服务使其成为市场领导者，在美国80%以上的这类服务是由Ondot公司提供的。

当客户登入Ondot手机应用后，界面上展示所有的卡片的余额，包括持卡人本人、他的妻子和女儿的卡片，进入其中的某一张卡后，显示对这张卡的开关、虚拟卡、控制要求、预警设置、分享使用的卡片用户。进入虚拟卡界面，画面上会展示虚拟卡的卡号、动态CVV、有效期等信息。画面显示地点设置、商户类型、交易类型、交易金额限制的选项。

如果客户选择现有的地点，那么在客户所选地点之外，卡片就不能使用。当客户在选定的地区之外的提款机取款时，系统会向客户发送询问"此笔交易是不是您的"的提醒。客户也可以进入地图模式，在屏幕上地图显示的范围之内，卡片能够使用，超出这一范围，卡片就不能使用。

该系统还有与客户进行交互的功能，假设客户进行一笔5美元的小额交易，如果没有任何限制，交易就会成功，系统会显示"您的卡片在某某商户成功消费5美元"。如果关闭卡片，这时再进行消费时，系统就会返回"由于您的卡片已经关闭，您的5美元的交易没有成功"，或者显示由于您的余额不足，交易没有成功。这时客户可以进行人脸识别，如果符合银行的条件，就会对客户进行增额，增额后客户就可以进行新的交易。对于借记卡客户，可以参加透支保护计划，成功参加透支保护计划的客户，就可以透支完成交易。

Ondot提供的提醒服务，当客户用卡的地点、交易类型、商户类型、在一定时间内的交易次数、交易金额、账户余额超过或低于设定的值的时候，系统向客户发送提醒信息，提高客户在使用信用卡过程中的舒适度和意愿。当客户的账户由于资金不足而被锁定时，向客户提供透支保护。由于信用卡提醒服务的使用，客户欺诈交易笔数下降了40%，卡片的交易额上升了23%。这一服务提升了用卡的数字化感受和活跃用户数。系统除可以按照用户的要求对卡片交易进行控制外，还可以基于客户的消费模式与客户进行实时的沟通互动。

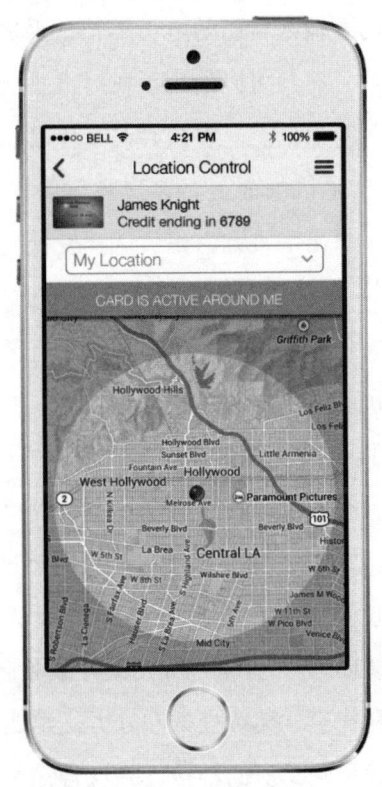

图7 Ondot公司系统界面

## 八、提供医疗优惠的财务管理工具

美国纽约州的Data amigo公司提供的服务是一个资金、健康、生命管理工具，帮助人们更好地利用资金，它包括一张金属信用卡、一个获奖的App，1%的现金回赠、0利率和免手续费的贷款。该公司向非银行客户和不充分使用银行服务的客户提供快速、高效、顺畅的管理资金的工具，该工具不仅仅是财务管理工具，还能为客户带来使用医疗服务时的实惠。

一般的美国家庭在面对400美元的突然性支出时，会遇到困难，Data amigo试图帮助人们在需要的时候得到医疗救助，在遇到诸如嗓子疼这种简单的病症时可以方便轻易地使用信用卡或得到贷款，并得到医生的帮助。当客户第一次登录Data amigo应用软件时，需要选择自己希望使用的语言，登入应用之后，客户需要输入自己的电子邮箱、手机号码，此后，系统会要求客户提供身份证件，客户可以使用手机对准自己的证件进行拍照，系统会抽取证件影像上的身份信息。客户姓名、生日、地址、有效期、家庭住址等信息都会显示到手机画面上。客户还需要输入自己的社会保险号码，之后客户可以设定自己的查询密码，选择安保问题，提交后系统进行审批，如获通过，会马上生成一张每笔交易享有1%现金回赠的金属信用卡。客户还可以购买廉价保险服务，客户可以享有牙医的优惠，也可以在线上随时与医生取得联系，并获得医生的诊疗服务。

进入系统后，画面上会显示转入、转出、我的卡片、我的医生、保险、借款折扣等选项。客户可以转出资金，也可以存款。如果客户已经成为Data amigo会员90天以上，并且每月存款余额超过500美元，并且已经缴纳会员费，信用卡就可以享有0利率的100美元贷款优惠。客户可以购买廉价的保险，可以享有免费的Data amigo医疗服务，客户进入App之后可以选择牙医优惠、眼科优惠、无线处方和处方优惠四个选项。进入牙医优惠选项，可以看到查找牙医诊所的链接，并且告知客户在与牙医预约的时候，需要告知自己是Data amigo的会员，到达诊所的时候要出示会员卡片，在诊疗完成付费的时候，客户需要进行支付，抵扣掉折扣卡上的金额。如果客户需要看一个医生，可以直接点击这名医生的链接，非常方便。这一服务目前在美国的50个州内都能使用，入网的医生有3 000多名。每月仅需9.99美元月费。客户全家都可以享有牙医和其他医生的优惠。

## 九、国内银行该如何创新信用卡业务

### (一)建立上市公司股票与客户使用信用卡消费之间的联系

商业银行可以为那些愿意向购买他们产品的客户提供股票的上市公司建立这种奖励计划。对客户而言，所有权是最有力的奖励形式。商业银行组织使用股票进行奖励的计划，客户们在App上登记参加提供股票奖励计划的优惠，之后客户就可以按照他们喜欢的方式生活。每当他们购买这些品牌的商品，就会得到一定数量的该种股票的奖励。客户也可以选择将获得的股票卖掉，卖出股票所获得的资金将全数进入客户的借记卡账户。在世界各国，有很大比例的人不在股票市场投资，这一做法帮助这些客户参与股票，了解股票对于这些公司的含义。通过建立向客户奖励股票的营销计划，提升客户对他们所关心品牌的影响力，让品牌更加注重为客户带来的价值，而不仅关心商品的价格。

### (二)使用人工智能，开展精准营销

商业银行应该使用机器学习的方法，根据客户所在的位置和偏好，向客户提供个性化和场景化的优惠，并且在手机银行、网上银行、平板电脑、短信等不同渠道推送相同内容的推广信息。应该充分了解客户的需求，提供最好的个性化的服务与优惠，帮助客户增强对银行的依赖感，设计最优化的营销对话和流程。如客户在一个特定的城市，可以申请一款特殊的卡片，之后在一定的期限内可以得到几倍的积分，如消费达到一定金额，可以获得一定积分奖励。也可以向特定的客户亲属推荐办卡，向客户推送申请电子表单，申请获批后可以获得特定的优惠。可以设计简易的推广实施流程，在最小的IT投入下设计完成营销推广。帮助银行满足客户的需求，帮助金融机构在各种不同的渠道中开展交叉销售，提高客户转化率，提升客户的钱包份额和忠诚度。

## （三）建立客户联系图表，促进定向营销

商业银行可以通过银行信用卡或借记卡客户交易的历史数据进行分析，建立起客户联系图形，像病毒传播一样开展营销。通过系统理解他们的产品和客户行为如何在客户网络中传播，并且使用网络效应使营销效果最优化。使用银行或信贷联盟的交易数据可以建立起客户联系的图表，对有相同属性的客户建成相应的社区。对属于相同社区的客户，采取相同的促销手段成功销售的可能性会增加。在系统上点击某一个社区的某一个特征，就能查到具有相同特征的所有客户名单。通过电脑图形发现合作电子媒体中具有最大转化率的潜在客户，有效地吸引新的社区家庭和客户。可以建立系统对客户营销活动进行分级处理，最大化交叉销售的影响。可以将银行卡同业联盟的数据利用起来，成为银行与同业竞争的利刃。

## （四）加强线上线下协调配合

商业银行可以开发系统，加强线上交易对线下交易和信用卡交易的协调运作能力，减少O2O商业服务中的摩擦。目前美国最大的零售商中，已经有70%的商户加入了卡片连接网络。客户首先将自己的信用卡或借记卡与手机应用相连，客户之后在网上找到数字广告或电子优惠券的链接，点击进去后，就登记了数字广告。之后客户在线上商户消费时，在使用信用卡支付时就完成了商户奖励的兑付。客户通过登记使用这一服务，无须使用会员卡、优惠券，只使用自己的信用卡，就可以享有个性化定制的优惠，因为商户了解客户的需求。商业银行应该建立连接线上线下交易的大商户网络。中小企业加入大商户的网络中后，可以学习到商户的最佳实践经验，通过提供个性化的电子化营销方案，提高交易量和收入。由于线下消费占总消费的90%以上，这一技术有着广泛的发展前景。

## （五）与全球支付平台建立连接

商业银行可以建立统一的与全球范围多个国家支付网关相连的统一的支付入口，使得与银行商户可以开展全球范围内的合作。商户接入统一

的API，就可以通过银行内部网络顺利接入全球各地的支付入口，让一家银行商户与全球范围内的多家合作伙伴、客户和网关连接在一起，使支付更加快捷，同时确保客户信息的安全。为网络商务提供巨大的机会，将商户的合作范围并扩展到无限的规模，同时帮助客户在网络上发现产品或服务，并在网络上顺畅地购买。线上支付迅速发展，任何一家网络公司的成功都离不开卓越的客户体验。网络商业可以使用物流公司将地处不同地区的商户连接起来，完成客户的订单，也可以由一家旅游公司在向客户出售机票的同时将租车公司和酒店房间一同捆绑提供给客户，或者由一台声控设备向客户提供来自服务提供商网络的各种服务。商业银行为商户提供全球范围内不同国家支付网关的链接，可以服务于银行本行的商户，建立本代本交易网络，提高银行商户服务的竞争力。

### （六）整合账单支付业务

商业银行可以开发将客户所有缴费项目集中在一起展示的网银功能或手机应用。人们日常都有许多不同的公用事业账单需要缴纳，好的业务设计应该将客户的需求与金融机构的目标很好地结合起来。商业银行可以集中展示电力、自来水、煤气公司、娱乐公司、移动电话、加油站等各种商户的收费汇总金额，方便地查看每家商户的账单。可以立即缴费也可以设定预约缴费。客户可以选择使用存款账户、借记卡和信用卡缴费，在缴费预约的界面，可以设定偏好的支付卡片，在通知设置里面可以选择手机信息通知或电邮通知。可以设定手动预约也可以设定自动预约。将客户的公用事业账单集中在一起，不仅给客户缴费带来巨大方便，也给金融机构带来巨大的商业机会，以前账单缴纳的业务部门是纯粹的成本中心，经过集中在统一的平台管理，可以带来巨大的交易量和交换手续费收入。

### （七）加强对卡片控制的功能

商业银行可以完善客户对信用卡卡片的控制功能。为了提高信用卡持卡人群体的贡献度，需要降低欺诈交易发生的概率，同时向持卡人提供增值服务，提高客户的交易参与度。商业银行可以帮助客户通过使用智能服务架构实现设定在何时、何地和怎样用卡的限制，客户可以设定卡片可以使用的时间窗口，可以对卡片上锁或开锁，设定卡片使用的地点、商户、交易类型、交易限额限制，可以接收各种银行的提醒和优惠，父母亲可以对子女使用信用卡进行限制，公司也可以对雇员的交易类型和金额进行限制。可以设定每周和每月的交易限额，帮助客户为自己、子女和员工设定预算。当一张卡片出现资金不足的提醒后，可以向客户提供透支保护或增额服务，创造条件加强银行与客户之间的关系，提高客户的用卡频率，有效地减少电话服务中心的来电和欺诈用卡的数量，提高持卡人的忠诚度和满意度。

### （八）提供医疗服务便利和优惠

商业银行可以向信用卡客户提供医疗优惠服务。可以为信用卡客户提供无次数限制地使用牙医、无线医疗服务，并且获得更多的折扣。可以为客户提供专门的财务管理工具，客户通过验证之后，提供身份信息，可以提交信用卡申请，如果获得通过，就可以收到信用卡，并且获得优惠的医疗保险、牙医优惠服务，可以加入医生服务的网络，随时与医生取得联系，并获得诊疗服务。医疗服务可以包括牙医、眼科优惠、处方优惠、无线处方，加入的全国性的医生网络，每月仅缴纳很少的月费，客户全家都可以享有牙医和医生优惠。还可以提供智能语音客服服务，客户询问自己的余额，系统会自动播报账户余额。客户也可以对机器人说需要汇款，并告诉汇款人和汇款金额，系统就会应答，并完成汇款。

# 开创信用卡行业高质量发展新局面

2022年，受俄乌冲突、能源短缺和发达经济体采取的紧缩货币政策等因素的影响，全球经济面临不断增大的"滞胀"风险。主要经济体的经济增长率明显下降，通胀率急剧攀升。同时，美元指数和美债收益率上升，导致跨境资本迅速流回美国。离岸美元流动性不断紧缩，引发了金融市场的剧烈波动。面对乌克兰危机、不断暴发的疫情、下行的房地产市场等超预期因素冲击，中国政府高效地统筹疫情防控和经济社会发展，并持续加大稳经济政策的力度。经济增长呈现出"V"形走势，但总体上仍然表现出恢复程度偏弱。在经济增长持续承压的背景下，银行依托信用卡的支付和信贷功能渗入客户日常消费的各个领域，助力实现消费升级。信用卡产业由高速增长逐步向高质量增长过渡，产业各方面不断提高规范化经营水平，持续应用先进技术及创新支付工具，在为更多持卡人和商户提供优质支付服务的同时，提升实体经济效能。

2022年，信用卡产业不忘初心，勇毅前行，为支持实体经济发展，发挥金融力量。一是落实党中央国务院的各项决策部署，重点关注疫情防控、普惠金融、乡村振兴和用卡环境建设等方面，成功打造了一系列功能丰富、备受好评的银行卡产品。二是信用卡产业不断推进银行卡服务的移动化和线上化转型，扩大便民支付领域，创新业务模式，以满足客户和商户多样化的支付需求。三是信用卡产业始终坚持"合规为先、风险为本、稳健发展"的经营理念，建立智能风控体系，共建安全合规环境，整体风险得到有效控制，实现了银行卡产业规范、有序的发展。人民银行资料显示，截至2022年年末，信用卡和借贷合一卡共发行7.98亿张，同比下降0.28%，人均持有信用卡和借贷合一卡0.57张。特约商户数量和银行卡受理终端数量有所减少。2022年,全国共发生银行卡交易消费业务2 513.44亿笔,同比增长8.42%,金额130.15万亿元,同比下降4.28%。截至2022年年末,银行卡授信总额为22.14万亿元,同比增长5.34%;银行卡应偿信贷余额为8.69万亿元,同比增长0.85%。银行卡卡均授信额度2.78万元,授信使用率为39.25%。截至2022年年底,工、农、中、建、招商、中信、平安、广发、光大银行的银行卡手续费收入、信用卡贷款余额、累计发卡量、不良率详见表1。

表1 国内各主要发卡银行2022年底业务情况

|  | 工行 | 农行 | 中行 | 建行 | 招商 | 中信 | 平安 | 广发 | 光大 |
| --- | --- | --- | --- | --- | --- | --- | --- | --- | --- |
| 银行卡手续费收入（亿元） | 177.4 | 157.6 | 100.8 | 171.0 | 214.0 | 164.8 | 185.5 | 132.7 | 130.7 |
| 信用卡贷款余额（亿元） | 6 402 | 6 477 | 5 088 | 9 281 | 8 844 | 5 111 | 5 787 | 4 397 | 4 637 |
| 累计发卡量（亿张） | 1.65 | 1.5 | 1.38 | 1.4 | 1.03 | 1.65 | 0.69 | 1.09 | 0.48 |
| 不良率 | 1.83% | 1.23% | 2.02% | 1.46% | 1.77% | 2.06% | 2.68% | 1.58% | 1.39% |

数据来源:各行年报。

# 一、2022年信用卡市场发展的特点

## (一)积极服务促消费、扩内需国家战略

2022年12月召开的中央经济工作会议明确强调要把恢复和扩大消费摆在优先位置,加快构建新发展格局,着力推动高质量发展,尤其提出要大力提振市场信心,推动经济运行整体好转,实现质的有效提升和量的合理增长,为全面建设社会主义现代化国家开好局、起好步。在此背景下,作为以服务实体经济为己任的金融机构,依托后疫情时代各类线下消费场景复苏的机遇窗口,融合各类补贴优惠活动,发挥信用卡促销投入的杠杆效应,以信用卡业务拉动存量市场的"内需",促进出行、旅游、餐饮、汽车、家具、家电、住房装修、医疗、教育等领域消费。招行信用卡不断提升客户支付体验;推出"天天消费券""手机支付笔笔返现"等活动,多措并举促进消费复苏;通过发放商圈、商户消费券等形式帮助线下商家提

高销售转化率，有效打通供需两端等方式，持续服务实体经济。中信银行围绕细分客群及客户生命周期，通过关键触点管理提升客户活跃度和交易量；积极拓展商旅、互联网、新能源汽车等场景布局；强化消费分期的客群渗透；积极布局家装、购车等消费场景。截至2022年年末，中信银行信用卡交易量27 922.63亿元，同比增长0.44%；实现信用卡业务收入598.23亿元，同比增长1.18%。

## （二）信用卡行业进入向精细化经营转型的新阶段

我国信用卡市场经过二十年跃进式发展，市场规模不断扩大、参与主体日益丰富。与此同时，市场环境日趋复杂，行业的深层次矛盾开始显现，在经济下行压力加大和防范化解金融风险并行下，平衡好速度和质量、推动产业向高质量、精细化发展成为新常态和行业的共识。2022年，市场增速放缓，随着新冠疫情、政策红利、线上需求的多重因素的影响，强监管下发卡行的供给侧约束，叠加居民侧的需求减弱，信用卡市场已进入"一人多卡"时代。信用卡发行进入精耕细作时代，走向专业化、差异化、精细化的道路。一是加大力度促进存量客户消费。商业银行注重客户行为偏好与风险特点，识别客户诉求，精细化定制产品，紧贴运动、拥军、教育、养老、基建等大型主题，活动更具有年轻化、趣味性、科技感等特点，通过多种营销方式，提升活卡量和活卡比例。二是注重提升资产业务的贡献度。商业银行围绕客户消费的各个领域创新推出多种分期产品，形成了涵盖汽车分期、家装分期、旅游分期、教育分期等丰富的消费贷款业务体系，提升分期线上化处理能力。贴近客户需求，实现提质增效、创造价值。三是重塑客户全旅程。将服务质量和客户体验管理理念贯穿至每一个业务环节，创新客户体验机制，线上渠道与线下渠道、电话渠道与移动渠道融合发展，细分客户需求，搭建一体化客户服务平台，构建差异化、个性化、专业化的服务体系，运用技术手段提升服务的专业性、便捷性和及时性。

## （三）卡产品设计更趋于个性化和精细化，功能更丰富

随着数字化时代的到来和用户行为模式和体验要求的提高，各发卡银

行的发卡策略已逐步由重"量"向重"质"转变，更加注重个性化以及功能、权益的完善。在产品方面，各大发卡银行正积极推进在年轻客户、汽车卡、绿色低碳、认同卡、卡片功能定制等方面的创新。年轻客群正成为消费市场中的重要力量，品牌年轻化趋势不断增强。年轻人热衷于个性化、国潮、萌宠、互联网文化、电竞、养生等特点的消费，各家银行也在竞相推出针对年轻客户的各种创新卡产品。招商银行面向高校毕业生群体推出"FIRST毕业生信用卡"。平安信用卡推出创新升级的"平安悦享"白金信用卡，交通银行推出"国韵主题信用卡"等卡片产品，农业银行推出"星座卡国潮版"，邮政储蓄银行推出"若来Nanci主题卡"。光大银行推出"约卡"和"耀卡"，同时还推出了"抖音卡"和"孝心卡"。在汽车信用卡领域，平安银行推出了"小鹏"联名信用卡，中信银行打造"金融+汽车"生态，发行了新能源车主专属信用卡"中信银行i车信用卡"，农行推出了车主卡，建行推出了龙卡汽车卡。在商旅信用卡领域，中信银行通过精细化、多维度的产品、场景、合作单位经营，不断扩展"商旅+"生态体系，推出了"中信银行万豪旅享家联名信用卡"。在互联网平台合作方面，平安银行与"京东京喜"品牌合作，推出"平安银行京喜白金信用卡"，招商、建行、浦发也与B站合作推出联名卡，平安、光大、广发则与携程合作推出联名卡。在绿色低碳信用卡方面，建行推出了绿色低碳卡、龙卡能链卡，浦发也推出了绿色低碳信用卡。在乡村振兴卡方面，邮储银行推出了乡村振兴主题卡，提供了涉农意外保险权益、悦生活动态权益和医疗服务权益。此外，在认同卡方面，工行发行了南大寅年生肖卡，交行发行了12生肖校园版主题卡。邮储银行推出了青年IP卡，提供定制礼品权益，为不同类型的客户提供特色权益。

## （四）持续深入推进数字转型和场景生态建设

数字化转型贯穿全年发展的始终，一是场景生态建设。2022年各行持续完善以信用卡为核心的消费金融生态。搭建客户、商家和银行平等参与、广泛互动的平台，紧抓获客场景，利用手机银行、移动客户端，依托高频生活场景推进场景获客，联合电商平台渠道引流。与头部机构建立互为客户、互为平台、互为场景的深度合作伙伴关系。推动数字生态运营能力质的跃升。二是开展精准化营销。各行构建客户标签，利用大数据与人工智能赋能金融服务，用"千人千面"实现对客户的精准推送，满足客户信息碎片化时代的需求，使信息更加精准高效。推出人工与AI协同作业模式，提升营销的个性化与互动性。三是平台化建设不断加强。各大发卡行持续发力APP线上生态建设，搭建"先APP后信用卡"的综合化线上服务平台，内容上增加趣味性，在功能上覆盖消费、理财、服务，在消费场景上覆盖零售、航空、交通、通信、旅游、餐饮等多种场景。工商银行"工银e生活"App，打造工商银行个人客户生活服务平台，持续完善社区生活、办公生活、场景生活生态圈建设，服务客户消费、生活、金融需求。邮储银行App新增品牌福利专区、活动日历等功能，优化本地特惠、优惠券等活动场景展示效果。引入外部高频生活场景服务，整合具有地域特色的优惠活动，平安银行开展跨界合作，深化属地与线上场景联动，兴业银行聚焦持卡人生活消费需求和市场热点。满足客户身份认同、注重消费的真实体验，通过差异化优势满足客户和市场需求。

## （五）强监管、严监管已成为常态

2022年7月，中国银保监会、中国人民银行下发了《关于进一步促进信用卡业务规范健康发展的通知》（亦称"信用卡新规"），对信用卡业务经营管理、发卡营销、授信管理和风险管控、资金流向、分期业务等多方面做出了详细要求。要求银行清理睡眠卡，分期业务期限不得超过5年，客户确需对预借现金业务申请分期还款的，额度不得超过人民币5万元或等值可自由兑换货币，期限不得超过2年，并指出各银行信用卡部门需按照要求完成业务流程及系统改造等工作，期限是6个月，推动信用卡业务从粗放式扩张向精细化运营转变。12月，中国银保监会发布《关于进一步规范汽车金融业务的通知》，对汽车分期业务加强贷款合法性、合理性、真实性审查、强化经销商准入管理、加强经销商行为管理、定价管理、公开信息、合理支付经销商佣金、贷款合同信息披露、客户信息保护等方面进行了规范。《征信业务管理办法》于2022年1月1日起施行。规定信用信息采集应遵循"最小、必要"原则，不得过度采集；征信机构整理、保存、加工信用信息，应当遵循客观性原则，不得篡改原始信息。采集个人信用信息应当经信息主体本人同意，并明确告知信息主体采集信用信息的目的；征信机构要对信息来源、信息质量、信息安全、信息主体授权等进行必要的审查；信息使用者使用信用信息要基于合法、正当的目的，并取得信息主体的明确同意授权，不得滥用。个人信息主体有权每年两次免费获取本人的信用报告，征信机构可以通过互联网查询、营业场所查询等多种方式为个人信息主体提供信用报告查询服务。随后，与征信业务相关的监管政策陆续出台，同时强化了对于"征信修复""征信洗白"等黑灰产的打击力度。此前颁布的《中华人民共和国个人信息保护法》也对行业行为进行了规范。信用卡行业加强监管，加强发卡营销、收单外包、催收行为管控，防止发生系统性债务风险，经营规范化提升助力行业行稳致远。

## 二、2023年信用卡行业的发展展望

近年来，我国消费增长保持强劲势头，对经济增长的推动作用不断增强，消费已经成为经济增长的第一驱动力，国家重视消费金融对消费的促进作用。银行卡产业搭建了涵盖各个消费领域的较为完善的消费金融产品体系，覆盖客户各个领域的消费需求。国内信用卡发卡量由2008年年末的1.42亿张增加至2022年12月末的7.98亿张，信用卡贷款余额则由2008年年末的1 582亿元增长至2022年12月末的8.69万亿元。但相比于发达国家，信用卡人均持卡量、人均信用卡贷款规模等仍有较大增长空间。当前，我国信用卡人数预计约5亿人，相比14亿人口，覆盖率仍有较大提升空间。随着国人收入水平的提升以及消费意识的改变，预计未来持有信用卡的人数仍将有较大增长。预计2050年左右国内持有信用卡人数将由目前的5亿人左右增长至10亿人左右，人均持有信用卡有望从目前的0.53张增加到2张，届时国内流通信用卡数据或超过25亿张，较目前有2倍以上的增加。信用卡贷款

余额大致为23万亿~34万亿元，较2022年年末的8.69万亿元仍有2~3倍的增长空间。我国的信用卡市场也面临风险加大、市场竞争日益激烈、外来竞争不断涌入等挑战。2023年，信用卡行业将从以下几个方面取得新的发展。

## （一）持续推进信用卡的数字化转型

### 1.优化数字化产品

顺应移动互联网时代银行卡与支付的移动化、数字化、科技化变革的趋势，进一步优化数字信用卡产品功能及审批时效，提升审批速度。在手机银行渠道中增加数字信用卡产品卡面个性化定制功能，同时实现一键绑定微信等支付渠道App，提升客户用卡体验；提升数字信用卡审批时效，真正实现秒批款数字信用卡。建立起银行、用户、商户的关联，聚合消费支付、金融服务、优惠权益、健康惠民等服务，利用支付标记化、通道加密、实时风控等技术手段提升交易安全性。

### 2.推进收单的数字化

不断推出新型的数字化收单产品，近年来，新的支付技术不断发展，扫码盒子、刷脸支付、聚合支付等新兴商户支付手段不断涌现，新的商户服务将在更大范围得到使用。商业银行和第三方支付机构等收单机构将不断创新增值服务，挖掘日常高频、用户黏性强、O2O属性明显等特点的餐饮和零售行业价值，将商户拓展对象进一步下沉至个体小微商户,所提供的服务由最基本的支付功能进一步升级为"支付+"综合解决方案,在满足支付需求的基础上,输出点单、优惠、红包、会员、积分等多项增值服务。搭建手机App服务平台，推出优惠票券、优惠立减、积分兑换等营销优惠，为持卡客户提供方便、优惠的本地生活服务，为线下商户提供引流、获客等增值服务。商业银行将建立商户分层管理体系。利用产业链融合、平台联盟、O2O营销和大数据加快支付生态闭环建设，形成个人客户、银行、商户之间紧密交互的生态。

### 3.推进信用卡消费分期的数字化

各家商业银行已经搭建了涵盖各个消费领域的较为完善的消费金融产

品体系，新的一年，商业银行将提升线上化、智能化、自动化水平，加快实施消费分期秒批秒贷、渠道扩量和全流程数字化。将推动实现数字化接单和快速审批，实现额度实时预审批、目标客户自动化审批等自动化、智能化业务决策功能。充分利用人脸识别、大数据等科技手段，推进实施电子签名应用，实施全流程线上智能作业，充分利用规则引擎，实现差异化分期业务准入，提高消费金融系统运营效率，提高信用卡专项分期业务客户体验。选择知名度高、业务量大的电商平台进行重点布局。

### （二）推进营销的精准化

近年来，各家银行纷纷将营销创新作为工作重点，利用新兴金融科技实现精准化和差异化营销，以提高用户黏性。未来一年，商业银行将持续应用大数据、LBS（基于位置的服务，Location Based Services）技术等金融科技，实施精准化营销。在产品营销方面，部署线上营销活动，配置效果类平台（抖音、朋友圈等）进行大数据投放，实现了精准的客户触达，提升潜力客群的转化效果；借助IP（Intellectual Property）"自带流量"，通过在社交媒体上带动相关话题，实现了产品的口碑式营销。在促消费营销方面，通过线上软文、微博等渠道进行精准投放。借助微信推送功能为客户提供时效性高和促达精准的通知服务。将借助精准的营销模式，驱动零售端线上、线下流量融合，实现客户"千人千面"的专属智能体验，客户通过手机银行App即可享受优惠资讯、活动报名、进度追踪、回馈领取、账户管理等一站式消费优惠体验。

### （三）大力发展信用卡分期业务

#### 1.丰富完善分期产品体系

满足客户多样化的分期需求，持续完善分期业务品种。针对消费分期提供账单/单笔分期等服务，覆盖多种类消费场景。通过网络、电销、客服等多渠道优势开展营销宣传活动，不断提升客户忠诚度。此外，为贴合年轻客户服务需求，推出信用卡官网、快捷网银、网银、客服专线、微信、手机WAP、支付宝等线上办理渠道，致力为客户提供更多便捷的服务。开发家装分期、教育分期、医疗分期等产品。

2.推进分期业务线上化、移动化、智能化发展

以线上化为目标,通过建设线上获客场景、简化申请审批开户流程、推动线上自动化审批、统一放款方式等措施补全分期场景,促使业务模式由传统纸质件向电子化流程转变。以移动化为目标,搭建分期客户经理外拓终端,实现分期客户经理行外办公,满足线上客户获取、快速授信、即时放款、面对面激活等全线上创新服务模式。以智能化为目标,以大数据为基础,实现分期客户智能化识别与产品推荐、客户身份风险识别智能决策以及分期客户经营数据智能化,实现基于客户风险等级、区隔价格敏感程度、多产品、多层价格的因客定价。

### (四)制定差异化的信用卡业务发展战略

对不同消费客群,提供有针对性的信用卡金融服务。对于年轻消费群体,可以根据他们的收入增长规律制定长周期的信用卡金融服务安排,但同时也要考虑风险特点,避免"超前消费"和"过度借贷"的问题。对于老年消费群体,则需要引导他们合理消费,避免受骗,并注重对他们的消费理念进行引导。此外,还需要实施差异化的区域信用卡业务发展策略。在中部地区,需要加大信贷资源投入,提高信用卡金融服务的便利性,以扩大客户规模。在南方沿海地区,需要优化信用卡业务发展策略,注重增加客户持有产品的种类,增强客户黏性。在北方地区,需要聚焦重点城市群和关键城市的消费信贷市场,控制好相关风险。在西藏、贵州、海南、新疆等地区,应重视消费市场的发展机遇,因地制宜地提供特色信用卡服务,实现经济和社会效益双丰收。

### (五)深耕信用卡消费场景建设

在政策引导下,银行应当加快旅游、运动、绿色、养老等消费领域场景的生态建设,以更加精细化的场景优势为信用卡业务的长期可持续发展提供支持。银行需要深入分析和了解客户的金融需求,并不断创新信用卡消费场景,全方位提升消费者的消费体验,使信用卡业务的获客模式从

"被动式"转变为"主动式"。为了形成在研判消费行业发展趋势方面的核心竞争力,银行需要在对消费者行为数据进行深入挖掘的基础上,围绕线上和线下进行实践与布局。这样可以帮助银行更好地理解消费者的需求和行为,以及未来的消费趋势,从而更好地满足客户的需求,提高信用卡业务的竞争力。在线上,银行需要进一步优化与传统大型电商的长期战略合作机制,同时挖掘并支持新兴电商平台的发展。在线下,银行应当顺应"新零售"以及社区生活服务业态集聚式发展的趋势,加强与购物中心、大型实体超市、连锁便利店等的合作,促使其优先使用银行支付产品。消费场景是商业银行信用卡业务建设的重点。在激烈的消费金融市场竞争中,信用卡业务需要更加强化消费场景,主动寻求外部合作,以实现客户规模的增长。银行应全面布局线上和线下的消费场景,不断拓展和创新场景化服务,引导和满足消费者需求。应当与各种行业的优秀企业、平台等进行合作,打造更多的场景化服务,满足消费者的需求,实现业务的可持续发展。

### (六)打造场景建设新生态

场景化将金融服务展现在服务场景中,并利用金融服务在场景中引导和激发客户的潜在需求。通过定制场景专有的营销内容和金融服务激发客户的潜在需求,并在场景消费完成后利用大数据收集客户偏好和习惯,精准地描绘目标客户画像,进行更有针对性的营销展示和专有活动,形成完整的产业链和生态闭环,提升获客、活客、留客能力。场景建设有利于商业银行创新发展,有利于加强新业态营销拓客能力并提供模式保障,有利于提升市场竞争能力。2023年各家银行将不断拓展场景建设的范围。

一是手机银行自建场景。包括手机银行和手机服务APP,将产品和服务嵌入消费场景中,从碎片化的日常生活切入,依托各类高频生活场景进行创新服务,使烦琐冗杂的金融服务与生活消费变得方便、快捷。

二是与商户合作发展生活消费场景,合作共建则可充分利用银行与合作伙伴之间不同的优势组合起来,生活场景包罗万象,从基本生活需求的"衣食住行"到品质提升需求的"医教文体",从校园消费、品牌服饰、住房按揭、交通购票、健身、医疗、美容、俱乐部到赛事，涵盖多种商户，与商户合作拓展客户及分期业务。

三是联合电商平台渠道引流，通过和电商平台合作发行联名卡，借助其强大的营销网络，充分发掘入口引流客户资源。外部引流可以快速拓展新客户，迅速做大业务规模，例如，通过与头部电商平台合作建立信用卡或分期等金融服务入口链接。

### （七）强化风险管理体系

新冠疫情造成了居民失业率上升，可支配收入减少和违约率上升，2019年P2P暴雷、现金贷整治，居民共债现象突出，电信诈骗和线上无卡欺诈风险上升，"黑产、中介"不容忽视。2022年整个信用卡行业风险状况面临严峻的形势。2023年，商业银行将全面加强信用卡风险管理。强化全风险防控体系，前移风险处置环节，紧抓贷中违规、违约风险，对重点地区、重点领域开展多维度、多场景的风险监控。

信用风险方面，商业银行将强化大数据、云计算、评分策略等金融科技技术在风控方面的应用，精细化客户画像，提升风险模型和决策策略的效能。运用申请评分卡和决策引擎等金融科技技术，准确核实申请人有效身份，快速评估申请人信用风险，提升风险识别能力。依托反申请欺诈系统，部署欺诈风险策略，针对外部数据及技术的应用维度，推进运营商地址验证和设备指纹采集等技术应用，防范网申非法中介的团伙攻击。

欺诈风险方面，不断完善反欺诈体系，创新反欺诈管理，搭建申请反欺诈模型。完善欺诈风险管理模式，优化欺诈风险防范策略，部署社交网络分析模型及风险策略，实现跨维度聚合关联，深入挖掘团伙欺诈风险。结合大数据模型深入挖掘新型套现手段，不断优化监测策略，实现精准化识别。积极与司法机关、监管机构及境内同业就欺诈风险防控开展合作，在平台上灵活部署规则和模型，并给客户在手机、网银等渠道进行防骗提醒，同时结合防木马、钓鱼等手段，开展客户安全教育等措施，持续打击电信欺诈类风险交易，加强电信诈骗风险监控，加大对电信诈骗打击力度。

# 信用卡创新，国外市场怎么玩

近年来，金融科技在全球信用卡行业的应用不断增加，大数据、云计算、人工智能、机器学习、数据挖掘技术在信用卡营销与运营中发挥越来越大的作用，创新方式层出不穷。2020年年初，新冠疫情暴发，全球经济受到严重影响，2011—2019年，我国GDP年均增速达7.3%，2020—2022年，受新冠疫情冲击降为4.5%。多家银行的信用卡总消费额、新增卡量、新增客户数、中间业务收入、资产质量指标等主要指标都出现大幅下滑。随着全球新冠疫情的蔓延，未来信用卡业务何去何从，本文介绍分析最新的信用卡业务创新趋势并对疫情后发展信用卡业务提出建议。

## 一、近期国外信用卡行业开展的创新

随着人工智能、数据挖掘等金融科技的广泛应用，近期国外信用卡行业在客户行为深度挖掘预测、信用卡债务整合贷款、企业员工协同拓客、人工智能客服、商务卡发放虚拟卡、退税服务方面开展了一系列创新。

### （一）信用卡债务整合贷款

美国加州的Wizely金融公司帮助金融机构在几周的时间内向他们的客户投产并提供新的消费贷款产品，可以帮助银行向客户提供各种所需消费贷款并向客户提供优秀的客户体验。他们对银行客户的行为和财务状况进行分析，帮助银行计算它的客户中有多大比例符合它的信用标准，并提供了多大的盈利机会，为银行制订信贷标准和营销策略，银行可以根据系统的数据和推荐使用的渠道向客户发送推广。客户可以在几分钟之内得到贷款，Wizely不需要整合到一家机构的核心系统中，从而提升了产品的上市速度。

该公司的白名单客户模块化产品套件包括几个部分，客户机会分析帮助金融机构了解自己的客户行为，根据特定的信用标准和营销策略识别消费贷款产品的交叉销售机会。营销自动化模块帮助银行瞄准最好的客户并执行多渠道营销战略。贷款平台提供无缝的使用流程，帮助银行在5分钟内发起和偿还客户贷款。

在Wizely公司系统界面上，会显示符合该公司信用卡债务整合贷款策略的客户各个信用等级有多少名客户，在每一个信用等级内，平均的信用评分是多少，平均收入是多少，人均债务、在每家机构的平均债务、拥有住房的客户比例、平均借款期限、平均账户数字、与总体客户的信用评分对比、平均客户年限、无担保贷款余额都会加以显示。选定一个信用等级后，系统会提示银行员工每一个信用等级客户的数量、在该信用等级下平均FICO信用评分分值、总的未担保债务余额、在本机构的未担保债务余额、潜在的贷款收入、总的无担保债务、本机构流失的百分比，并且显示了总客户数量、符合信用等级要求的客户数量、直邮宣传的客户数量、提出申请客户数、获批客户数、实际发出贷款客户数的图形，帮助银行有效分析客户经营情况。

当一名客户需要信用卡重组贷款时，他会在网上搜索相关的贷款，这时银行通过客户信息分析识别出这一客户的需求，并向客户发送短信，通知客户已经获批了信用卡重组贷款额度，客户登入银行的系统，填写姓名和手机号码，通过身份验证之后，就可以在申请表中填写自己的基本信息，其他信息都是通过使用银行内部系统的数据预先填好的，因此非常方便，客户在手机上签字后，系统会显示客户现有的信用卡和每一张卡片的欠款金额，客户可以填写还入的每一张信用卡的金额，最后，客户可以选择每月偿还的金额和贷款期限，客户可以在不同的还款期限和还款金额方案中进行选择，系统会显示每一种方案与客户直接偿还信用卡相比节省下的金额及该贷款方案的利息，客户还需要设置自己的还款账户，之后提交申请，就完成了贷款申请和发放。

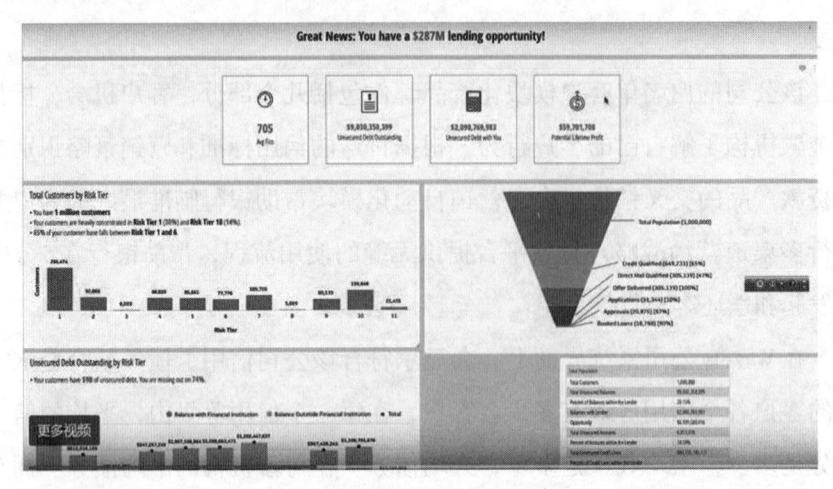

图1　Wizely公司系统界面（图片来源：http://wizelyfinance.com/）

## （二）客户行为深度挖掘与预测

英国的Fidel公司的系统帮助银行方便、快速、经济地访问信用卡的实时交易数据。通过该公司的一个API，开发人员可以安全地通过一个集成的点轻松地访问Visa、美国运通和MasterCard的实时支付数据，并在此基础之上构建程序和系统，从而推动创新并为银行和客户创造价值。当客户将其支付卡连接到这一系统之后，Fidel实时地显示了详细的交易数据。银行通过实时跟踪所有交易数据了解消费者的行为特征，集中开展和管理银行卡交易的优惠，包括忠诚度、POS贷款、支出管理和电子化收据等，为客户打造灵活、个性化的客户体验。该公司与全球多家企业合作，并在伦敦、里斯本和北美设有办事处。

使用该系统可以追踪任何卡种在世界任何地点的交易，这些数据来源于不同的信用卡组织，通常获得这些数据有很多障碍，有合规的障碍、初期的开发成本投入等。如果银行不能整合这些数据，外部公司就不能获得这些数据，相关的创新就不能展开。Fidel公司帮助小银行清除了这些障碍，以便于开展创新。通过这一系统，可以获得实时的交易数据，不论在哪里的交易，当客户完成之后，几秒钟交易的数据就会显示在Fidel的系统中，而且这些交易信息的粒度非常小，包括商户名称、商户的邮编和地址、支付方式、状态、交易时间和金额,对于客户也非常方便,客户只需要在手机应用界面上同意一次,就可以查询到所有卡组织不同卡片的所有交易。

客户在登记服务时,需要先输入或拍照扫描自己的卡号,输入有效期和发行国家,点击同意协议,就完成了注册。之后,客户在任何一个商户完成的交易,在Fidel的系统后台,就会显示交易卡种、卡号、金额、商户名、地址、交易种类、交易时间等细节。目前许多大银行在使用这一系统,向客户提供忠诚度计划、返现、实时积分奖励,可以实时向卡片汇款,可以在客户POS交易的同时向客户发放贷款,即允许客户分期偿还。开展线上线下交易的联动,了解客户是属于哪一个线上广告的优惠,并向客户提供差异化的优惠。银行可以通过后台登记的客户在商户忠诚度计划的信息,向客户提供现金回赠计划,让客户迅速得到返现,也可以通过与商户合作,在付款时直接扣减商品的金额。系统还提供整合的财务管理功能,了解客户钱包中所有的卡片交易情况,以判断客户今天会不会消费等。

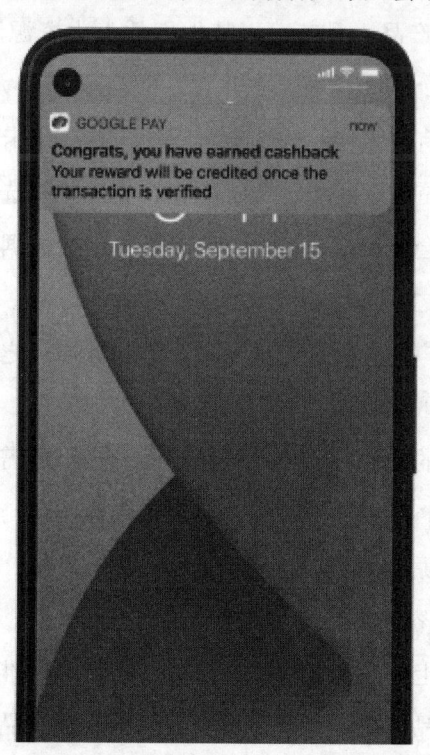

图2 Fidel公司系统界面(图片来源:https://fidelapi.com/)

### (三)企业员工协同服务

美国加州的Digital Align公司是一家专注于金融服务数字化转型的咨询公司。该公司专注于帮助金融机构从技术、业务流程和计划管理角度提出并实施创新解决方案，以增强销售、服务、营销、运营和集成的能力。该公司帮助许多金融机构制订数字战略路线图和执行计划，实施数字解决方案及开展培训，与金融科技公司合作，为数字转型创造更好的投资回报。该公司的AlignMoney通过简单易用的手机和电脑软件向企业客户及其雇员提供企业信用卡、个人信用卡、个人支票、储蓄和CD、个人贷款、住房贷款、保险、投资和其他金融产品，提供金融教育，帮助企业雇员掌握使用各种银行的金融产品，提高员工的满意度，让他们更有效率地工作。

Digital Align公司聚焦公司员工的金融消费需求，帮助企业向客户提供银行的服务产品。该系统帮助企业员工在工作场所直接获得银行的信贷产品和信用卡等产品，员工可以从他们的人力资源服务门户直接登入Digital Align的门户，员工需要首先开立一个AlignMoney的账户，开立账户后，员工可以看到有许多产品的选项，其中包括公司卡、个人信用卡、汽车贷款、公司担保贷款、娱乐消费贷款等。员工可以选择他们需要开立的产品，这时系统上会显示出预填的申请表格，这些数据来自公司人力资源系统记载的数据。之后，系统显示出客户的手机号码，系统向登记手机号码发送验证码，客户输入验证码进行验证，验证通过之后，需要进行人脸识别验证。客户还可以登录之前的网银账户进行验证，通过银行验证的客户，可以获得更多的个性化定制的金融产品。员工还需要向系统提交身份证件的正反面影像，系统对搜集的客户人脸图像信息与客户的证件照片进行核对，完成核对后，系统会向客户展示客户声明、客户协议、产品说明、费率说明等内容，客户可以一键选取文件内容，确认已经阅读，客户之后可以在屏幕上签名确认申请，之后产品得到批准，每一种产品可能有多款被批准的产品，例如，对公司卡有两种获批的品种，系统介绍这两种卡片的实际利率、积分奖励、现金回赠标准、年费标准等优惠，客户可以从获批的产品选项中勾选确定自己选择的产品,之后相关的卡片就会邮寄到客户的地址。这种通过雇主向客户提供金融产品的方式,可以方便员工使用,为他们节省了时间,也为银行吸引了大批优质的客户。对雇主而言,这不仅给员工带来了福利,也改善了员工的财务状况。

### (四)人工智能客服与销售代表

美国加州的Voca公司,帮助金融机构提供自然、智能和富有同情心的对话,为大规模的客户提供更快乐的服务。Voca通过简单的集成和自优化算法,使用端到端的语音神经模型和最优化的工作流程,使得该产品能够在一系列行业中实现大量自动化的对话,包括外呼和呼入。Voca话务员已经为银行、贷款机构和信用卡发卡行提供各种服务,包括收款、客户拓展、客户资信审核、预约安排、交叉销售和客户挽留等。Voca独特的智商和情商组合,能够在不影响客户体验的前提下,以很低的成本提供大量的通话。98%的用户认为Voca的交谈体验类似于与真人客户服务代表的对话。

根据有关的调查,25%的客户接触中心将会使用虚拟客户服务代表,客户希望与真人对话,而金融机构希望使用人工智能技术。Voca开发的新算法能感知客户的意愿,自然地进行对话,当一名客户需要申请一笔商业贷款,他经过比较选择了他自己的银行。于是他在银行网页上留下了自己的姓名、电话号码和希望获得的贷款额度,之后点击提交,这时客户就接到了银行的电话,电话那边的话务员先做了自我介绍,并告知客户由于他希望申请贷款,需要问一下他的情况,他是否现在有时间,客户同意进行对话之后,话务员询问客户的公司名字是什么,客户回答后,话务员回答我查一下,您的公司是在加州还是纽约的,客户回答是在加州的,这时话务员会询问,是在2007年5月30日成立的那间公司吗,客户回答是的。之后话务员询问可不可以预测一下未来三个月的收入金额,客户询问需要未来的三个月的营业收入干什么,话务员说为了评估客户未来需要多少流动资金。客户说预测不出来,话务员询问,您认为营业收入会超过5 000美元吗,客户说那一定会。话务员说，好的，稍晚我行会有职员给您电话，之后便挂机。

全程客户丝毫感觉不到对方是一个人工智能话务员。在整个对话过程中，人工智能的算法在分析客户的意愿，相关的开发人员还加入了语调和重音感受器，使人工智能话务员的对话更加自然。该技术最大的优点是可以对每一通对话进行学习和改进，许多银行使用这一技术之后，客户成交的交易量提升到原来的十倍。

Voca话务员可以处理无限数量的电话，可以在一系列行业内处理任意数量的呼叫量帮助商业银行轻松达到业务推广的目标。由于等待时间短，客户的需求得到快速有效的满足，提高了生产力、销售额、客户满意度和忠诚度。

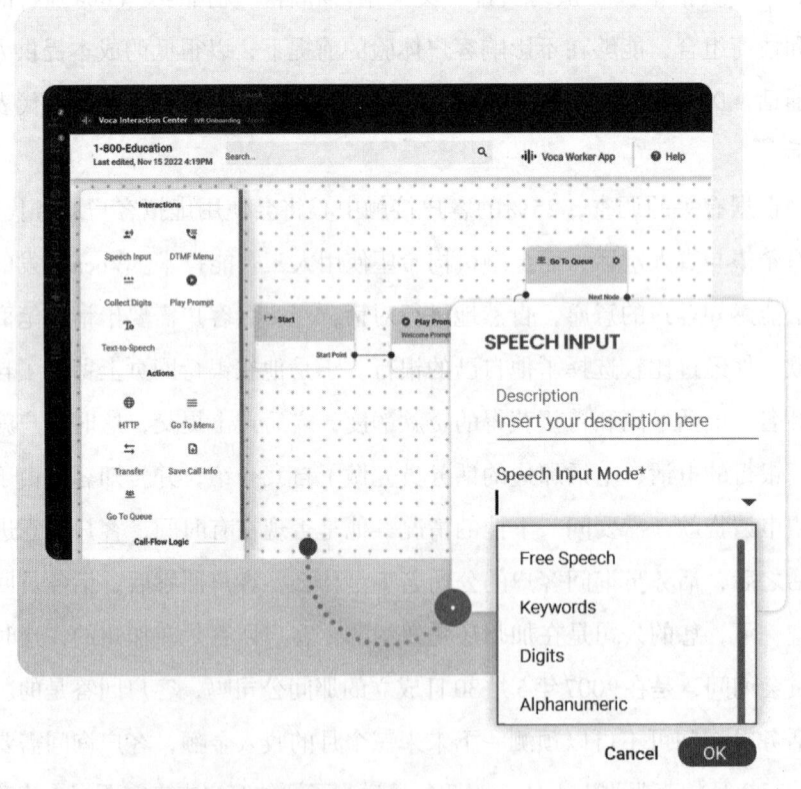

图3　Voca公司系统界面（图片来源：https://online.audiocodes.com/voca）

### （五）公司卡发放虚拟信用卡

商业银行希望利用虚拟信用卡技术提高收入和运营效率，纽约的Extend公司重新定义了信用卡发行方式，该公司为企业、银行、金融科技公司及其客户提供数字信用卡平台。该公司的专家拥有超过20年的支付或技术经验，得到顶级投资者的支持。该公司与Visa和Mastercard开展合作并获得了他们的认证，Extend为希望给员工配备虚拟信用卡的银行企业客户提供发放虚拟信用卡的功能，并为其他金融科技公司提供了利用虚拟信用卡的API。可以随时向任何人、任何地方发放虚拟信用卡。

通过Extend，企业实时安全地向任何人发放虚拟信用卡，从而更好地控制公司的开支。对于使用这些虚拟卡进行的交易，可以标记上成本中心和项目代码等数据，以方便公司进行报告和对账。客户无须向本企业的其他人转交实体卡片，就能够使刷卡得到的积分奖励最大化，也无须向银行提供实体卡片。使用该系统，各方取得了多赢。员工和合作方无须使用个人卡，所进行的公务消费可以方便地报销，公司卡的总信用额度得到了更有效的利用，公司可以获得现金回赠、积分等优惠。对于银行而言，其信贷额度也得到了更有效的应用，从而得到更多的利润。

公司的管理人员登录Extend的手机应用后，可以选择需要发放虚拟信用卡的卡片，该应用上管理了该名管理人员在各家银行的所有信用卡，任何一张信用卡都可以发放多张虚拟卡，在列表上显示每一张卡片的有效期、余额及可用额度，选择一张卡片，点击手机界面右上角的发送箭头，这时手机应用会显示出人名列表，管理人员只需要输入接受虚拟卡人员的电邮地址的前几个字母，系统自带联想功能，选中联系人后，系统就会生成一个虚拟卡的图片，输入卡片的名称(如会议)、额度、有效期，点击发送虚拟卡的按键，在对方的手机应用上就会有一张新卡片显示出来，卡片上显示了使用方进行一笔交易所需的所有信息，如卡号、有效期、安全码、姓名等。这张新的虚拟卡使用的是现有额度，使用这张卡片，使用方在有效期之前可以使用最高达指定额度的金额。如果使用方认为额度不够，可以点击申请修改按键，输入申请的新额度，并发送信息，这时管理人员的卡片下方会显示出修改申请，进入后如果点击批准，新的额度就会即时生效。管理人员也可以随时取消发放的虚拟卡。如果商业银行已经开发了万事达 InControl 功能或 Visa 的 VPA（Visa Payables Automation），发卡行就已经与 Extend 的系统整合到一起了，开发这一功能仅需要 30 天，在银行端无须进行改造。

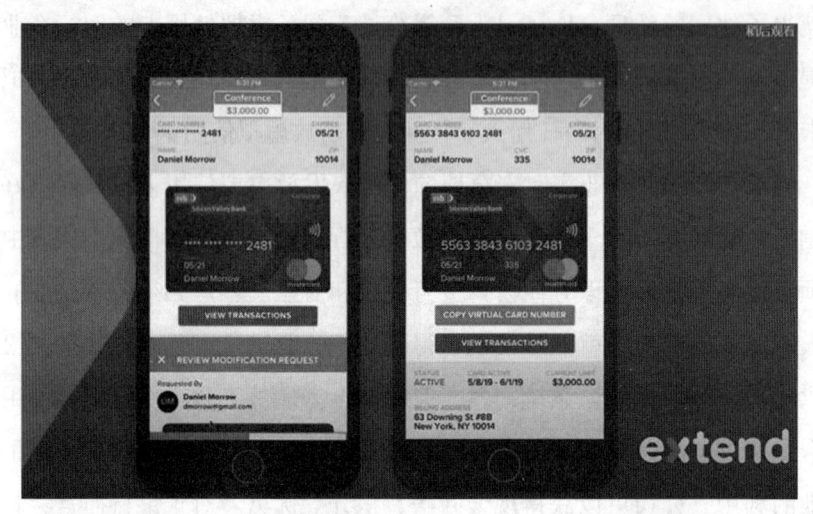

图4　Extend 公司的 App 界面（图片来源：https://paywithextend.com/）

### （六）退税服务

英国的 ANNA（Absolutely No Nonsense Admin）公司提供帮助管理税收的工具，个人客户使用这一工具可以进行增值税的实时返还，小企业管理人员可以使用它管理账务，企业管理人员可以在一个手机 App 上管理公司所有的账户，申请获得万事达借记卡，并管理增值税的退税事宜。ANNA 管理公司的收据、支出，随时记录客户的支付记录，对客户的支出进行自动分类和对账，帮助管理现金流，同时对增值税和税收进行实时计算，帮助客户向税务局提交税收申报和增值税返还申请，客户无须管理保留成堆的纸质发票收据，节省公司办公人员的时间。在使用 ANNA 借记卡支付一系列差旅费或餐饮时，还可以得到 1% 的现金回赠。

私人客户可以注册 ANNA 账户，通过邮箱验证后就可以完成注册。登入ANNA账户后，客户可以看到自己的信用卡消费列表，客户选择自己需要申请退税的交易后，就可以用手机对这笔交易的收据拍照，并上传照片。系统识别之后，就会显示已经整理。系统会识别收据上的金额、VAT、交易时间、商户名称和VAT号码，系统会自动完成对账。这时如果系统询问，是否需要退税支付，客户可以说需要，这时系统会询问需要退税支付多少钱，客户回复10英镑，这时系统就会传送给客户一个二维码，客户可以向已在ANNA登记的代理方出示这一二维码，代理方就会将10英镑支付给这名客户。

作为企业用户，ANNA同样可以帮助企业减少税务支出。当企业客户登入ANNA，系统会提示还有哪些笔交易没有完成对账，客户可以对这些没有完成对账的交易收据逐一拍照上传，系统会识别这些交易，统一计算进入增值税进项税额，系统上会显示公司需要支付的增值税销项税额，减去公司通过ANNA登记计入VAT进项的金额，就是公司需要向税务局支付的增值税，完成抵减销项税额，因此公司仅使用ANNA对收据拍照，就节省了税收支出。一般的小企业主会花费三分之一的时间管理复杂烦琐的账务事宜，使用ANNA应用大幅减少了这个时间。在ANNA公司的后台，有一名注册会计师，在他的帮助下，帮助公司向税务局申请税收返还。

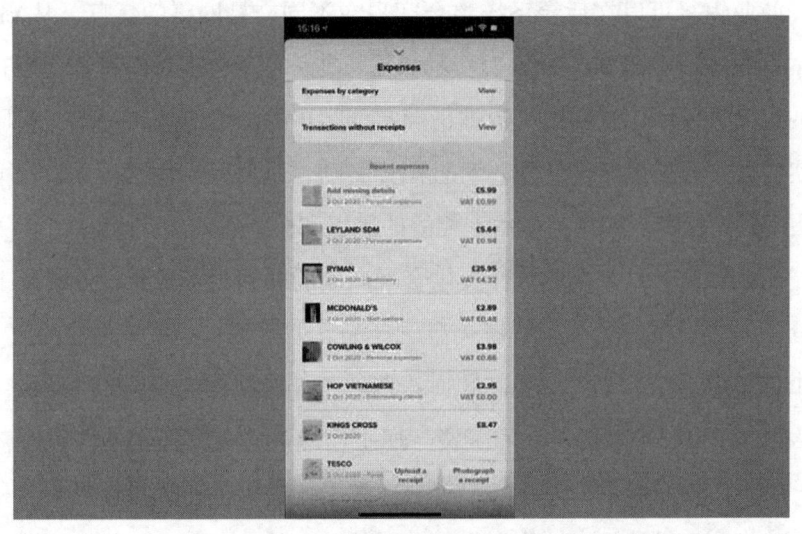

图5　ANNA公司的App界面

## 二、后疫情时代商业银行应对策略

2020年年初新冠疫情在全球暴发，对信用卡消费市场带来很大冲击。客户的消费能力下降，信用风险上升，影响范围之广和时间之长或对客户的消费行为习惯造成不可逆的影响，购物消费的方式向线上发展。各家银行的信用卡消费额、分期交易额等大幅下降，后疫情时期，银行信用卡业务的传统获客和营销、经营方式面临必须改革转型的压力。商业银行在疫情后应该采取多种措施，推动信用卡业务持续发展。

### （一）产品与营销创新

商业银行可以通过对现有不同信用等级客户群的数据进行深度分析，根据每一信用等级客群的整体信用评分、平均贷款余额、平均收入、人均债务、平均客户年限、未担保债务余额，计算出潜在的贷款金额和贷款收入，向客户提供信用卡债务重整贷款及其他消费贷款的产品，为客户节省还款支出。确定如何吸引这些客户，是通过邮件、数字产品、电子邮件还是短信，并适应客户的渠道偏好，向客户提供整合的渠道界面，在不同渠道上投放不同宣传营销材料。客户可以从众多贷款方案中进行选择。

商业银行可以在后台系统整合客户在不同交易网络的信息，从Visa、Mastercard和美国运通获取实时交易数据，在一个平台上访问和管理所有提供的信息，使用位置和商家数据精确定位客户的消费地点和时间，利用这些实时数据开展忠诚度计划、实时积分奖励、返现等多种创新，银行可以与更多商户合作，提供与信用卡相关的优惠和促销活动。

商业银行可以与企业合作提供金融产品的展示销售平台，公司员工通过登录人力资源的网关查看各类金融产品，并看到被预批核的金融产品。每个员工由于担心个人财务问题而花费的工作时间大约折合156美元，雇主因此损失了2 500亿美元的工资。雇主们应该为员工提供条件以改善他们的状况，如果雇主公司能与银行合作在工作场所将即时的金融产品和信贷作为福利提供给员工，将会大幅度改善员工的满意度和财务状况。企业员工通过自己公司的人力资源网关可以方便地领取被预批核的产品，节省了查阅资料和亲自前往银行所需的时间，也提升了银行产品的销售。

## （二）信用卡服务创新

商业银行可以使用由简单的集成和自优化算法驱动的人工智能客服代表开展客户服务与营销，通过人工智能和情商支持的人性化的虚拟话务员，以最聪明和最具同情心的方式在电话中回应客户的诉求，客户无须在真人和人工智能之间进行选择。提供自然的、类似于人的对话帮助银行增加收入、降低运营成本和提高整体生产力，使卓越的客户体验和卓越的员工体验可以同时达到，将人工话务员释放到最需要创造力的岗位。增加银行销售量，同时让客户感到满意和高兴。

商业银行可以对其公司卡发行虚拟信用卡。一般来讲，公司不会给所有员工和承包商一张信用卡来进行商业采购，因为公司面临着多种问题和挑战，例如，公司信用卡被滥用、个人卡被使用、繁重的报销程序、对账问题、错过银行的奖励、糟糕的员工体验等。商业银行可以对其公司卡向从事采购或出差的人员签发虚拟信用卡，总体额度控制在公司卡额度范围之内，当采购人员或出差人员使用时，可以向商户提交卡号、CVV、有效期等。

商业银行可以开发提供公司卡的税务管理功能，管理每一笔通过公司卡发生的交易，用户对购买的商品或服务的收据进行拍照上传，系统协助计算每一笔交易公司的进项增值税，帮助客户抵扣销项增值税。

## （三）推进信用卡数字化运营

一是推进产品的个性化。近三分之二的千禧一代客户表示如果为了获得银行个性化的服务，愿意分享其个人数据。他们乐于银行了解他们的以往历史和计划。对此，银行将努力利用数据分析来辅助决策，并提供相关产品和服务，从而使每次互动都变得有价值。银行在向客户提供信用卡产品和消费信贷产品时，可以由客户进行部分参数的设置，客户可以自己设定产品的权益，并选择与自己的权益和贡献相匹配的收费标准。客户获得符合其偏好的经验、渠道、产品和定价，并且对于高价值的互动，银行将在关键时刻进行人工干预。科技巨头和先进企业已经提高了服务标准，银行必须跟上步伐。个性化服务是获取客户的一大利器，有助于增加接触频率、提升交叉销售和预防客户流失。

二是推进数据驱动的运营决策与精准营销。银行应充分利用客户的交易数据等信息，提供与客户生命周期事件高度相关的营销优惠服务。信用卡业务收入与现有客户的活跃度息息相关，新客户在初期由于其交易量小、业务品种单一、用户黏性差、造成整体贡献偏低。通过增加对客户有针对性的产品营销与优惠，充分挖掘存量客户的隐形价值，帮助银行大幅提升客户挽留率和活跃度。银行可以与商户合作提供优惠。考虑到新流量的获客成本与日俱增，商业银行需要首先精细化运营腰部客户和长尾客户，与此同时建立起效率更高、成本更低的新客户拓展模式。

三是推进智慧授信决策及风控。建议商业银行加强授信业务投向的精细化、跟踪化管理，通过数字化流程及时更新信贷最新情形，对信贷组合持续监测。对于转为逾期的资产可结合系统数据，判断客户的债务承受度及偿还意愿与能力，及时做出相应判断。在现有风控体系中考虑经济金融形势和政策情况，形成更为完善的多维度风控体系。

## （五）加强场景化生态建设

场景化的数字金融服务更能贴近客户，基于场景的金融服务能够让银行的产品有针对性地有的放矢，缩短客户的产品交易决策流程。银行与互联网流量平台进行合作越来越常态化、多样化。基于线上的消费场景，可以设计符合特定场景的消费信贷等金融服务，帮助客户基于特定消费进行金融赋能。

在自建场景方面，可以加快产品服务的场景化建设在手机银行渠道的落地，推进跨境、教育、老年客群、运动等场景建设，将金融服务穿透到实体经济。依托交易银行、公司金融、个人金融、留学金融等业务品牌，拓展跨境业务场景；拓展高校、中小学、幼儿园、培训机构等服务领域，形成品牌优势，结合线上教育的发展方向，集成教育的推荐、支付融资等业务模式；结合企业年金、职业年金、薪酬福利计划及养老保障管理产品等产品，服务老年客群场景；依托冬奥资源，提供冰雪运动相关金融服务，延伸其他运动及运动教育培训场景。

在支付场景方面，可以为电子商务平台搭建支付网关，在电子会员场景上依托微信或其他第三方支付平台，通过支付渠道让客户关注微信公众号，在分析客户的线上授权数据和行为习惯数据后，建立细分用户画像，有针对性地设计最高效的销售策略，通过在微信朋友圈营销、社群运营等方案，形成场景化获客阶段的闭环。

在开放式银行方面，可以扩展场景生态范围。银行可以通过与第三方合作获得更多知识共享、拓展新客户与交叉销售的机会。银行可以利用线上服务延伸业务边界，深化跨界合作，融入居民衣食住行等多种生活场景，打造"开放银行"。未来，银行可以与更多的生态系统服务商进行合作，在第三方平台上嵌入多样化的功能与服务。例如，对于一家与旅行社共享数据的银行而言，可以通过自有平台和旅行社平台扩大外汇交易服务。在场景生态中，共同参与或统筹协调要比单打独斗更有效，诸如此类的举措有助于建立更稳固的客户关系。

# 国际信用卡创新六大方向

近年来，大数据、云计算、人工智能、非接支付等金融科技快速发展，信用卡市场竞争日趋激烈，各国商业银行在信用卡业务领域开展了多种创新。2020年年初，全球新冠疫情暴发，居民消费受到重挫，各行信用卡业务面临严峻挑战。本文从互动式个性化视频、商户取现服务创新、智能化的信用评分系统、集中贷款还款平台建设、争议业务智能化、面向小企业的整合支付服务等方面介绍根据信用卡最新创新趋势，并对我国商业银行开展信用卡业务创新提出建议。

## 一、互动式个性化视频

加拿大多伦多的BlueRush公司开发了交互式个性化的金融服务视频平台IndiVideo系统，该系统是一个高度可扩展的个性化视频平台，以易于理解、娱乐和引人注目的方式提供数据驱动的视频内容。在BlueRush的后台提供了一个基于SaaS的内容参与平台DigitalReach，将营销、销售和法规遵从性结合起来，允许内容的集中化、个性化、分发和跟踪，确保对发送内容和发送对象的完全控制。IndiVideo信用卡选择器和个性化视频体验使用尖端的个性化技术和第三方数据源，为银行客户提供无缝的客户体验，为银行提供了更高的客户转化率，提高了客户参与度和满意度，增加了交叉销售收入，并提高了银行的投资回报率。

当客户在网银界面上查询申请哪种信用卡的时候，系统就会以个性化的视频来响应。通过向客户提供个性化的内容和信息，将复杂的金融产品简单化。个性化视频将激励客户的申请信用卡的行为，充分利用与客户沟通的机遇。将观看者从最初的潜在客户转变成为银行新客户并购买更多的产品。

一名客户听说其他人在网上搜索多家银行的信用卡办卡链接，并申请多家银行的信用卡，以获得每家银行的最大的优惠。他也想做同样的事情，于是他登录Google搜索信用卡选择器，他找到一家熟悉的银行的链接，之后他选择个人卡或公司卡，选择最想要的优惠，选项中包括灵活奖励、免年费、现金回赠、旅游积分奖励、低利率等，客户选择个人卡和现金回赠，之后系统询问您的个人收入大于6万美元或家庭收入大于10万美元吗？您每月的汽油费、日常用品支出和公用事业费支出大约是多少？其他的支出是多少？这时系统会推荐出一张卡片，并显示出一个个性化的视频，个性化的视频会显示出下一年客户可以得到多少现金回赠。视频中说，根据您需要的支出，推荐了TD银行的无限信用卡，第一年您将获得1 017美元的现金回赠，这超出了120美元的年费，使用这款卡片，您可以在加油站、日杂店和公用事业费享有3%的现金回赠，并且在所有其他种类的交易中获得1%的现金回赠，在前三个月的消费中，可以获得6%的现金回赠，享有现金回赠的消费金额不超过3 500美元。这一优惠在某个日期前有效，此外这款卡片还享有紧急道路救援、交通医疗保险和租车损失险，如申请仅需按下面的按键。这一个性化的视频生成仅仅依据客户刚刚在网页上键入的数据。

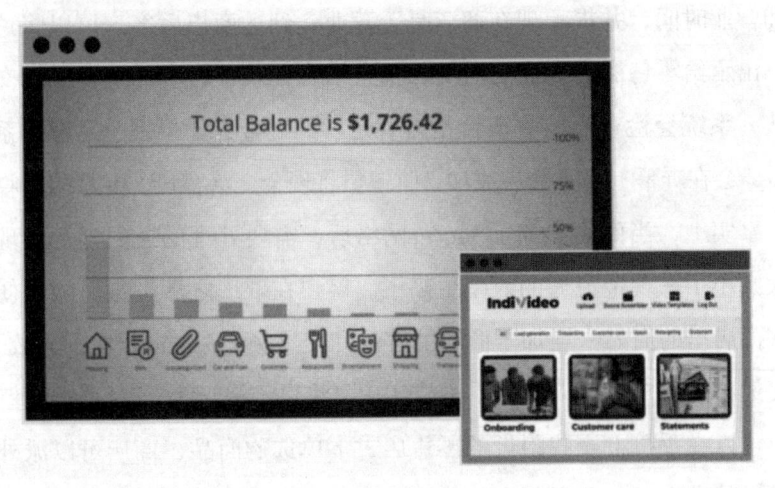

图1　IndiVideo系统个性化互动视频界面（图片来源：https://www.bluerush.com/solutions/）

IndiVideo作为互动式个性化的视频，吸引了客户的注意，驱使客户采取申请的行动。不同的银行使用这一个性化视频后使客户转化率提升了40%、80%或250%，提升客户转化率的秘密就在于个性化，个性化互动视频使按揭贷款的客户转化率提升了43%，使每月付款的年金销售提升了250%，使银行的信用卡申请客户转化率提升了85%。

## 二、商户取现服务创新

以往在药店、面包店或咖啡店等商店获得现金不那么容易和方便。瑞士的Sonect公司开发了一个全球现金交易平台，这个平台可以在全球任何地方使用和访问。客户注册Sonect账户，登记自己的银行账户，加载钱包和取款权后，就可以使用银行账户或信用卡在需要的地方提取现金。Sonect在欧洲有2 300多家合作伙伴商店。

Sonect对原有现金的物流和管理进行了改良，使用Sonect客户可以仅持手机在任何参加Sonect网络的零售商获得现金。客户登入手机应用，可以看到自己的银行账户，选择取现键，选择自己希望取现的金额，这时屏幕上会显示出一个条形码，下面显示交易日期、时间，系统会显示出客户能够取现的最近的Sonect网络零售店，界面上显示零售店的Logo、地点、地图和营业时间，并提示现在商店是否营业。到达商户后客户可以将这个条形码出示给零售商店，商店店员扫描条形码，收银台上的屏幕显示交易被确认，系统会检查商店收银台是否有足够的现金，如果现金足够，系统确认后，会在屏幕上显示交易成功，收银员将现金交给客户，并打印出收据。

事实上，当商店参加了Sonect网络后，需要处理的送回银行的现金量大大减小了，现金流通的效率更高了。客户在取现之后，很可能顺便购买一些商店里的商品，增加了商店的客流和交易额。Sonect开发了开放平台，即使最小的商户也可以使用手机或者iPad将自己登记为Sonect的受理商户，客户可以在手机上查找附近的零售店，下单选购商品，商店可以派外卖送货员送外卖上门，在送货上门的同时把客户需要的现金一同送达，只需要快递人员用自己的手机扫描一下客户手机上的条形码。

图2 Sonect公司系统界面（图片来源：https://sonect.net/ch-en/new-cash-withdrawal-with-the-twint-app-thanks-to-sonect/）

## 三、智能化信用评分系统

印度的Think Analysis公司提供数据管理、模拟、统计建模、可视化、记分卡战略等数据分析服务，该公司在全球范围内为包括《财富》500强在内的客户提供咨询服务。在过去两年中，该公司为贷款机构开发了提供替代用的数据评分等功能，将这些机构转变为真正智能化的数字银行。他们开发的Algo360，使数字化的贷款机构能够管理风险，通过向新的信贷客户发放贷款来增加贷款总额。

借款涉及身份验证，并依据身份验证的结果对客户的现金流进行数据挖掘，了解客户的财务状况、偿还能力、偿还意愿等多个方面的信息。一般情况下借助外部机构进行分析需要花费较长的时间，也需要花费15~20美元的成本。使用Algo360可以极为迅速地完成审批，流程非常顺畅。

当客户登入手机上的 Algo360 应用，系统自动开始进行验证，系统会将手机号码和 Algo360 的用户号码返显给客户，之后客户使用手机对自己的身份证件拍照，系统会识别身份证件上的信息，并通过后台与政府机关数据进行比照验证。然后客户需要进行人脸识别，验证是客户本人。这时界面会回显一个申请表，上面预填了客户的姓名、地址、性别、出生日期，客户点击确认上述信息，这时客户可以在界面上输入贷款的金额和期限，之后系统马上会显示客户端的信用评分数值，并显示您的贷款申请已经被批准。当客户注册并申请贷款的时候，系统后台建立起客户的档案，包括客户的收入、奖金、稳定的月收入、贷款数量、信用卡数量、每月的贷款到期还款额、平均的每月信用卡消费额、每月的公用事业费支出、每月家庭收入盈余、信用卡逾期次数、共有事业收费逾期次数、进行了何种投资等，并展现客户的信用评分，系统还显示客户在过去3、6、9、12个月内的借贷比、信用卡余额、在每家银行的账户借方余额和贷方余额。系统还有关于客户信用卡余额以及公用事业费的分析。该系统已经完成了对超过 1 000 万笔申请的审批，大幅度提高了审批的可靠性，被银行、政府机关和金融科技公司所采用。

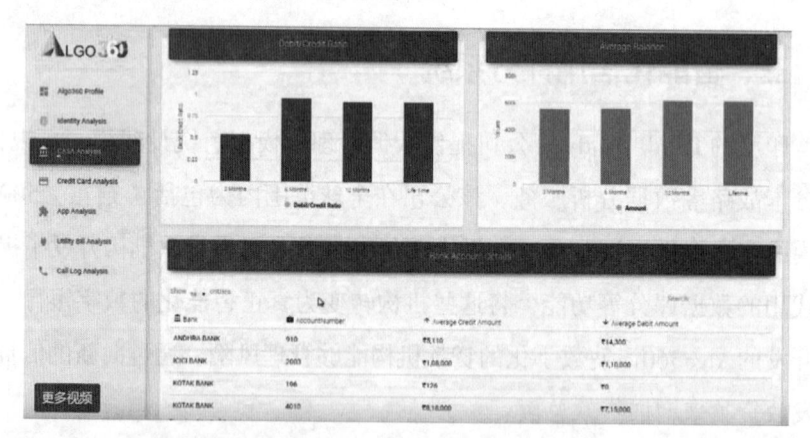

图 3　Think Analysis 公司系统界面（图片来源：https://www.thinkanalytics.in/）

## 四、建设集中贷款还款平台

美国加州的 CheckAlt 公司是全美数百家金融机构、保险公司和商业客户的锁箱和支付处理解决方案的提供商。使用该公司的LoanPay，客户可以在所有支付渠道（包括分行、呼叫中心、在线和移动）使用借记卡、贷记卡和支票账户进行一次性或经常性的还款。LoanPay通过帮助客户访问其贷款账户来减少所需的呼入电话量。

CheckAlt的LoanPay产品允许金融机构接受客户的各种贷款还款，包括汽车和商业贷款、抵押贷款和信用卡。借助LoanPay，银行或信贷联盟可以通过借记卡、信用卡或任何支票账户快速方便地处理贷款还款，也可以根据需要编辑或取消还款计划。LoanPay帮助客户从一个账户管理多笔贷款，客户可以使用任何一家金融机构的用户ID登录系统，并允许金融机构打开或关闭使用卡片定期还款的选项。LoanPay通过向客户提供方便的支付选择来提高客户满意度，同时让金融机构完全控制客户体验。

CheckAlt公司在与金融机构沟通的过程中，发现金融机构没有一个集中的支付全渠道平台，帮助客户集中管理各种贷款，并集中处理各项贷款的资金偿还。例如，很多贷款只接受ACH汇款，但这种还款方式只有线上的选项，许多时候也并不支持使用卡片进行还款。即使支持使用卡片还款，也只能是一次性还款，不能设定循环还款。而客户使用LoanPay这一集中贷款平台，可以管理自己在多个机构的多种贷款，该公司与各家金融机构合作，汇总了各种贷款的数据，并与客户共同处理客户的还款指令，在完成还款之后，与金融机构进行资金的清算。

当客户登入LoanPay的银行网银界面的时候，会看到自己的贷款列表，包括新车贷款、学生贷款、家居贷款和商业贷款的列表。在每一笔贷款下面显示贷款账户、贷款余额、最低还款额、还款日期，点击进入详细信息，还可以查看还款计划和过去的还款明细、迟缴款金额、迟缴款日期、客户号、客户姓名。客户可以点击生成一笔新的还款，这时客户可以选择使用之前的账户，也可以选择登记新的卡片信息，在设定还款指令的时候，可以选择需要偿还的贷款名称、账单余额、账单日、最低还款金额、一次性还款还是循环还款、偿还本金还是偿还利息、还款金额、还款日期、还款账户、新增账户，如果选择新增账户，还需填写卡号、姓名、有效期、地址、安全码等信息。这些选项绝大多数都预先设定在网页上，系统返显，客户可以选择输入。之后客户进入新的界面查看协议。当客户设定好还款指令，在银行的系统后台可以查看到客户的信息和指令，也会显示客户的安全验证问题，客户服务代表可以使用安全问题对客户进行身份验证，并确认还款指令，在确认完成后，可以进行扣款。

图4　CheckAlt公司系统界面（图片来源：https://www.checkalt.com/products）

## 五、争议业务智能化

以色列的Finscend公司使用采用人工智能和机器学习技术开发的新的信用卡争议处理系统，对客户使用信用卡过程中的纠纷进行评估并向银行推荐最优解决方案。其独特的银行争议平台（BDP）是同类方案中技术最先进的，它的核心是一个人工智能驱动的引擎，通过提供实时报告、批处理、欺诈监控和企业用户账户区域来简化整个争议过程。

美国最大的15家银行每年花费将近30亿美元来处理信用卡纠纷。随着信用卡交易数量的增加，以及与这些交易相关的纠纷的增加，信用卡争议处理的业务量进一步增长。信用卡纠纷处理往往需要耗时很长，客户与银行职员之间沟通需要花费很长时间。Finscend公司与全球800多家银行合作研究信用卡纠纷处理程序，提供AI建模进行预测评分，提高了争议处理的效率和准确性。当一名客户查阅自己的账单，发现一笔交易收取了1 250美元，而实际交易金额为1 000美元，他可以点击电子账单下面的争议交易处理连接，这时银行手机应用界面会提示客户几个问题。

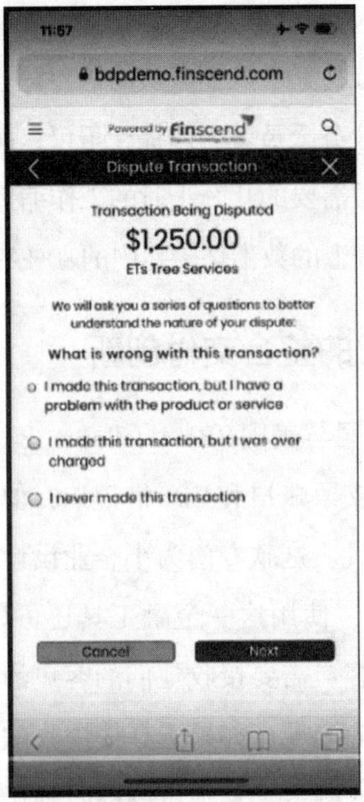

**图5　Finscend公司系统界面**（图片来源：http://finscend.com/）

系统提示：我们将询问您一些问题以更好地了解您的争议的特点。你认为这笔交易有什么错误的地方？界面上有下面几个选项：我做了这笔交易，但产品或服务有问题；我做了这笔交易，但被多收了钱；我没有做这笔交易。客户可以选择其中之一。客户选择被多收了钱之后，系统提问，您应该被收取多少钱？客户可以填写1 000美元。系统提问：您为什么认为被多收了钱？客户可以填写："我有收据"。

系统回答：请上传或扫描与交易有关的文件，例如、收据、保证书、电子邮件通信记录、报警回执，上传或拍照。上传之后，系统会显示客户的争议案例号码是×××××，您将收到电邮确认，一般来说您将需要有两个账单周期收到回复，您可以点击"我的争议"查看进展。这种工作通过银行职员完成一般需要1~1.5小时，中间可能需要打几个电话。由于系统与客户关系管理系统相连，客户经理也会看到这笔争议交易。在争议业务人员的后台，显示该名员工负责的争议的列表，点击进入这笔争议，可以看到争议的详细内容，争议概要的描述，可以查看客户上传的文件，以及对于争议的信任度评分，如果该笔争议的情节符合国际组织的规则，会看到95%的信任度评分，业务人员就可以提交争议，而无须对争议交易进行过度的分析。这样就把通常需要的几个小时的工作缩短到几分钟，使用这一技术，银行花费在争议处理上的数十亿美元中的80%有可能被节省下来。

## 六、面向小企业的整合支付创新

美国纽约的Wise公司与美国BBVA（Banco Bilbao Vizcaya Argentaria）银行合作向小企业提供支票账户和Visa借记卡，他们向小企业提供整合的支付、信用卡和发票工具。这款专门为小企业设计专属的金融产品，为小企业提供了电子化生态，使用这一金融工具还可以获得2%的优惠利率，可以即时收款付款。当客户需要接收他们的客户的款项时，可以选择使用收款终端、汇款、发票等选项，如果选择使用收款终端，系统会提示向客户出示收款终端，付款人刷卡，款项可以即时到账，可以查询账户余额的变动。当客户需要向员工付款时，可以选择使用汇款等选项，对方可以实时到账。客户可以在一个界面上查看所有的收入支出明细。还会向客户提供即时的交易提醒。客户不仅可以即时完成收款，还没有任何费用，所有的交易都是通过Wise的App完成。

## 七、商业银行怎样开展信用卡创新

2020年年初，全球新冠疫情暴发，此次疫情对商业银行的数字化经营能力发出挑战。多家银行的信用卡中间业务收入、消费额、新客户、透支额等核心指标表现急剧下滑。各行亟待提升数字化运营能力和专业化管理能力，实现管理的体系化、组织的敏捷化，建设数据要素驱动的数字化银行。

### （一）提供个性化视频营销和商户取现服务

由于缺少个性化，全世界的银行每年损失7 500亿美元，商业银行可以应用个性化视频技术，在银行展现信用卡的网页上，允许客户输入自己希望的卡片特征，如公司卡还是个人卡、想要的优惠种类，如免年费、现金回赠、积分、低分期手续费、商户优惠等，还可以输入自己的年均收入、支出等信息，之后通过个性化视频向客户展示最适合的产品和优惠。对于想要成功的企业来说，个性化营销是必经的途径。为了扩大客户基础并留住客户，必须在每个接触点进行个性化的沟通，以满足客户的期望。个性化视频能提升客户的转换率并增加客户终身价值，提高银行营销和销售绩效，并提升客户满意度和忠诚度，在客户生命周期的每一个阶段成为客户值得信赖的顾问。

商业银行可以开发功能使本行的商户开通取现的功能，当客户需要使用信用卡或借记卡取现时，点击取现按键，输入需要取现的金额，手机银行界面就会显示参加该项取现计划的商户的地点，客户可以选择就近的商户，系统界面显示出二维码，到达商户后，向收银员展示二维码，扫描后就可以将现金交给客户。该项服务也可以由快递人员提供，快递人员使用手机扫描二维码后，可以将现金交给客户。这种取现方式减少了商户运营现金的成本，也给商户带来更多的销售机会。目前在西方国家大部分的消费者支出仍旧是通过现金完成的，全社会通过安装ATM和维护其网络的运转成本是十分高昂的，最终这些现金也需要送回银行，每一步都耗费消费者的时间和精力。

## （二）升级后台系统平台

商业银行可以升级优化后台信用卡审批系统，引入更多跨行数据，利用统计建模、可视化、记分卡等工具，对客户数据进行深度分析，提供对客户授信决策的参照。当新客户注册之后，可以在手机上上传自己的身份证件信息，输入贷款金额和期限，就可以返显客户的信用评分，以及贷款审核结果。系统的后台可以显示客户的收入、贷款数量、信用卡数量、每月贷款到期还款额、信用卡消费额、逾期次数、投资种类等，提升授信审核的准确性和快捷性。

商业银行可以开发贷款集中管理平台，客户可以直接快速访问各种账户数据点。客户可以在集中的管理平台上管理汽车贷款、学生贷款、家居贷款、商业贷款等，集中展现贷款当前余额、还款计划、最低还款额、到期付款日期、到期金额等，可以设定还款指令，客户可以进行一次性或经常性还款，帮助金融机构提高处理效率并提高客户满意度。

商业银行可以开发争议业务智能化处理系统，有客户在手机或银行网银上填写争议的信息，系统提示客户上传支持文件，包括收据、持卡人声明、邮件记录、报警回执等，根据持卡人上传的概要和信件，与国际卡组织的争议规则进行判断，给出争议处理的信任分，提高争议业务处理的准确性和效率。

### （三）加速数字化、场景化营销

一是发展数字化发卡拓客。传统银行业与客户的关系来源于存、贷、汇的往来。互联网巨头有大量新客户，如微信、支付宝、淘宝等这类平台融入客户的生活以后，他们拉新所耗费的成本和精力将大幅度下降。银行可以与BATJ以及各垂直互联网平台广泛合作，签约其旗下优质资源，包括品牌、IP、渠道、产品等，力促展开以获客为目的的场景化合作，也可以与主流搜索引擎平台和信息流平台等成熟商业化平台开展合作，开展搜索广告的资金投入，投放广告和优化；可以从旅游、健康、生活、车主服务入手，因为这些行业对应的客户群体相对而言具备一定的标签且年轻化。新颖的玩法和营销活动、获客形式可以在年轻群体中广泛地推广和裂变。可以与旅游、健康、生活、车主服务进行整合，建立客户权益平台，将平台作为入口和商店，一方面是与行业可以开展互相引流，另一方面方便宣传，可以将权益平台作为旅游业预订酒店、查阅攻略的引流区域。在开展数字化发卡过程中就会产生一系列的数据，包括但不限于可以积累客户的习惯、喜好等信息。通过数据分析，可实现客户精准分群并推送相应的营销信息，为后续经营进行铺垫。同时商业银行还应完善微信小程序等网点人员拓客工具，完善电子化数据录入和审批流程。

二是加快场景化建设。场景化建设不仅能增加获客的数量，还能增加客户的消费、消费分期需求，以及提升客户的满意度和忠诚度，帮助银行提高业务收益。银行与互联网流量平台进行合作越来越常态化、多样化。基于线上的消费场景，许多银行专门设计了符合特定场景的消费贷款、信用卡等金融服务，帮助客户基于特定消费进行金融赋能。银行可以与旅游行业、运动健康、车主服务等行业合作共建场景。旅游行业主要体现在航空服务、酒店预订、旅游攻略、旅游工具、汽车火车票预订、综合旅游预订等细分行业，根据细分行业可以再进行组合，可以考虑发行全行业的主题卡、合伙账户等。可以与头部的互联网平台合作，开发利用质量好的场景，开启这类业务合作能获取最为活跃、最为有价值的客户。银行应该对在场景中的客户进行画像和加注标签。帮助客户了解平台在经营用户的过程中是如何挖掘客户偏好和使用习惯的，用户画像不仅能帮助银行寻找到客户的特定需求，还能挖掘更多客户的隐性需求。比如客户通过美团外卖平台点外卖，选择餐食就是客户最主要的需求，在线付款和外卖送达就是客户的隐性诉求；再比如直播平台—客户观看直播—内容引起共鸣—购买推荐的商品—在线付款—收到货品—进行点评—二次推荐，到了客户在线付款的环节时，支付的需求就开始被挖掘了。

三是提升数据治理能力，增强客户洞察力。商业银行的信用卡业务在发展过程中积累了海量数据，如何加工、整理这些碎片化、分散化的数据，使之成为银行可以利用的资源成为重要的课题。目前商业银行信用卡的数据治理上存在一系列问题。首先是未建立全局数据观。由于商业银行的数据广而散，庞而杂，相互割裂，没有形成有效集成，系统间、业务间及产品间等数据的产生架构联系粗放，有的甚至处于完全割裂的状态，没有全局数据观，数据价值难以有效发挥。其次是数据搜集难度大。信息系统建设滞后，系统开发人员与业务人员融合度不足，信息系统存在顶层设计缺陷，数据收集功能满足不了数据应用的需要，还有大量数据是靠传统手工收集的，耗费大量的人力、物力、财力，数据收集难度大。最后是数据标准不统一，大多数商业银行还没有制定统一数据标准，数据录入标准、数据语言字段、数据数值等不规范、不统一等底层原始数据呈碎片化分布，不同业务间、不同产品间、不同时段间的数据用途、分布结构、数据价值及数据质量水平参差不齐，数据运用难。

商业银行应该以客户信息治理为切入点，加快统一数据标准建设，完善企业级数据模型和数据标准，提升数据基础质量，建立统一数据平台。加强数据全生命周期管理，从数据的收集、整理、清洗到运用，形成统一的数据治理视角。在此基础上，利用数据挖掘等技术，增强客户洞察力，构建灵活的、定制化的产品界面，丰富创新金融产品供给。可以从以下几个方向提升数据的使用效能，增加营业利润：第一是客户群体细分。通过对用户高维度的行为特征、信息特征进行分析，将商业银行的用户细分为不同群体，并针对不同客户群体的特点设计差异化的产品服务。第二是精准营销。使用用户标签，精确勾勒用户画像，并利用大数据与人工智能赋能金融服务，用"千人千面"实现对用户的精准推送。第三是利润分析。通过对不同地区、客户类型、客户群体、业务类别的利润分析，准确把握商业银行的利润来源，进而在此基础上确定银行的战略发展方向。第四是未来利润空间分析。根据客户的内在特征、外部环境等因素，利用数据挖掘等方式判断客户的未来贡献潜力，然后将发展潜力更大的客户作为重点营销方向，服务客户成长的同时共享发展红利。

四是推进全渠道整合建设。整合线下网点、手机银行、网上银行、微信、电话外呼团队、地推团队的资源，并建立起服务人员和客户的数据信息流通链路，并将服务进行线上化、移动化迁移。一些国际领先的银行等已经建立全渠道银行（Omnichannel Banking），他们致力于通过整合全渠道的金融服务，为客户在各个渠道中提供标准化、多样化的服务组合，提升客户的满意度。在后疫情时代下，网点仍然是维护核心客户关系和O2O场景下的重要实体节点。未来，银行对外沟通的渠道不仅包括网点、网站和手机应用，还将覆盖第三方产品、生态系统和金融科技企业等各种触点，以便尽快适应疫情期间客户习惯的转变。这种"对话沟通"甚至在客户直接联络银行之前便已经开始，银行应密切关注客户的优先事项、兴趣和活动。在法国市场，零售银行业近三分之二的产品销售都开始于谷歌搜索，其他很多市场的比例可能与法国类似。

五是发展金融科技提升客户体验。重视线上渠道客户体验，提高业务数字化和无纸化程度，提升自动化审批率和审批效率。互联网企业都十分重视客户体验，因此银行在设计产品的时候一定要聚焦用户体验，不仅仅需要设计用户喜欢的服务，在产品体验上还要遵循简单便捷、步骤式操作，尽量减少客户的操作流程。在设计产品的时候一定要避免或减少客户的操作时间，让客户尽可能实现一键操作的体验，尽可能在最短的时间内将客户最想看到的内容进行呈现。在场景建设中，第一是要交互方便，有条件的银行要采用API进行输出，提升客户体验；第二是要功能简单，活动容易理解；第三是响应速度要快，不仅仅是打开速度，在运行速度、操作流程上都需要提升速度，要尽量通过流程优化和技术手段减少加载和响应的时间；第四是内容页面设计要有创新，内容上要足够新鲜，吸引客户注意，活动设计上要足够简单，客户一目了然，通俗易懂。

六是推进手机银行的平台化发展。信用卡App平台是搭建信用卡互联网金融生态圈不可或缺的组成部分；同时，信用卡消费金融生态的有序运行必须要有一个高质量、高流量的专属App平台作为支撑。以金融服务和生活场景为基础，搭建综合化的信用卡App平台，并通过App扩展服务边界。信用卡App成为银行触达用户的重要渠道和构建场景金融生态圈的首要渠道。目前各商业银行的手机App已经成为重要的获客渠道，从服务覆盖的广度来看，则已不再局限于本行信用卡用户。例如，招商银行的"掌上生活"App从维度、广度、深度入手重构与用户的连接。维度方面，基于兴趣、信任、服务创新增加内容生态、品质电商、汽车生活三个维度；广度方面，打造"合作伙伴生态"计划，源源不断吸收优质合作伙伴；深度方面，通过"引擎之心"计划打造亿级用户的运营能力，为用户创造更优体验。各行应该进一步完善生活场景与金融服务的同时，充分利用大数据等新兴科技为用户提供多样的优惠及活动，优化交互体验，将App打造成集客户服务、生活消费、财富管理、移动支付于一体的综合金融服务平台。

## 05　养老金融创新

## 国外领先银行是怎样创新老年金融产品的

随着我国人口老龄化的加速，我国即将进入老龄化社会，预计到2035年我国老龄人口占总人口比例将达到19.5%，我国的老龄化具有人口基数大、区域性差异大、养老保障薄弱、未富先老、家庭小型化等特点。近年来国家出台一系列政策促进养老产业和养老金融服务业的发展，鼓励以市场为主导，政策扶持，构建促进居民养老和养老服务业发展的多层次金融组织体系，养老产业及养老金融将面临重大机遇。从国际经验看，许多国家建立了较为完善的养老金融产品体系，积累了丰富的经验。本文分析近年来海外金融机构开展养老金融领域的创新情况，为我国商业银行开展相关业务提供借鉴。

### 一、退休财务策划创新

美国的H银行针对所有年龄阶段的客户制订了不同的退休策划方案。针对40岁以下的人，帮助他们建立退休存款计划，对50多岁和60多岁的客户，帮助他们制订计划增加收入来源和制订退休后的支出计划。对于60多岁以上的客户，帮助他们通过有效管理资金，生活得更好。针对每一个大的年龄组，按每10岁划分为一个年龄段，针对每个年龄段，制订了不同的问卷，帮助他们分析这一年龄段普遍的问题。例如，对于20多岁的客户，帮助他们建立存款的规则，通过视频向他们讲解每月节省多一些资金，对退休金会产生多大的影响，帮助客户制订存款进度计划，教他们如何进行资产的配置。对于70岁以上客户，也教给他们如何管理他们的资金，重检退休金计划，保持生气勃勃和寻找一份力所能及的工作等。该行还帮助客户制订退休收入计划，包括客户退休后的预期退休费用、各种退休收入来源、确定如何管理退休金。持续对财务状况进行监控，每年至少一次重检退休收入计划。

## 二、养老金账户业务创新

美国的养老金体系由三大支柱组成，一是社会保障计划，由政府强制执行，为所有公民提供基本退休保障；二是由雇主出资的雇主养老金计划，如401（k）计划；三是个人储蓄及商业养老保险等，由联邦提供税收优惠，个人自愿出资加入，如个人退休账户。

美国一些银行创新个人退休金账户的服务，提供的个人退休计划账户包括传统的个人退休账户、Roth个人退休账户和滚动的个人退休账户。一是传统的个人退休账户。存入金额可以抵税，但提款时须缴交所得税。可以在减少现有税收缴纳的同时，享有投资增长，这部分投资增长的税收也可以延迟缴纳。客户转入这个账户的收入可以免税，账户的投资收益可以延迟赋税。客户可以进行更多的投资，最大化投资收益。二是Roth个人退休账户。可以获得免税的收入和退休后更大的提款灵活度。如果客户在59.5周岁后提取账户投资收益，并且Roth账户开立5年以上，Roth账户获得的投资收益免税，这一政策适用于联邦税和部分州税。Roth个人退休金账户是存款时先交个人所得税（存款金额不可抵税），领出时则无须再交税。任何时间提取账户交付金额都享有免税待遇。三是滚动的个人退休账户，将客户个人所有之前的雇主的退休账户资产整合在一起。上述养老金账户提供不同的供款方式。

新加坡的I银行提供的补充退休计划（Supplementary Retirement Scheme，SRS）是一项自愿储蓄计划，进行投资以增加退休储蓄，并提供提取资金的灵活性。客户参加该计划可以节省税收，2017年核定个人所得税减免上限为80 000新元，这一上限适用于申请的所有减免税总额，包括对SRS供款的任何减免。SRS基金投资的资产包括：债券、新加坡政府证券

SGS（Singapore Government Securities）、新加坡储蓄债券SSB（Singapore Savings Bonds）、定期存款、外币定期存款、股份、单一保费保险、单位信托等。

### 三、特定理财产品的创新

私人年金产品。对于希望将自己的资产以免遗产税的形式传承给下一代的客户，私人年金是一个非常好的选择。通常父母将资产卖给子女，子女反过来承诺对父母终身支付月收入，该合同有法律上的执行效力，但并不是有保障的。为了使该私人计划成功，出卖资产的现值应该等于被出售的资产的公平的市场价值。子女们要承担父母的生存期长于之前评估的期限的风险，父母们承担子女们不按照规定的时间支付年金的风险。

自我取消的分期票据（Self-canceling installment notes）。自我取消的分期票据是当这一票据的销售方去世时，债务责任自动取消的一种分期债务凭证。它与私人年金相似，仅由于采取分期的形式而有所不同。由于考虑到可以取消的条款，分期通常比销售方的预期年龄要短一些，买方（子女）通常支付高于市场利率水平的风险溢价给卖方（父母）。总的来说，没有其他的财产被包括在未扣除债务的遗产总额中，分期债务的任何递延收入会被计算在内作为纳税的依据。最初的登记成本和监管成本是很高的，包括财务报告的需求，以及需要通过董事会、股东大会、代理律师、投资者和财务机构的审查等。

一些地区的银行向老年客户提供信托金融产品。信托养老是将个人财产委托给信托机构管理，通过信托公司满足其养老需求。信托具有独特的财产保护和破产隔离功能。通过财产管理让老人享受到信托工具所带来的经济效益，如退休养老信托和遗嘱信托等。退休养老信托通过二次委托和直接投资的方式联系整合相关的养老产业资源，为老人提供养老护理和医疗康复等产业链服务。遗嘱信托则是遗嘱人生前设立的在其死亡后才发生效力的信托，为立遗嘱人配置及管理身后财产达成遗愿，实现财富传承功能，减少纷争并避免巨额的遗产税。

## 四、个人信贷业务创新

一些商业银行向老年客户提供装修、购车、车位、账单、教育等消费类信贷业务，除此之外银行还可以对最多六名家庭成员或朋友共同承担为支付照顾老人的费用而申请老年人过桥贷款，贷款款项被直接支付给照顾老人的机构，也能够防止老人滥用资金。老年人过桥贷款可以作为房屋反向贷款的一个替代品。反向抵押贷款通常需要至少一名屋主留在房屋中，如果老人搬到养老院居住，就不能得到反向抵押贷款，反向抵押贷款最适用于5年以上的使用需求，对于短期贷款，老年人过桥贷款更为合适。通常应用在如下几个场景：一是老人入住有人照看的场所，老人搬入养老院居住需要支付月费、社区入住费、盘价费等，提供过桥贷款后，老人家庭可以在6、12或18个月内归还贷款，减轻了家庭支出的负担。二是老兵等待津贴，美国政府为每位老兵每月提供1 000美元的津贴，但平均的处理时间需要9~18个月。三是销售房屋。这一过程通常需要几个月的时间处理，银行过桥贷款可以帮助家庭寻找最好的买家。过桥贷款通常在24~48个小时之内就能完成批核。

## 五、银行卡业务创新

美国的J银行专门为老年客户设计了Slate信用卡，在开卡后的首15个月享有消费、余额转移0利率的优惠，在开卡后的首60日内，还享有余额转移0手续费的优惠。15个月之后，利率变为13.24%，如果客户的信用状况不好，会使用23.24%的利率。

美国的K银行的蓝色现金首选信用卡在超时使用时首6 000美元消费可以享有6%的现金回赠，之后的消费将获得1%的现金回赠，客户在加油站和一些百货商店内消费，会获得1%的回赠。

美国的L银行的万事达世界精英信用卡如果客户开卡后90天内消费3 000美元提供40 000飞行里程积分，对于所有的消费，还将给予双倍的积分奖励，客户兑换礼品时，将额外获得总积分数5%的奖励。客户可以享有海外交易手续费免费。在餐馆和加油站消费可以获得3%的现金回赠，客户获得的积分奖励永远不过期。

M银行向老年客户发行的信用卡设计了专门的优惠，包括任何酒店第四晚免费住宿优惠、免费享用环球机场贵宾室服务、免费旅游保险、延长保证保险及更多、专享里数兑换率等，还提供额外的积分奖励。

中国香港特别行政区的中银香港为方便老年客户使用银行服务，专门为老年客户推出了"中银简易卡"，老年客户可以凭卡在中银香港及"银通"网络的自动柜员机取现或更改密码。自动取款机屏幕以清晰的图像显示每个使用步骤，并辅以中文提示。当客户进行提款交易时，屏幕会自动显示账户余额及默认的提款金额，以供客户选择，简明易用。客户还可以使用"指静脉认证"的功能，无须记住密码或进行签字，可以在银行网点和自动柜员机取款。

## 六、保险产品创新

在客户的退休金计划之外，年金产品是客户退休之后的重要的收入保障，固定年金是一种安全和稳健的退休投资，客户的收入稳定，有较高的回报率，客户所获得的利息免税。年金产品保证了客户的生活水平，覆盖了每月的常规支出。在年金给付方面，有的年金保险产品支持客户最后不将资金取出，直接传承给后代，有的年金计划保障每年入息会上涨3%，还有一些产品提供非保证的周年红利及终期红利。

中国香港的N银行推出"写意人生"入息计划，该计划是一个提供每月入息及人寿保障的分红计划。如客户计划在短期内退休，并希望退休后享有稳定入息，客户只需一笔过缴付保费及让保费积存1年，"写意人生"入息计划便会在客户退休时保证支付长达20年的每月入息。并为客户提供身故赔偿，投保时无须提供体检资料。当客户的入息期完结、退保或索偿身故赔偿时，可获得一次性的非保证终期红利。该保险计划80%投资于固定收益证券，20%投资于股票类别证券。

一些银行推出终身提取收益账户的选择使客户能够锁定客户最高年金支付额的5%，客户可以自由提取这些款项，客户在85岁之前可以随时申请这一功能。帮助客户安全地提取自己的退休存款，防止退休存款被提前用光，或由于市场的波动导致客户的存款大幅度损失。例如，客户全部的累计存款为15万美元，客户购买了一个选择性的终身提取收益账户，假设从65岁起每年允许提取的最高比例是5%，客户可以终身最高每年提取7 500美元，即使由于市场波动客户总投资的金额下降，客户也能提取这些资金。如果客户的投资金额上涨了，客户可以获得的收益可以增加。

还有一些国家的银行推出长期护理保险，采用强制保险的方式实施，强制参保对象为一定年龄以上的公民。根据年龄因素按差别费率缴纳保费。护理保险的责任范畴主要为因年龄增长而产生的各种疾病的护理，一些情况下保险费可选择直接从养老金中扣除。由通过资格认证考试的护理经理为病人及家属提供建议。还有一些银行对中老年客户提供旅游保障、家居保险、医疗保险、个人意外保险、危疾保障等完善的保险产品。

## 七、反向抵押贷款

美国、英国等国家的商业银行提供反向房屋抵押贷款。反向抵押贷款通常用于补充老年人的退休收入、偿还按揭贷款、装修房屋、支付照看费用、支付日常支出账单等。反向房屋抵押贷款与一般的房屋抵押贷款都是基于房屋的，但反向抵押贷款直到借款者去世或卖掉房屋，贷款不用偿还。美国有三种反向抵押贷款产品：住房权益转换抵押贷款（HECM：Home Equity Conversion Mortgage），Home-Keeper贷款和财务自由（Financial Freedom）贷款。HECM是一种半公共半私人性质的贷款，占房屋反向抵押市场的95%；住房持有者（Home-Keeper）贷款受国家财政支持，具有社会优抚性质；Financial Freedom贷款是由私人机构提供的，以营利为目的，是一种贷款人自保的纯私人性质的反向抵押贷款。不仅年老的客户可以使用这一贷款，这种贷款通常由拥有房屋但缺少现金流的老年客户申请。贷款金额的给付可以一次性支付也可以按月支付。反向抵押贷款有以下的优点：对客户没有医疗或收入的要求，贷款无须缴税，只要老人居住在房屋内，就无须偿还贷款。向客户给予的贷款额度基于客户的寿命预期，如果申请客户的年龄比较小，贷款的金额会比较低，如果客户的年龄较大，给予的贷款额度也会比较大。

一些银行向长者客户提供的反向抵押贷款提供灵活的年期选择，客户可根据自己的需要，选择在10年、15年、20年或终身每月收取年金。除了每月年金外，客户还可选择提取一笔过的贷款以应付特别的资金需要，如全数偿还房产原有按揭、支付物业的主要维修及保养或医疗费用。除非因特殊情况被终止，否则客户可终身无须还款。不设提前清偿贷款的罚款，客户可随时全数偿还反向抵押贷款，赎回房产而无须缴交任何罚款。

### 八、建立老年客户理财服务品牌

南非资产超过500亿美元的O银行建立了"55岁以上"这一品牌，主要满足年龄较大及即将退休的客户群的需求，突出银行对客户体贴的照顾和值得信任的形象。

退休客户通常有独特的产品和服务渠道需求。即将退休的客户群希望自己进行投资和理财的决策，如果银行对他们的服务使他们感到满意，相对于年轻客户而言，他们会对银行非常忠诚。这一群体平均年龄在55岁以上，平均工龄超过20年，该行为这一群体提供投资、退休计划、保险（健康险、旅行保险、残疾保险等）等产品，该银行聘用超过55周岁的客户分层经理来监控该客户层产品的盈利，管理产品和渠道、销售、操作等部门之间的互动，确保各部门相互协作为客户提供整合的产品组合和优质的客户体验。

该行开发了灵活的产品组合，客户可以在即将退休的年纪里自由选择银行的产品和服务，包括支票账户、借记卡、葬礼费用保险、遗嘱撰写服务、折扣的旅行支票和保险箱服务、医疗保险、存款、投资产品、房地产策划服务、长期照看保险等，客户只要保留的余额超过规定的金额，就可以豁免手续费，该行通过扩充产品组合的选项，方便满足客户的需求。客户可以自由选择产品选项，该行会向客户寄送整合的月结单，告知客户资产和负债以及费用是多少。

客户可以使用专门的理财服务热线，标准银行也将很多分行改造为专门的服务于退休客户的分行，有专门的休息环境和舒适的等待座位。

# 06 场景金融创新

## 场景金融创新如何助力银行发展

场景金融从属于金融创新，场景金融是通过金融科技将金融活动嵌入到生产、生活的各个场景中，随时随地满足客户的金融需求体验。对银行零售业务而言，金融科技的持续发展、智能终端的普及与功能拓展、客户行为与需求改变使人们的金融需求不断远离银行网点，"无场景、不金融"成为行业共识。布莱特·金（Brett King）在《银行4.0》中断言："未来银行的服务无处不在，就是不在银行网点"。场景金融多专注于用户痛点，提供针对性解决方案，以快速便捷的服务帮助消费者满足消费需求。本文分析我国场景金融的现状、问题和国外同业场景金融创新的经验，对我国商业银行发展场景金融工作提出建议。

### 一、发展场景金融的必要性

#### （一）场景金融助力提升金融企业获客能力

大型银行发展至此，使用传统方法能获得的客户基本上都已经获取了，而那些还没获取的客户再怎么努力估计也难以获取。随着移动终端和线上行为的普及，人们对银行网点的依赖变小。银行需要不断与各种生活场景服务商合作，搭建金融服务场景，提升获客能力。发展场景金融需要到各类场景中找入口，使金融服务覆盖尽可能多的生活场景。很多银行正视自身流量获取的不足,将更多的精力聚焦于外部大流量场景,零售获客逐渐变成与企业合作,与场景、流量合作,通过合作获得符合自己经营需要的客户流量,这逐渐成为当下商业银行数字化获客的主要模式。另一种方式是将金融服务嵌入外部场景,例如,在电视端嵌入有线电视缴费、在水电缴费通知中嵌入缴费功能、在开学前的返校通知中嵌入学费缴纳功能,在旅游产品选购、留学申请及出境申请环节嵌入资信证明开立功能等。通过与外部场景方合作提升金融企业的获客能力。随着金融服务不断散落到各个场景之中,获取更多的场景入口意味着可以更便利地提高客户流量和提升市场竞争力。

### (二)场景金融助力金融企业黏住客户

由于金融企业之间同质化竞争严重,客户流失率不断攀升。发展场景金融就是为客户提供从生活需求到金融解决方案的闭环服务,进而建立一个完整的金融生态,逐步培养客户习惯,从而增强客户黏性。成功的场景金融生态圈往往在不断完善和扩张之中。单一场景的流程和运营趋于成熟后,可以扩展至相关联的其他场景;随着生态圈的扩展完善和用户聚合效应出现,客户忠诚度明显提高。同时金融企业还不断迭代优化数字化经营体系,提升服务水平。银行在手机App中引入各类满足客户实际需求的金融与泛金融权益,打通理财、信贷和信用卡系统,打通线上和线下渠道,共同服务于客户,让客户在"网点+App+场景生态"中享受更多本公司提供的综合化服务。搭建"用户成长体系",搭建核心场景和多维生态,提升用户使用黏性。为客户提供完善的消费支付功能,并为客户的闲置资金提供理财增值服务,进而推出消费金融等其他场景,随着场景种类的不断增多,客户已被牢牢"黏"在银行的生态圈中。

### (三)技术进步改变客户行为偏好

近年来,大数据、人工智能、云计算、5G等技术快速发展,为银行业提供更加智能化的移动互联基础设施,辅助各种新兴技术应用场景加速落地。远程金融服务、高清视频互动、AR(增强现实,Augmented Reality)/

VR（虚拟现实，Virtual Reality）交互服务、更舒适丰富的支付体验、智慧网点、远程虚拟银行、开放银行等成为基于场景数字化转型的主要目标，金融科技的采用帮助银行优化服务流程、提升客户体验，同时，更加丰富的场景会带来数据的大量沉淀，数据量越来越大、数据维度越来越高、数据格式越来越丰富，分析技术的多维化使客户画像越来越清晰完善，促使银行零售业务向着提供个性化服务的智能资管、千人千面的财富管理等转型。零售银行应更加注重与外部行业合作，紧密跟随技术发展，建设金融场景，提升金融服务的便捷性、满意度与安全水平，提升竞争优势。

## （四）创新型科技企业开展跨界竞争

近年来，在互联网金融的浪潮下，各第三方支付、大数据金融、众筹、信息化金融机构、互联网金融门户平台间的发展日益同质化，许多场景金融平台应运而生，银行零售业务从"卖方市场"向"买方市场"快速迁移。以BAT（百度Baidu，阿里巴巴Alibaba，腾讯Tencent）为代表的科技型企业基于"吃、住、行、游、购、娱"等高频场景，衍生和打造出了完整的金融生态，成为场景金融的领军者。互联网巨头的成功从本质上来说，是人与信息的交互场景、人与商品之间的消费场景，人与人之间的交流沟通场景的成功，场景引起了用户需求从而导致用户的相关行为。线上线下融合业务创新活跃，互联网金融+场景领域的新型消费迅速兴起。电商巨头场景生态布局占有明显优势，在汽车、旅游、教育、医疗、房地产等领域不断延伸与完善，竞争趋于白热化。就整体情况而言，金融行业都还是在传统的互联网金融向场景化过渡阶段，如何有效地运用大数据，进行差异化营销、寻找新的突破等成了金融机构迫切解决的问题。适应新的市场竞争形势需要不断加大场景金融的建设力度。

## （五）有利于进入企业捕捉长尾客户

长尾理论认为，众多小市场汇聚可产生与主流相匹敌的市场能量。商业的未来不在热门产品，不在传统需求曲线的头部，而在于需求曲线中那条长尾。金融业"长尾"市场表现为高度碎片化，用户数量庞大但个体资金量小，但通过技术手段进行整合和汇集无疑将产生巨大价值。技术的发展使得在传统商业模式中因获取成本高而无法被提供服务的客户，可以通过互联网获得低成本、高效率的产品和服务。在移动互联网时代，银行服务"长尾"客户不再需要配备网点和员工。而且可以通过App转账免费和优惠等手段，对这部分低净值用户进行基于移动互联网客户端的捆绑，从而带来数额庞大的移动端用户。当这部分"长尾"用户的客户端使用黏性增加时，银行自然可以通过网络来进行推广和营销。场景金融以"廉价、即时、可得"为特征，在技术的助力下渗透进数量庞大的客户各类生活场景，快速和大规模获取和稳固了长尾客户。目前，银行业亟待以场景为驱动，通过长尾运营模式获取更大的发展空间。

## 二、国内银行场景金融发展现状

### （一）工商银行

工商银行引入多家企业共同开展场景生态建设，丰富场景应用。在公共服务场景，与社保部门、高校、交管部门等开展深度合作，打造出行、共享、缴费、智能超市等各类生活场景服务客户。在跨境电商服务场景，汇集了支付机构、出口B2C电商企业、出口B2B电商平台、外贸综合服务企业和海外电商企业5类跨境电商企业，为跨境电商提供"金融+贸易"一揽子综合服务。让跨境电商一站式完成包含交易、支付、物流、通关、结算、结售汇等多个环节的流程。在金融支付场景，打造"工银e支付"全功能支付平台，实现同微信、支付宝、银联二维码的互扫互通，开展聚合支付，同时与北京地铁、北京出入境管理局和多家线上医院等场景实现移动支付。在网上融资场景，整合推出互联网化融资产品，同相关大型电商平台、消费金融平台等进行对接，实现秒级授信，快速满足客户在各类消费场景小额高频的融资需求。

### （二）农业银行

农业银行智能掌银实现重点金融产品的全覆盖，引入生活、消费、出行、校园、影音各类场景，对场景权限、对接、管理、数据评价提出了更高的要求。基于"生活e通"平台开展"金穗慧生活"智慧社区建设，通过平台中"e社区"访客预约功能，生成门禁二维码和密码，作为访客进入小区和门禁的身份证明。打通支付结算渠道，实现社保、医保、违章一键化缴费。对于家庭、小区需要维修的事项，进行拍照后通过"e社区"上传，一键式实现报事报修和服务预约。推动超市等场合的无感支付，直接刷脸即可直接实现支付。通过平台的"e商圈"，居民可以全景浏览社区周边"衣、食、住、娱"等各类服务资源，线上实现预约预定。基于平台的"e金融"，客户可以进行智能理财，支持客户财富增值。

### （三）中国银行

中国银行对政府（G端）、企业（B端）、个人用户（C端）和金融机构（F端）四个维度发展场景建设，跨境、教育、体育、银发四大战略级场景建设是中国银行场景生态建设的重中之重。在留学场景方面，中行提供四位一体的全方位综合服务方案；打造跨境线上平台，与留学行业龙头机构合作，提供包括留学资讯、语言培训、名师咨询、留学管家等优质非金融服务以及境内、境外留学实习计划等权益，将结售汇、国际汇款等优势产品贯穿全旅程。整合线上教育和金融服务，在手机银行客户端上线"中银乐知"教育专区，打造涵盖教育资讯、线上课程、智慧校园、志愿公益、专属权益的一站式服务平台。建设线上中银老年大学，打造文化养老品牌和平台。在手机银行上线中银老年大学，开设健康、艺术、语言、金融、人文、家庭生活六大学院。启动战略级体育场景建设工作，将金融服务全面渗透体育产业。打造专业运动平台，提升线上服务的客户体验。

### （四）建设银行

建设银行与诚客快租（中国建设银行，China Construction Bank）共同推进场景金融在长租领域落地。诚客快租首批房源在建行的"CCB建融家园"长租公寓平台上线，整合了建行的资金优势及诚客的运营经验。建立政务云平台，将政府、事业单位、相关企业等融入生态体系建设当中，向政府部门、企事业单位及相关的合作伙伴提供政务云服务和金融应用,应用平台实现"互联网+政务"服务。打造智慧社区云平台,开启"智慧社区"应用的新模式,融合物联网服务平台和智慧社区云平台两大智能平台,实现智慧安防、智慧门禁、智慧停车等七大生活场景和一百余项场景功能,通过多渠道整合金融和服务资源,打通金融无感服务的"最后一公里",构建银行、生活、服务相互交融的智能服务平台。

## 三、场景金融的问题与挑战

### (一)银行掌握的场景较为单一

银行业多年来主要实施以物理网点扩张为主的渠道策略,提供金融服务多以物理网点和网上银行、手机银行等自有渠道为主,所掌握的场景较为单一。商业银行尚未形成一套场景搭建完整体系,在消费金融、供应链金融等嵌入式场景发展中易于忽视一些场景或存在滞后性,限制了场景搭建的广度和深度。在场景金融的大趋势下,以场景驱动为主的线上、线下多渠道发展才能打造稳定的触客和获客体系。互联网企业凭借技术优势,对场景挖掘的敏感度和执行力明显强于商业银行,如微信、支付宝与共享单车的合作就是把握了共享经济的趋势。银行业产品同质化竞争激烈,许多掌握场景的互联网平台逐步将业务范围渗透到金融服务领域,银行不但要面对来自金融同业的竞争,还面临着激烈的跨界竞争。因此,商业银行发展场景金融必须首先提升场景拓展能力,场景搭建应该提高系统性,提升覆盖度。

### (二)场景获客活客能力受限

金融与科技没有充分融合,大多商业银行的主要获客渠道仍然是物理网点,通过线下向线上输送客源,获客成本高,还阻碍银行线上线下联动优势的发挥。各家银行仍普遍缺少品牌影响力大、客户忠诚度高的主力场景,并形成对零售业务数字化转型的突破带动。一是核心自建场景客户活跃度不高。为优化客户体验,各个银行的App从界面和功能方面持续进行了升级，基本能够满足大部分客户无须到银行网点就可以办理转账、投资理财、信用卡还款等基本业务的需要，但基于客户端的场景构建不够完善、线上客户维护体系尚未健全、定制化金融服务模型尚未建成，难以有效支撑快捷、高效的线上化金融服务体验。二是商圈、学校、社区、医院等系列场景金融获客效果不佳。场景金融产品本身同质化严重，缺少创新突破，未形成高效的获客场景模式，市场竞争力不强；线上、线下渠道协同发展能力不足，触客和获客体系不健全，如何将自己的业务融入各个场景甚至构建场景，抢占更多的场景市场，是当前银行最为迫切的现实需求。银行的金融工具缺乏金融以外的其他属性，客户活跃度不高，场景使用频率受限。银行获客、活客能力的背后折射出金融与网络科技的融合问题，也是银行发展场景金融最大难题。

### （三）客户体验有待提升

体验问题一直以来都是困扰商业银行的难题。商业银行技术与互联网公司差距明显，影响客户体验。互联网企业凭借对大数据、云计算、区块链、智能识别等技术的深入应用，保障安全可控的同时大幅简化流程，提升客户体验，为场景之争赢得有利局面。商业银行的产品设计更加侧重于考虑客观因素，如产品要素的设定、管理的便捷、渠道推广的便利等，很少从客户主观的体验角度出发去考虑，对客户衣食住行娱乐等生活、工作息息相关的消费场景渗入远远不够，与场景金融要求产品设计以用户体验为中心的理念相冲突。体验与安全的兼容性问题是商业银行发展场景金融必须面临的又一难题。在流程方面，为避免各项业务风险，银行已形成了稳固且复杂的业务架构和标准化流程，场景金融的进步与发展要求快速高效、及时响应市场环境变化和客户个性化需求，传统的繁杂流程和环节会对场景金融产生一定的反向作用。商业银行对于风险的严格防控削弱了客户使用体验，场景金融的吸引力也大幅降低。

### （四）场景金融的风险防控面临挑战

场景金融作为金融创新的一种尝试，需要防控多种风险。其中包括与客户相关的风险、场景本身的风险和场景之外的系统性风险。客户本身的风险包括客户的信用风险、欺诈风险。场景本身的风险包括金融业务与非金融业务严格风险隔离、场景经营风险、场景欺诈风险、场景交易风险、场景客群风险及场景特定风险。场景欺诈风险中包括商户欺诈、数据欺诈、内部欺诈、团伙欺诈等。互联网经济催生培训贷、租金贷、医美贷、加油贷等多种场景金融产品，但在租房、教育、医美等场景中，都出现过平台骗贷、过分营销、平台倒闭和"卷款跑路"等事件。使得相关互联网银行陷入舆论旋涡。如当前商业银行在金融场景创新过程中确实存在一些薄弱环节，如场景中未明确界定各参与方责任、场景向客户提供的信息主体责任不明，参与方承担责任不清晰，未明确对场景下游准入商户的标准、合作类型以及管理要求，场景内涉及金融信息服务及相关业务管理要求边界模糊等。场景之外的系统性风险包括场景集中度风险、场景逆周期风险、场景灰犀牛风险等。此外还应关注技术风险，金融风险的扩张性和传染性决定了金融场景相较于其他场景而言，更容易产生技术风险。提升金融场景的技术迭代速度要将金融和非金融产品区别对待。对金融产品，依旧要执行严格的审批及合规管控；对非金融产品，可以参照互联网企业的技术迭代速度奋力追赶。

## 四、建设多种金融场景，提升拓客获客能力

商业银行应该加强场景融合，充分挖掘场景潜力，努力提升如下几类场景的获客能力。

### （一）出行场景

私家车、网约车、高铁、地铁、航空、旅游和酒店等都是出行场景中常见的子场景。网约车平台包括滴滴出行、T3出行、曹操出行、首汽约车、享道出行、易到用车、如棋出行、神州专车、Uber优步、美团打车、AA租车、斑马快跑、AA出行、嘀嗒拼车等。机票代售企业有腾邦国际、去哪儿网、票盟、天地惠、携程、航拓、飞翔天下、艺龙、易行天下、

517na等。旅行社则包括中国旅行社总社、中国国旅、康辉、中青旅、锦江旅行社、春秋旅行社、广之旅、中信旅行社、南湖国旅、中妇旅等。满足不同客群的需求和习惯，提供差异化的场景和服务，更好地满足他们的需求。

高频次、强需求的出行场景已成为竞争激烈的领域。交通运输部数据显示，2022年中国城市公共交通出行次数为每天超过2.5亿次，艾瑞咨询预测，2025年将达到每天2.73亿次，到2050年将突破每天6亿次，达到6.53亿次。一些银行已经提前占据优势，实现了对公共交通、地铁、铁路、高速公路、出租车、航空等领域应用的全面覆盖，构建"出行+"创新生态，满足通勤、办公、旅游、购物、电竞等多个出行场景需求，以满足用户多样化、个性化的出行需求。

### （二）购物场景

包括网络购物、商超购物、海外购物等子场景。购物网站包括淘宝网、每日优鲜、贝贝网、转转、朴朴、洋码头、1号店、酒仙网、天猫、京东、拼多多、唯品会、苏宁易购、考拉海淘、当当网、网易严选、小米有品、买购网、蘑菇街、咸鱼网等。境外购物网站包括亚马逊（Amazon）、eBay、沃尔玛（Walmart）、Wish、Shopee、Lazada、Etsy、新蛋网（Newegg）等。

随着我国居民收入的不断提高，消费市场的实力也在不断增强。这种趋势催生了各种新型场景消费，包括3D样板间、直播间带货和短视频营销等线上场景，这些场景以互动和沉浸感为主要卖点。与此同时，各大商家也在推出各种优惠活动，如优惠红包、商品抢购等，以吸引更多的消费者。银行与京东合作推出京东PLUS联名信用卡，一些银行也在手机银行中开设了汽车专区，将购车、4S服务、置换车、加油和洗车等服务整合在一起，以提升用户体验。

### （三）泛娱乐场景

包括影音视频、娱乐粉丝、电竞游戏、360影视、餐饮美食。影音视频包括飘花资源网、优质电影网、蓝光电影网、酷播网、耐卡影音、美剧天堂、天天美剧、深影字幕组、美剧汇等。直播平台包括虎牙直播、斗鱼、快手直播、哔哩哔哩、CC直播、战旗直播、映客直播、花椒直播、一直播、ImbaTV、Now直播、KK直播、酷狗直播、来疯、进门财经、秀色秀场、17173游戏网、六间房、奇秀、酷爱直播、小米直播、酷我聚星、人人直播、百度直播、九秀直播、视吧、游拍直播等。电竞游戏包括《Cs：go》《王者荣耀》《和平精英》《守望先锋》《风暴英雄》《Dota2》《绝地求生》《英雄联盟》《穿越火线》《炉石传说》等。动漫IP包括火影忍者、超人、奥特曼、变形金刚、海贼王、玩具总动员、北斗神拳、汽车总动员、龙珠机动战士高达、蝙蝠侠、迪士尼公主、面包超人、维尼熊、Hello Kitty、神奇宝贝等。

泛娱乐消费领域是吸引客户的最主要领域。电竞游戏市场正在迅速发展，被广泛使用，具有巨大的发展潜力。中国电竞市场规模已经突破了1 000亿元，成为全球最大的电竞市场，超过了北美。一些银行发行了高热度的网络游戏或手游公司联名卡，如王者荣耀、英雄联盟等，也有一些银行退出了网易云音乐联名信用卡，以"懂音乐，更懂你"为主题，提供音乐礼包、音乐商城优惠券等福利。

## （四）文化场景

包括阅读、传媒、历史人文等子场景。阅读平台包括书旗小说、起点读书、微信读书、QQ阅读、百度阅读、网易云阅读、番茄小说、七猫小说、咪咕阅读、豆瓣阅读等。自媒体平台包括今日头条、百家号、UC云观、企鹅号、新浪看点自媒体平台、新浪微博自媒体平台、网易订阅自媒体平台、淘宝达人自媒体、搜狐公众平台自媒体、中国移动号自媒体、易信号、迅雷号自媒体、WiFi万能钥匙、众媒号、时间号、人人号、九派号、号外、封面号、京东号自媒体、支付宝生活号等。

一些银行推出樊登读书联名信用卡，将在线数字媒体消费、社交平台、筛选、生活消费和创新支付等功能融为一体，提高对年轻客群的吸引力。另一些银行则专注于深度挖掘中国传统文化品牌形象，推出"国家宝藏主题信用卡"，以及敦煌文化、十二生肖、新春、茶文化、话剧、颐和园、世园会等主题信用卡，还有一些银行与媒体合作发行联名信用卡等。

### （五）特定客群

包括男性、单身、公务员、小微企业主、宅男、女性、青年、母婴、潮男、家庭、老年消费等子客群。新时代催生出越来越多新型细分消费客群，例如，"活跃银发老年""都市单身贵族""都市潮流男士""低碳环保一族"等消费客群。在大数据、信息技术普遍应用的情况下，以前的粗放客户分类已不再适应市场，利用客户数据分析细分市场，已经成为银行业的行业共识。针对特定客群的行为特点提供对应的产品与权益是大数据与客户需求多元化共同作用下的产物，也是满足客户细分需求的关键，对于这些细分的需求，银行能掌握得越多、越细，那么能提供的服务就会越丰富多样，从而更优化自身的竞争力。有的银行发行女性信用卡、年轻族群信用卡，有的银行推出男士信用卡，满足客户热爱健身和户外运动、重视商品品质、个性化需求日益凸显、超前消费等特点。

### （六）体育场景

子场景中包括运动健康、赛事、球星粉丝、场馆、体育旅游和体育视频等。在运动健康App方面，有Nike、乐心Lifesense、好轻、薄荷健康、动动计步、乐动力、每日瑜伽、即刻运动、瘦瘦、悦动圈、火辣健身Hotbody、变啦Metawell、小黑裙瑜伽、乐跑圈Joyrun、睿健时代、多锐运动、咕咚Codoon、步多多等。体育赛事网站方面，国内有腾讯体育、央视体育、PP体育、企鹅体育、中国体育、新浪体育、极速体育、雷速体育和爱奇艺体育等。滑雪场方面，有长白山滑雪场、南山滑雪场、玉龙雪山滑雪场、神农架滑雪场、阿尔山滑雪场、长春净月潭滑雪场、二龙山滑雪场、西岭雪山、北大壶滑雪场、崇礼万龙滑雪场景区、密苑云顶乐园、万科松花湖度假区、森工亚布力滑雪旅游度假区、新疆丝绸之路国际度假区和吉华长寿山滑雪场等。现在，一些商业银行已将金融服务全面渗透到体育产业中。

中国银行围绕"运动平台、体育政府、赛事协会、运动商户"等领域创新金融服务模式，利用App和微信公众号渠道，推出运动健身专区，在银行App上就可以实现场馆预订、卡片运动权益整合、运动类商品积分兑换以及运动资讯查看等功能，实现了金融与体育的深度融合。支持地方体育局，承担体育消费券发放工作，大力推广全民健身理念，有效助力体育行业消费重振。拓展冰雪类运动商户，丰富场景资源，开展优惠商户、会员通卡等深度合作，向客户提供冰雪活动资源。开展冰雪分享会、H5互动游戏、冰雪视频大赛、滑雪营等活动。

### （七）教育场景

包括高校、STEAM［代表集科学（Science），技术（Technology），工程（Engineering），艺术（Arts），数学（Mathematics为）一体］综合教育、职业教育、成人教育、语言教育等子场景。语言教育机构包括新东方、扇贝、Vipkid、麦芽英语、华尔街英语、好未来、三立在线等。成人教育机构包括Coursera、慕课网、小象学院、学而思、网易云课堂、学堂在线、太和公开课、得到、知乎Live等。STEAM教育机构包括编程猫、幻码星球、核桃编程、火花思维、小码王、豌豆思维、VIP陪练、和码编程、河小象、代码星球等。职业教育机构包括图零直播、我赢职场、粉笔网、中公网校、昂程教育、51CTO、嗨学网、尚德机构、高顿网校、开课吧等。

商业银行可以与各类教育机构合作提供教育分期服务。教育产品对用户而言具有投资意义，教育分期服务具有较低的道德和政策风险。通过互联网模式实现消费金融对教育的促进将是大势所趋。商业银行可以与高效合作，提供了"无接触"缴费方式，实现线上缴纳学费、住宿费、伙食费、杂费等多场景费用的便捷服务，实现足不出户、无卡无忧、轻松便捷；为校园管理用户提供财务统计、成绩统计等"管家式"数据统计报告，实现数据实时更新，便于管理决策更高效、更科学；系统功能融合化，即刻打通学校现存财务管理、教务管理、后勤管理、信息管理、智能餐饮、门禁访客等系统功能，打造集团化系统包，实现一点接入，全场景响应。基于大数据挖掘技术，形成精准的用户画像分析，定向提供安全、可靠、高品质的金融服务，满足师生用户日常零钱理财、短期资金等需求。

## （八）医美场景

包括健康体检、口腔医疗、医美消费、家庭医疗等子场景。健康体检机构包括在健康体检方面，可供选择的机构包括爱康国宾、美年健康、第一健康、平安健康检测中心、美兆、新华健康、慈铭体检、普惠体检Puhui和九华体检等。口腔医疗机构包括泰康拜博口腔、通策医疗、瑞尔、华美牙科、小白兔、欢乐口腔和摩尔齿科等。医美机构包括朗姿股份、华东医药、贝泰妮、爱美客、悦美、华熙生物、美呗等。家庭医疗保健产品包括三诺、鱼跃医疗、可孚、Omron、ResMed等。医美App包括悦美、新氧美容、美呗整形、如丽美容、更美、医美咖、美容护肤秘诀等。

随着我国经济的高速发展和人口老龄化进程的加快，健康体检市场正在逐渐形成，并初具规模。据2020年统计数据显示，中国居民人均消费支出为21 210元，其中医疗保健支出占比8.7%。受疫情影响，人们对身体健康的重视程度不断提高。2022年中国健康体检人数达4.95亿人次，同比增长1.85%。随着人民生活水平的提高和对医疗保健需求的增加，医疗整形美容行业也得到了不断发展。2022年，中国医疗美容市场规模达到2 643亿元，增长率放缓至18.2%。预计未来几年，医疗美容市场将保持15%以上的增速，到2023年，医美用户将达到2548.3万人（2019—2023年复合年增长率为16.8%）。此外，在家庭医疗领域，2022年我国家用医疗设备市场规模为2 218亿元，2025年市场规模预计将达到3 832亿元。商业银行可以与上述机构合作发行联名卡或开展分期付款业务，以便帮助使用医疗、医美服务的用户实现分期付款。此外，由于医美保险需求大，商业银行还可以开展医美保险服务。

## （九）其他场景

节日纪念日场景，包括情人节、五四青年节、教师节、建军节等子场景。商业银行可以发行尊师主题信用卡、教师信用卡、拥军专属信用卡、惠军联盟信用卡、情侣系列信用卡、爱国信用卡等。政务综合场景，包括政务、公益。银行可以发行大湾区主题信用卡、雄安主题信用卡、鹏城信用卡、成渝主题信用卡、京津冀主题信用卡、长江三角洲信用卡、粤港澳大湾区主题信用卡等。通信社交场景，包括通信、社交子场景。银行可以与电信公司发行联通、移动联名信用卡，腾讯微加联名信用卡等。金融保险场景，包括理财、保险子场景，可以与保险公司发行联名信用卡。三农场景，在农村可以发行乡村振兴主题信用卡等。

## 五、强化场景金融管理提升风控水平

### （一）银行要积极打造全场景生态

银行要积极发展场景金融，利用多年建立起来的相对丰富完整的产品体系和客户群体，打造自身的场景化发展之路。一是自主搭建场景，完善手机银行等移动客户端功能，充分发挥传统银行相比互联网金融更安全、更让人信赖的特征，自主搭建场景，突出客户端App作为金融线上服务和客户引流的主渠道作用，将其打造成客户的私人金融管家。二是充分利用物理网点的优势，将网点定位为集营销中心、场景和服务体验中心于一体的智慧银行，将其打造成场景金融服务的体验基地，提升网点厅堂环境的舒适感和厅堂设备的交互性。三是融入既有场景，加快对接商户，加快本地化、特色化的支付应用场景建设，为客户提供快速、灵活、多样的移动支付解决方案，提供全流程服务，打造供应链金融生态圈。四是积极打造开放银行，秉持开放、共享的理念，与其他金融同业、互联网金融平台等机构开展合作，共同构建金融生态，快速触达目标群体和特定需求；与开发商、物业公司、商圈商户等强强联手，完善平台功能，打造差异化综合服务场景，切实解决获客活客、产品营销及价值创造等问题。

### （二）夯实科技能力，助推场景金融发展

科技是推进场景金融发展的核心力量。银行构建场景金融，需要能

快速对接第三方合作伙伴，连接双方的产品、服务、数据。要自建并持续经营场景，还需要较强的技术创新运用能力，区块链、物联网等技术平台是银行自建场景的核心竞争优势。构建金融场景，进行零售业务数字化转型，需要提高综合全面的科技能力，在此基础之上，各类金融场景才能得以搭建，与场景合作伙伴的信息、服务、数据等交互才能顺畅，整个体系才能良好运行。科技快速响应能力是贯穿于场景金融全流程的保障能力，无论是市场和客户需求发生变化，还是推动过程需要转向或是风险漏洞需要及时补救，需要具备足够的科技能力才能实现。此外，大数据分析和应用能力是银行构建并持续经营场景金融的基础能力。

### （三）对生态合作方进行金融服务赋能

商业银行要在场景金融建设中发挥主导作用，全面加强全场景金融服务能力的建设。银行要充分发挥自身多年在业务和金融科技领域积累的优势，以基础技术平台和相关业务组件为支撑，合理配置金融科技资源，充分利用人工智能、大数据、云计算、区块链和移动互联等技术，建立统一的金融服务平台。加强场景金融的建设，对外提供统一的金融服务接口，形成支持外部场景建设和引入的能力。构建统一的技术架构、统一的管理标准、统一的接口标准、统一的服务流程、统一的接入方式，基于银行基本业务规则，建立银行为主导的生态体系，对外输出银行的金融服务能力赋能生态合作方。

### （四）加强全场景金融服务能力的建设

努力实现多渠道的融合和统一，如为各类场景中的客户提供开户、收付、支付、票据、融资、投资、理财等一体化的金融服务，在手机银行、微信支付、支付宝支付等渠道统一身份识别，开展聚合支付等。建设以银行为主导的生态体系，对生态圈中核心企业及其上下游企业进行有效链接，形成有效的产业链金融服务模式，实现全流程、全场景、全产业链的金融服务，同时支持金融服务可管控、可追踪。

### （五）注重场景的全面管理

零售业务服务竞争包括场景和体验。银行必须在场景金融中实现全面、精准、优质、快捷的服务，满足客户不同金融需求的体验，达到获客活客的目的。一要实现金融问题综合解决和管理，体现专业化、个性化和定制化。各类场景下的金融服务并非仅仅是完成一次成功的金融产品营销，而是既要做到全流程全周期管理，通过系统持续跟踪和客户经理的维护多渠道记录、分析客户的反馈信息，及时高效地完成对产品的优化。二要形成场景服务的闭环。在客户端，深耕客户需求并拓展周边客群，聚合更多的用户；在服务供给端，紧紧围绕大众生活、消费、社交、工作等场景，设计整合具有吸引力的产品优惠和便捷服务方案，横向扩展相关联的业务场景，丰富服务种类，建立不断完善、持续扩展的良性循环。

### （六）加强场景金融风险管理

充分认识场景金融中面临的各种风险，包括客户信用风险、欺诈风险、场景经营风险、场景欺诈风险、场景交易风险、场景客群偏差风险，场景的"逆周期"风险、系统风险和场景战略违约等风险。在引入场景、对接系统与流程、共同开发产品、提供服务过程中强化风险控制措施。引入信息化风控系统，利用完整的风险评估模型及风险评估体系全面收集消费者的消费水平及消费情况。开展用户全信用评价，利用大数据筛查用户的用网习惯及征信记录，对这些用户进行分类统计，并围绕平台机制汇总高净值客户、高级客户、次级客户等客户种类，以便为不同人群提供专项的服务内容。可结合企业相关征信数据、税务信息、电费、货物库存等信息来判断企业成长周期，为普惠金融客户精准画像，更为准确、全方位地识别客户。严格场景服务方准入，开发模型监测交易中的风险，及时进行人工干预处理。最大限度地控制场景风险。借助大数据和云计算等金融科技手段，能批量处理客户数据，提高贷款发放效率与便利度。

# 商业银行如何搭建场景金融生态圈

场景金融指利用技术手段将金融活动有机嵌入到已有场景服务中，促使交易和金融服务高效完成。场景金融是我国消费升级发展到一定阶段情况下自然结合的一个产物，随着普惠金融的推广以及移动技术的发展，越来越多的商业场景开始嵌入金融服务功能，各环节融合提升了整体的时效性。在金融服务效率提升的同时，也为场景本身带来了更高的附加值，从而增加了场景的流量。场景化特指金融产品及服务从"柜台"向用户端的延伸和移转。近年来国外金融行业在提升数据的可获得性、建立保险、理财产品定制化销售平台、建立银行API中心和数字核心银行平台等方面开展了场景金融建设方面的创新。本文分析国外同业的创新经验并对我国商业银行发展场景金融工作提出建议。

## 一、国外发展场景金融的创新实践

### （一）提升数据可获得性的创新

美国盐湖城的Finicity公司的使命是通过快速、可靠地访问高质量的数据，帮助个人、家庭和组织做出更明智的财务决策。该公司发展成为提供金融数据API、信贷决策工具和金融健康解决方案的公司。Finicity致力于创建开放的金融生态系统，将控制权转移给消费者，提高对技术人员和开发人员使用的便捷性，帮助人们利用开放银行来提高金融知识的可理解性和包容性。Finicity公司非常注重数据整合和多渠道获取。该公司成为金融科技行业以及金融金融行业开放银行数据整合提供商，并将从金融机构获得的数据反向传送给金融机构。该公司专注于贷款、信贷决策、信贷评分，并且提供账户管理等业务的支持。

大数据下一步的发展趋势是将竖井式分割的数据连接起来，提升数据的可获得性，历史上数据是给精英使用的，对于消费者和小企业是不易获得的，这种情况在金融生态圈中很普遍，Finicity公司做的就是帮助消费者更容易获得数据。数据湖的概念以及人们在各种场景中目前使用的数据有很多限制。没有正确的数据整合，人们就不能很好地应对现实世界中的绝大多数场景。在金融领域，对多渠道来源数据的应用更有必要，因为一笔贷款有可能在贷出之后，需要客户在未来的30年内进行偿还。在审批贷款时，了解客户历史数据就显得非常重要。在现实生活中，每一个人在不同的金融机构、商户中积累的金融数据由很多竖井相互隔离，通过将不同金融机构的竖井取消，可以帮助客户提供更好的客户体验，为金融机构带来巨大的商机和收入。客户的过去的金融数据有可能告诉金融机构这名客户值得信任或有一定新的概率空间可以准时还款，金融机构就可以计算相应的贷款金额和贷款利率来经营这些风险。如果一家金融机构新开立一条贸易线，买卖双方可以在贸易线上进行交易，金融机构可以对买方提供贷款，如果买方授权将国际卡组织的数据和账户其他信息向金融机构提供，通过人工智能，金融机构就能预测出这位客户能够及时还款，就可以提高对客户的信贷评分和贷款额度。在人工智能时代，打破不同领域金融数据的竖井，可以帮助人们获得更丰富的金融服务体验，为金融机构带来更多的盈利机会。

该公司整合了10 000多种数据来源，在这些整合得到数据来源基础之上，金融科技公司可以提供非常神奇的金融服务解决方案。该公司在30秒内就能够给出客户2年的收入记录。通过智能过滤这些数据，银行就可以得到用置信度分数排名的收入流，对借款人当前财务状况进行洞察，并实时生成数据洞察结论，帮助银行做出最好的决定，做出更好的信贷决策，在几秒钟内完成交付。如果客户授权将自己在多个来源的数据交给金融科技公司使用，就可以获得由金融科技公司提供的多样化的金融科技应用，帮助他们大幅度扩展他们的金融服务体验。一个应用的例子是在Experian

公司，按照以往的经验，如果一个人没有贷过款，他就贷不到款，因此有可能需要找一个人共同签署，或者从购买预付卡开始积累信用。其实可以从客户以前的金融数据中洞察，得出这名客户有足够信用贷款并不会违约的结论，从而完成贷款审批，并且向客户提供合适的贷款额度和利率。

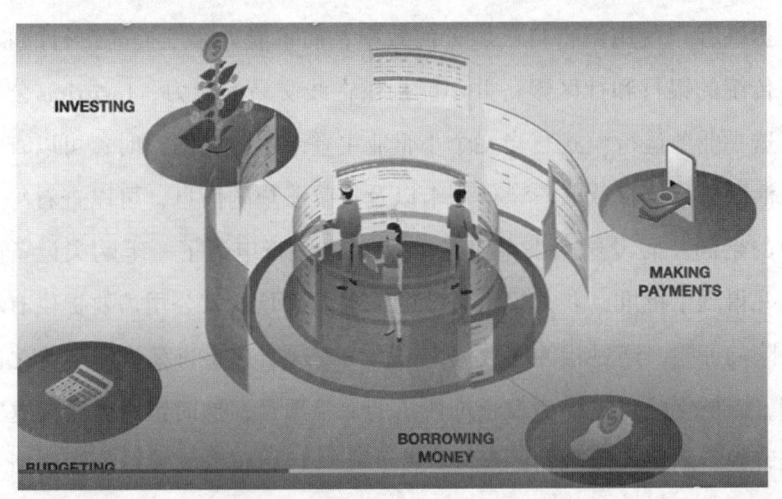

图1　Finicity公司开放银行示意图（图片来源：https://www.finicity.com）

## （二）保险产品定制化销售平台

美国康涅狄格州的Insuritas公司开发了世界上第一个通过数字银行API提供商业保险端到端报价和购买链接的平台，Insuritas生态系统部署在一个为全国1 000多万消费者服务的合作伙伴网络中，该平台帮助金融机构利用数据挖掘技术和与众多保险运营商的深度合作，为其客户提供高度个性化、数字化的保险服务，而且都使用这些金融机构自己的品牌。他们在金融机构内部建立、部署白名单保险机构，使他们能够向存款人提供保险产品。通过无缝、透明的购买体验将消费者与他们需要的保险产品联系起来，在这种体验中，运营商竞相以合适的价格为他们提供合适的保险产品。该平台使中小企业能够在数字化本地环境中管理自己的商业保险需求和传统银行产品，并使银行合作伙伴能够将其数字商业银行平台货币化，加深客户关系，提升借款人和储户对他们产品的使用量。

在提供无缝透明的购物体验的同时，向客户提供价格优惠的保险产品。保险公司可以向银行客户提供汽车、家居、房屋和商业保险。该公司提供的API能够帮助保险销售的能力建立在银行的数字平台上，目前银行都面临巨大的挑战，首先银行业数字化平台的建立不断加速，新技术不断普及化，银行需要不断加大数字化建设的投资，其次，这些平台往往只局限于提高客户使用银行自己服务的效率，而不能大幅度提高银行的收入。许多传统的银行和社区银行并不能提供在线交易的能力，Insuritas公司改变了这一业务运行模式。当一个小企业主登录银行的网银时，可以查看到自己活期账户、存款账户、信用卡以及贷款账户的信息，可以查看每一个账户的余额。假设这家小企业在90天前向银行申请了一笔购买设备的贷款，并得到了批准，获得银行贷款的前提条件是这家公司需要提供有小企业保险的证明，通过相关的数据，银行发现这家企业的保单在45天之内会到期，新的保险将提供贷款核准所需的保险项目，这时银行就会向这家企业推荐银行附属保险公司的保险产品，银行可以将购买保险所需的所有信息动态地传送给自己的附属保险公司，保险公司动态提供保险条款并计算出保费，保险条款可以满足客户独特的需求，在几秒钟的时间内，向客户展示向客户承保多种选项和报价，一般情况下，客户购买保险需要100多种信息，在这家公司的平台，由于已经掌握了客户多种信息，客户只需填写额外的15种信息，就能完成保险的购买。流程非常简单迅速。产品推荐引擎会将客户与提供合适保险产品的保险公司连接起来，客户可以再次查看保险的报价并完成支付。所有的流程都是线上完成，并且没有离开银行网银环境。

### （三）多策略投资管理平台

Noviscient是一家新加坡的资产管理公司，它建立了一个开放的平台生态系统，该平台专注于选择高质量的基金经理，使投资者能够接触到来自世界各地的高质量基金经理，Noviscient平台结合这些基金经理的策略为投资者创造定制的解决方案，从而彻底改变投资管理。他们的平台提供对实时交易信息的访问，这些信息由该公司专有的机器学习算法用于识别最优秀的基金经理。这种平台方式大大降低了投资者和基金经理的成本。他们的算法动态地将投资者的资金分配给这些基金经理，为投资者制订定制化的解决方案。

Noviscient是一个多策略、定量投资管理平台，其商业模式基于投资绩效和透明度。该公司是新加坡金融管理局下属的注册基金管理公司。该公司与世界各地的精品交易集团合作，为投资者提供可扩展的alpha策略基金的接入。该公司汇集了许多alpha合作伙伴，他们为该公司提供了系统交易信号的可再生来源。他们的专有模型动态分配给这些alpha策略基金，以提供在不同市场条件下具有持续投资绩效表现的定制解决方案。该公司为投资者提供合理的收费、高的信息透明度和高的流动性。他们使用结构化动态学习技术来选择具有可靠alpha能力的alpha合作伙伴。基于这些alpha基金策略上的投资表现，动态分配资金给投资客户选择的alpha合作伙伴，以此来实现投资的风险管理。

Noviscient通过人工智能技术帮助客户提高投资绩效，提供新一代投资经理服务，从而重塑投资行业的形象。该平台可以提供自动化的执行和投资报告，为客户创建定制化的投资解决方案，以非常高的透明度匹配投资者的偏好和限制。对冲基金经理对自己的交易策略很少向公众或投资者披露。投资者关心从基金经理那里获得更大的透明度，没有透明度，投资者就无法理解他们的投资组合。只有当他们知道自己的基金是如何配置的，他们才能积极管理自己投资组合中不必要的风险，如行业和地区的集中风险或回报与广泛市场表现高度相关的贝塔风险。

透明度是Noviscient的主要信念和价值主张之一。它让投资人连接基金经理的风险管理流程、绩效费用和基金的其他结构要素。它在门户网站上提供定期业绩更新和全面分析，以便投资者随时了解投资经理在做什么。

由于投资收益很低并且投资成本高企，该公司认识到进行颠覆原有的投资模式的必要性。在过去的几十年，如果人们旅游，他们会待在昂贵的旅馆链中，但现在不同，他们会在精品旅店的平台上进行选择，并在平台上解决旅行中遇到的各种问题，该公司就想建造这样的投资基础设施。有很多投资经理的投资表现低于市场，也有很多提供了精品的投资产品。Noviscient根据从精品基金经理处收到的交易信号选择和为交易策略分配资金，并实时执行对投资者的头寸实施风险管理。当基金经理未能按预期表现或采取新的交易行为时，客户可以触发止损来限制下行风险。

  Noviscient公司与阿尔法策略基金经理合作，这些基金经理向Noviscient提供投资策略，该公司将一部分利润分配给这些基金经理，Noviscent公司动态调整向客户的投资组合，动态分配客户的资金，从而能够实现秒级的风险管理，该公司与世界上很多阿尔法策略投资基金经理、对冲基金经理合作，帮助客户区分阿尔法策略、因子风险和市场风险。有些表现不好的阿尔法策略会与市场风险相混淆，将他们与市场风险区分后，就可以进行动态调整，帮助客户选择出真正表现好的阿尔法基金。当客户希望调整自己的投资组合时，Noviscient平台可以帮助他们模拟选择最优市场表现的阿尔法策略基金，并调试不同的投资比例，用图表显示出不同时间段的收益和风险，显示不同投资策略收益的均值方差，客户可以直观地发现自己改变投资组合的构成比例后，收益提升的比例和风险降低的比例，从而找出最佳的阿尔法策略投资的组合和比例，从而实现使全世界最优的阿尔法投资策略基金为全世界范围的投资者定制适合的投资组合。

图2 Noviscient公司系统界面（图片来源：https://www.noviscient.com）

### (四)银行API平台的创新

德国的Ndgit公司为银行和保险业提供了API平台，代表下一代数字银行。它将银行和金融科技公司与数字生态系统联系起来。这项技术使银行能够将银行API和PSD2解决方案向数字合作伙伴开放。2017年，Ndgit为瑞士实施了第一个开放式银行系统，并因银行与金融科技的最佳合作而荣获2017年欧洲金融科技奖。使用Ndgit公司的API平台可以构建创新流程。使客户能从Ndgit API市场选择账户管理、信用报告、财务评分和数字签名模块，构建最优的客户交易流程。该平台为客户提供了方便和完全数字化的贷款申请，无须中断、最少的数据输入和完全安全的风险分析。

Ndgit平台是领先的金融服务中介，该公司的API银行平台已经被30多家银行使用，并与欧洲的10个国家的30多家金融科技公司进行了整合。Ndgit的生态系统构建者为构建可扩展的生态系统提供了技术基础。Ndgit已经将中小企业的基本金融科技连接起来以实现这一目的，从而减少了原本需要的技术和组织工作。它具有全面的API管理、数字银行业务和安全概念、易于连接的开放银行API和一流的金融科技模块。Ndgit公司从一流的金融科技公司中选择出欧洲中小企业的数字合作伙伴，建立起管理这一生态系统的开放式金融平台。该公司的开放金融平台使银行能够高效地向第三方提供服务和产品，例如，账户、贷款、存款或保险领域的服务，共同赢得新客户和收入来源。Ndgit生态系统可以使广泛的目标群体（如公司贷款、国外汇款或综合会计）成为构建者，利用有吸引力的互补性产品和服务，用户可以像在应用商店中一样灵活地选择这些合作伙伴模块。客户可以在这些接触点上获得金融服务，在这些接触点上，他们可以在自己的应用程序、在线门户和电子商务商店中进行在线交流。

银行的开发者可以登录Ndgit公司的API市场，上面有100多个欧洲最好API模块，这些模块中有个人评分、合法的数字签名、财富管理、虚拟ATM、视频身份验证，开发者可以在登入平台后点击、查看、分析这些

API模块，尝试这些模块并在自己的流程设计中调用这些模块。开发者可以在流程设计图中插入希望调入的API，例如，在一个贷款流程中嵌入6个API，就可以在流程上显示出相应的API。如果客户希望贷款，可以输入希望贷款的金额，之后可以选择自己的银行、账号，客户无须输入所有的信息，很多信息都已预填，当点击继续的时候，客户就会看到账户分析界面，这时电脑界面上会显示账户余额、可用余额、贷款限额等，之后还可以显示账户分析的界面，可以显示客户的工资、子女补贴、政府补贴等收入项，也有房屋租金、保险费、生活费、信用分期贷款、通信费、杂项等支出项的金额占比图，银行还可以调用信贷评级API，这时系统可以显现客户的信用评分、防欺诈类型、身份验证、欺诈预检等结果，这时客户的网银界面上会显示出客户获得审批的贷款的结果，包括利率、贷款金额、期限、每期分期金额、还款频率等，客户可以查看自己的偿还计划，可以查看申请表，只需补充几项个人资料，然后可以在网银界面上进行电子签名。系统会返现获得的贷款的概要，之后客户就可以在家中等待邮寄来的合同，并等待资金到账。银行还可以利用这一生态系统设计按揭贷款、汽车贷款的流程，客户因此体验到了顺畅的、全部电子化的流程。

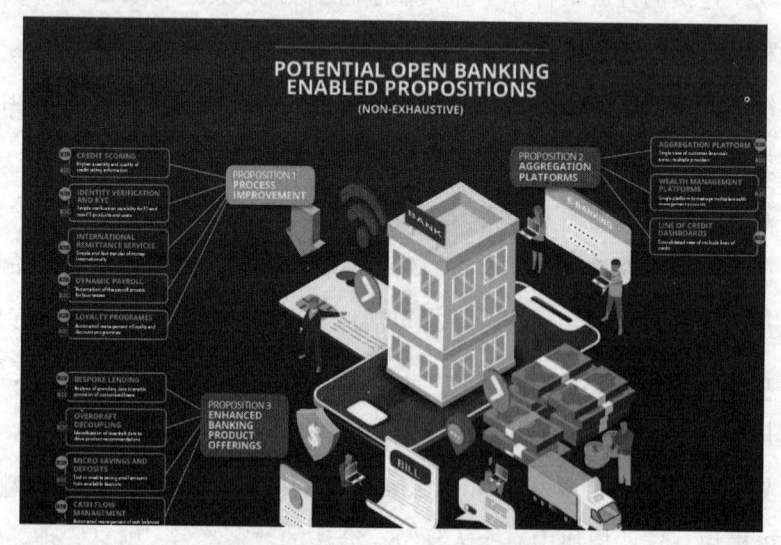

图3　Ndgit公司开放生态系统示意图（图片来源：https://ndgit.com/en/open-banking-propositions-and-opportunities/）

## （五）数字银行核心平台创新

位于荷兰的五度公司成立于2010年，是一家数字银行核心技术提供商，在荷兰、冰岛、葡萄牙和塞尔维亚设有办事处。他们结合最先进的技术和完善的银行知识，为银行创建一个经得起未来考验的数字核心银行平台。他们的客户群包括零售银行、资产管理公司、在线储蓄银行和金融服务行业的公司。该公司的下一代数字核心银行平台Matrix旨在提供一个完全自动化的银行服务平台，帮助金融机构进入现代数字银行时代。矩阵式地连接渠道、客户、产品、服务和金融科技生态系统。

五度公司精心打造了一个专为银行设计的平台，使银行比以往更快地配置和发布新产品和服务，享受云平台技术的敏捷性，帮助银行在竞争中保持领先地位，并在法规遵从性方面处于领先地位。平台支持多种金融产品、标准银行流程，并可全面了解客户、公司、产品及其所有关系。帮助用户在云计算中现场启动和配置一个完整的端到端零售银行。他们有快速流程和UI，即使非IT专业人员也可以通过选择应用程序类型、所需的模块、组件和活动来创建一个新的银行，45分钟后银行服务即可用，极大地加快银行的创新和数字化。用户还可以使用该公司的新应用商店进一步加快这一过程——在这个商店中，该公司的所有合作伙伴和客户生态系统聚集在一起，提供额外的增值服务。

如果一家银行从零开始创建一个网上银行，可以登录五度公司的平台，可以查看到已经具备和正在运行的环境的清单，先为创建的环境起一个名字并创建密码，首先需要选择网上银行的核心成分，例如，账户管理、支付、贷款和租赁、这一平台的所有功能建立在客户信息组合展示的基础之上，然后银行开发人员可以从功能清单中选取在核心功能上面添加哪些功能，这些功能包括贷款合同、外汇交易合同、抵押、存款管理前端、公司存款、公司贷款、公司经常性账户、零售活期账户、零售存款、公司网关等，可以选择API功能，之后可以选择外部公司的链接，这会为银行提供额外的自动化处理流程，例如，可以选择外部公司提供的KYC流程，还可以选择迎接新客户工具包、财富前景工具包、外汇交易合同、营销活动、管理信息等选项。用户可以查看自己选择了哪些选项，之后可以运行安装流程，只需要60分钟，全部的设计就可以搭建好进入测试环节。这是基于产品和流程的产品安装方式。在设计过程中，用户可以查看产品、流程管理的具体环节，并且为特定的产品设计个性化的处理流程。用户可以登入产品管理的后台，如果银行希望给VIP客户的存款账户提供更好的利率，只需要对流程图进行简单的修改，很快流程修改就可以完成。如果用户希望建立银行的新流程或者对现有流程进行现代化改造，可以应用这一平台。

## 二、商业银行怎样构建全渠道场景金融

银行要积极应对变革，利用多年培育的客户群体、相对丰富完整的产品体系，打造自身的场景化发展之路。

### （一）消费场景

信用卡同时具有支付和信贷两种功能。信用卡消费场景可以包括餐饮、旅游、交通、住宿消费、外卖、线上生鲜、医药电商等线上线下多种形式。随着信用卡推广形式的演变，信用卡机构与各类场景平台（电商、视频、航旅、运营商等）联合发布"联名卡"，也成为信用卡机构参与场景金融的一种形式。场景"联名卡"对于金融机构和场景方是一种双赢的合作模式，金融机构可以借助场景方流量和数据的优势，对某一类垂直客群进行精准营销和风控。商业银行发行面向多种客户群体的信用卡，如配合国家抗疫需要发行医护信用卡、养老信用卡、扶贫爱心信用卡，长三角信用卡、围绕特定地区的旅游、购物、文化、生活等消费产业资源，着眼居民文旅消费热点，整合产品权益，为用户提供系列优惠，促进消费。为方便控制三公消费，帮助企业对公务支出分层管理，一些商业银行开发了公务卡。为吸引年轻客群，许多银行发行了"年轻IP"信用卡，盯紧"后浪"客群，如bilibili信用卡、葫芦兄弟信用卡等，提供B站年度大会员和

会员购商城95折立减优惠等权益，此外还有的银行开发视听、读书等泛娱乐联名卡。消费者在购物时刷卡不仅安全、方便，还经常享有折扣、积分或礼品赠送。商业银行与互联网平台合作，向个人提供与消费相关的支付、消费金融，在用户消费时提供免息或分期服务。

### （二）旅游场景金融

随着我国居民收入的提高和消费不断升级，旅游相关行业"吃、住、行、游、购、娱"六要素的金融需求呈现出来。首先是对B端商户金融需求被激活，覆盖景区、酒店、餐饮、航空公司等旅游全产业链的产品服务需求显现，如餐饮、酒店等的收付需求，景区餐饮、住宿等行业的贷款需求，为商业银行批量金融服务打开空间。其次是对C端客户开发"金融+旅游"产品的市场机会，支付连接客户个人金融服务，账户服务则是各项金融产品的基础。银行机构可以开发签证、购物、出行、酒店、景区等消费链条多个环节的旅游特色产品，这一市场前景广阔，还可以向客户提供旅游消费分期、出行保险、旅游保证金等一系列服务；此外还可以向中介企业开发深化银旅合作的项目，可以向旅行社等平台提供综合金融服务，旅行社贯通旅游业全部上下游，连接旅游产业方和消费者，有利于导入丰富的客户流，帮助银行实现获客活客。

### （三）教育场景金融

在家庭消费中，教育消费占家庭每月可支配收入近一半或以上。父母对子女的教育观念越发提前，且支付意愿很强，同时很多大学毕业生在工作一段时间后，发现自身学识和素养还需要进一步拓宽和发展，也会选择再教育，对教育消费支出也日益增高。学校也一直是商业银行寻求合作的重要对象，能带来稳定、可持续增长的客户群体。商业银行可关注校园一卡通建设机遇，银校通是银校合作的牛鼻子，其集合了电子账户、消费、智能水电、圈存转账、充值补卡自助服务、收费管理、图书借阅学校管理等各方面功能，为其他金融服务的导入提供基本支撑，能有效带动学校师生借记、贷记账户开立、存款沉淀、代发薪等业务发展；跨境留学任教金融服务也是重要的机遇，未来境外学生跨境就读、教师来华任教将逐步增多，需要更加便捷的见证开户、存款证明、跨境缴费、汇兑、信用卡等特色服务；最后是校园消费金融机遇，校园贷是校园金融服务的有效延伸，大学生在校期间对校园消费金融产品接受度越来越高，此外商业银行也可以提供教育分期等产品。

### （四）投资服务场景

随着我国居民收入的增长，在财富聚集效应下，居民理财、住房、保险等投融资需求将稳步扩大。首先，资产管理服务将迎来发展机遇，居民跨境投资理财、财富管理需求旺盛，但目前受监管限制较大。在沪港通、深港通已顺利实施的背景下，未来海外和内地居民进行跨境投资的空间将扩大，两地居民投资对方金融产品的渠道拓宽。目前一些内地银行的部分分行已经试点开办境外居民境内投资理财业务，未来随着试点范围的扩大，有望为商业银行理财业务带来新的增量客户和资金；另外，住房金融服务也迎来新的机遇，为居住在内地的境外居民提供住房贷款等服务。

### （五）医疗养老金融场景

我国正快速进入老龄化社会，养老金融成了各家银行零售业务的热点，随着居民收入的增加，跨境医疗、养老等服务频率将提高。首先，商业银行面临养老金融机遇，不少商业银行探索推出多样化的养老金融产品与服务。比如集"产品定制、健康管理、法律顾问、财产保障"专属服务于一体的养老金融产品服务体系，整合老年护理、老年医疗、老年消费和老年金融等养老服务产业链，打造综合养老"生态圈"。有些银行提出储蓄存款、养老保险、养老基金等未退休人群的养老储备型金融创新型产品。其次，商业银行可关注银医平台建设机遇，平台建设是医疗机构核心诉求之一，商业银行凭借信息科技和系统整合能力，可打造集院内自助服务系统、掌上医院App、窗口收费辅助系统、诊间支付等功能在内的服务系统，通过对线上线下挂号、缴费、住院预交等功能的整合，可实现线上线下相辅相成的便民医疗结算服务，培养患者使用银行电子渠道的习惯；最后，由医疗服务衍生出的基础金融服务机遇，银医合作最终落脚点是拓展银行自身业务空间，与医疗机构合作不仅能共享客户群，增加信用卡、代发薪、存款等基本业务，还能在消费贷款、手机银行、商业保险、高端医疗等方面引流获客。

### （六）就业创业金融场景

商业银行可以为初期创业的青年人提供融资支持，帮助拓展就业创业空间，推进跨境创新创业合作平台建设。内地和境外面临不同的法律法规等外部环境，对跨境创业的群体而言，不仅需要融资支持，还需要金融市场、风险评估、融资咨询等一揽子金融服务。商业银行可关注一揽子创业配套金融服务机遇，在政府的增信支持下，部分境外创业人员有望成为商业银行潜在的个人经营类授信优质客户；其次，可抓住优化银行客户结构的机遇，将吸引更多优质企业开户，带动业务增长。

### （七）小类别垂直场景消费金融

垂直场景消费金融是指在某一个行业或细分市场深化运营的模式。各细分领域也曾一度成为资本市场的宠儿。目前市场上典型的垂直场景包括3C场景、教育场景、旅游场景、房产后市场场景（租房场景、装修场景等）、汽车后市场场景、医美场景等，由此衍生出3C分期贷、学费贷、家装贷、汽车分期、医美分期等消费金融产品，因其产品属性及定价为场景类消费金融提供了巨大的发展空间。其真实的消费行为又能够促进经济稳健地向前发展，在金融监管政策上也相对积极。垂直场景成为场景金融未来的趋势。相较与互联网巨头企业的合作，垂直场景最大的优势是金融机构和场景方仍处于"博弈"阶段，没有出现"一家独大"的情况。在垂直场景金融领域，场景方迫切与金融机构进行深入合作，以提升自己的客户黏性，场景方在垂直细分领域沉淀的数据能够有效地优化金融机构的客户画像和风控模型，同时在垂直场景中也存在较大的风险。医美分期历经颠簸，核心的是风控手段，是因为在医美分期领域，B端的风险把控是难点也是重中之重，单纯的C段数据化模型是无法抵御风险，因此业务模式、产品和风控都需要经过市场的打磨。B端风险的把控能力对医美分期平台尤为重要。旅游分期的风控主要是C端的大数据风控。场景类消费金融有广阔的发展空间。但在选择入场的时候，一定要具备细分领域的专业团队、逻辑缜密的产品模式、经过市场雕琢的风控手段。其他场景如婚庆、结婚照、健身，等等，也都有拓荒者在不断地尝试。

### （八）供应链场景金融模式

供应链金融大体分为所谓采购阶段保兑仓融资、运营阶段的融通仓融资和销售阶段的应收账款融资三种模式。保兑仓融资是在供应链中的核心企业承诺回购的前提下，融资企业（即买方企业）以卖方企业在商业银行指定仓库的仓单为质押，向商业银行申请贷款额度的融资业务。融通仓融资模式，是指融资企业以其采购的原材料或产成品作为质押物存入第三方物流开设的融通仓并据此获得商业银行融资。应收账款融资模式，是供应链中核心企业的上游中小企业以赊销项下未到期的应收账款作为质押物向商业银行办理融资的融资模式。供应链交易模式自身形成闭环，资金的用途和还款来源都相对可控。通过供应链历史交易中沉淀的商流、物流、资金流、信息流数据，金融机构能够整合建立风险名单和各类风险模型，运用大数据加强风险管理。处在承上启下地位的核心企业可以为上下游提供担保、保证金、回购等"强缓释"措施，同时上下游对核心企业依赖性也产生了"弱缓释"作用，两种缓释共同降低供应链融资风险。由于供应链金融业务围绕采购、生产、销售各个环节，适用面较广，因此越来越多的企业参与供应链金融业务。供应链金融业务涉及的参与方较多，核心企业、供应商、分销商、物流企业、第三方服务机构。

根据各参与方的主导地位不同，供应链金融分为以核心企业为主导、以第三方供应链服务商为主导和以电商平台为主导三种业务模式。以核心企业为主导的供应链金融模式最为常见，通常为重资产行业企业，依托自身对产业链上下游较强的控制力度，例如，汽车、重工机械，采用

"M+1+N"模式。金融机构出于对核心企业资信的认可向供应链上下游提供资金支持。以第三方供应链服务商为主导是一站式供应链金融服务平台，其整合供应链中的信息流，为企业提供包括通关、结汇、物流、退税、资金融通等业务。对信用风险的控制主要依赖供应链服务商的业务整合能力以及其资信能力。以电商平台为主导是一个新趋势，例如，蚂蚁金服/支付宝主要是利用阿里生态圈中完善的电商销售、物流服务信息，成为一个现金流闭环的体系。

### （九）电商平台B2B2C场景金融

电商平台利用生态圈中的电商销售、物流服务信息，形成现金流闭环体系，实现监督其交易背景的真实性、资金流向的确定性、实现操作的封闭性。资金方依据中小微企业在电商网络的采购体系、资金流体系综合分析，提供资金服务，这是一种较为新型的基于供应链体系拓展的金融服务。这种模式下，没有核心企业，也没有货物的质押过程。着重点在于电商平台的采购、运输、销售、资金体系是否具有完整性。金融机构可针对电商平台中产生的资金缺口，向平台卖方提供应收账款融资和仓储融资，向平台买方提供订单融资和预付款融资等金融服务。电商平台场景在交易与资金闭环可控、利用大数据建模等方面优势突出。各类电商平台对客户和金融机构的数据、科技需求响应敏捷。从交易相关的订单、支付数据，到行为相关的浏览、收藏数据，再到利用平台生态获取的物流、资质等数据，都为金融机构沉淀整合信息、构建风控体系奠定了良好的基础。电商平台生态的业务模式，让平台上的B端和C端客户更加容易接受数字化产品，进而为金融机构使用数字化营销的方式进行批量获客提供了基础。

### （十）政府平台场景金融

包括政务平台、政府征信平台、政府采购贷款三种模式，政务平台模式是银行对接省市级政务平台，尤其是移动服务端，通过与省级政务平台的对接，银行可以全面参与全省政务场景建设，还可带动分支行对接地市平台，统筹推进省、市两级"智慧政务"。在与省级平台对接的同时，还要重点对接垂直管理公安、税务、人社、医疗等政府部门服务平台。在解决政务"痛点"中实现金融价值是政务场景金融建设的关键。经营行应强化服务角色定位，善于挖掘并解决政府"痛点"问题，依此实现自身价值，依托平台拓展单位账户及民生行业应用是政务场景金融建设的方向。政府征信平台模式是政府为解决小微企业"融资难、融资贵"的难题，各地政府部门牵头建设信易贷平台、中小微企业融资平台和地方征信公司等机构，将政务数据进行整合和挖掘，向金融机构提供更加丰富的企业信用评估数据，另一方面也向小微企业提供更便利的融资方式。政府采购贷款模式是金融机构通过各地政府采购平台获取向政府提供服务与商品的企业的数据与信息，参考政府采购诚信考核建立企业白名单，以政府采购产生的应收账款作为第二还款来源，向企业提供融资服务。

### （十一）场景运营平台

场景运营服务商可以为商业银行提供整体的场景运营服务，包括商品整合、活动策划、活动执行、推广传播、售后服务。推广传播、活动执行除了可以在图片制作和推文制作等方面提供支持外，还可以充分利用场景运营平台媒体渠道，扩大活动传播效果，提供7×24小时售后服务。场景运营平台服务商可携手地方政府，整合多地特色农产品、乡村旅游等资源，在多个县区设置站点，为银行搭建的场景，售卖商品，这些商品除了来自场景运营平台原有商品推荐外，还可以支持接入银行合作商户的商品，也可以支持根据银行或用户实际需要定制拓展商品。场景运营平台结合商业银行推广需要，利用平台资源，为银行提供新颖、丰富、有趣的营销活动策划。通过活动品尝，形成口碑传播，实现营销推广目的。平台可以提供秒杀、团购等营销活动模板，支持参数灵活配置。支持商户补贴、政府补贴、平台补贴、银行补贴活动。由场景运营平台支持的商城等，可以从商业银行的网银、手机银行App、微信等入口登入。

## （十二）场景中心

商业银行可以在开放平台上线多个业务场景，包括存管、商贷、出国金融、大额存单等金融场景，以及公共缴费、购房意向金、集中代收付等公共服务场景，这些场景均由银行自主创建。以出国金融场景为例，用户可在此场景下，申请办理代理收结汇签约、跨境收汇确认、在线开立财产证明等服务。同时，银行开放平台支持第三方开发者创建各类场景App，经银行审核后，在平台上线供其他用户使用。平台还提供场景查询功能，客户可详细了解任一场景的具体内容及服务流程，便于更准确地使用场景。商业银行还可以建立银行API中心和数字核心银行平台。可以开发开放银行API解决方案平台。通过使用API解决方案平台，创造最佳的用户体验，使这些用户成为最满意的客户。建设数字核心银行平台能够方便面向客户的员工、开发人员和产品经理等各种用户，提升产品的投产速度、灵活性、可用性和银行的数据管理能力。

## （十三）提升数据的可获得性

数据革命为金融服务带来了变革，提升了数据的获取量、多样性、获取速度、真实性、价值等。但同时金融服务数据通常是孤立的，缺乏可访问性。开放银行业务的出现正在促成金融数据的新关系和新的创新的可能性。银行需要最准确和实时的数据，以便更好地进行信贷决策。银行应该拓宽数据来源，将竖井式分割的数据连接起来，在短时间内调用多来源的数据，将数据与洞察结合起来，提升贷款等服务的体验，提高金融产品服务覆盖的人群范围。近年来，人们在发展数据湖、开放银行的同时，加强了体验管理，商业银行应该进一步拓展数据获得渠道和来源，提升金融数据可读性、安全与隐私控制，提升客户的数字化体验。

## （十四）创新保险产品和理财产品销售平台

商业银行可以创新保险产品和理财产品销售平台。提供全面的保险和风险管理产品，为银行的储户、他们的家庭和小企业提供帮助。也帮助商业银行以增值、年金化、非周期性的非利息收入取代传统的催款费用，提高他们的非利息收入，扩大在客户中的钱包份额。理财产品销售平台有助于投资者了解经理人在做什么，虽然公募基金会定期披露其资金投向，但这些报告在完整性和及时性方面存在严重缺陷。对于大多数较小的投资者来说，进行适当的尽职调查和数据分析的任务可能代价太高，因此揭示基金关键投资组合特征对于投资者正确了解其投资的风险和回报异常重要。

# 07 开放银行业务创新

## 数字化时代的开放银行创新实践

开放银行是商业银行在监管允许和客户授权的范围内,利用开放API(应用程序编程接口技术)与银行业金融机构、金融科技公司和供应商等第三方实现数据共享,使商业银行的金融服务能力和金融数据向第三方开放,为用户提供更容易获取、更易于使用、体验更好的金融服务解决方案。商业银行向第三方场景公司平台提供账户查询、付款、贷款、信用卡等业务API借口,客户在办理付款、分期等业务时,通过第三方场景平台调用银行接口完成业务处理。开放银行是针对相关的数据、算法、流程、客户信息的共享,是接口银行的进一步发展,开放银行具有业务场景化、组织扁平化、服务多元化等特点。

### 一、开放银行的发展背景

从开放银行出现以来,全球各国的监管机构对开放银行的发展分为监管强制推动、监管倡导、市场主导三种类型。

#### (一)监管强制推动型

1.英国

开放银行的概念起始于英国。2014年英国开始进行开放账户数据规范和API的研究,2015年,成立了开放银行业务工作组,制定开放银行相关业务标准；2016年，英国竞争和市场监管局（CMA）针对个人银行业进行了一项研究，了解到大型商业银行搜集并占有了大量客户信息，并通过其在市场中的优势地位妨碍、阻止中小银行的正常竞争，使消费者利益受损，因此CMA率先提出建立开放银行业务的技术标准和管理措施，帮助新进入市场的小型银行获得更多的用户数据。为提高银行业数据信息的流动性，同年，英国竞争及市场管理局出具一套银行业改革方案，要求9家零售商业银行（CMA9）制定并统一采用API标准，强化反垄断合规。市场竞争委员会2016年发布了标准改革，欧盟于2015年发布了新的支付服务指令（The revised Payment Services Directive，PSD2），提出了开放和共享银行账户的要求。

2.欧盟

欧盟委员会于2007年发布了第一版欧盟支付服务法令（Payment Services Directive，PSD），为欧盟支付市场奠定了法律基础，推动了支付服务的便捷、高效与安全化。2015年，欧盟委员会通过了修订版的《支付服务法》法案（PSD2）。2018年，欧洲联盟出台《通用数据保护条例》，这一定程度上打破对某些客户的信息垄断，并加大了欧盟金融业的改革力度，该法案包括两种类型的新兴的第三方服务商，并构建了支付账户的开放规则，该法案要求银行向客户授权的第三方机构开放用户账户信息和交易信息。所有的欧盟银行被强制要求提供三种API，包括账户、交易和支付信息，需要向欧洲央行批准的第三方机构免费开放上述信息。2019年7月，欧盟规定了可能违反《欧盟运行条约》第101条的违规行为，例如，开放银行可能通过分享在外部场景平台的用户数据和商业敏感信息，从而为其他运营商实施垄断行为提供便利。赋予欧盟居民更多的个人数据控制权，对网络安全和数字经济提出了严格的监管和限制范围，包括银行在内的机构必须遵守，并对违规行为规定了严厉的惩罚机制，为欧盟开放银行的有序规范发展以及欧洲个人数据保护奠定了基础。

## （二）监管倡导型

### 1.新加坡

新加坡金管局与新加坡银行协会发布了银行API指导手册，在API选择、设计、使用、交互数据和安全标准方面给出了指引。新加坡金融管理局（Monetary Authority of Singapore，MAS）不仅自身对外提供了近50种如利率、汇率及涉及银行、保险、监管等业务的金融相关API服务，还专门成立了金融数据API注册中心，积极推动各金融机构加入数据共享中心。该中心目前已有涉及交易业务、账户服务、销售市场、金融产品、认证授权、市场数据与报告、监管合规等几大品类的两百多个API，目前多家本地和跨国银行是该中心主要的数据共享银行，支付机构还包括第三方支付机构星网电子支付有限公司。目前整体提供的交易类API数量为121种，信息类的为192种之多。

### 2.中国香港

2017年9月，香港金融管理局（Hong Kong Monetary Authority，HKMA）宣布了七项行动，帮助香港迎接银行和科技融合的"Smart Banking"时代，Open API行动是其中之一。2018年1月，HKMA发布《香港银行业Open API框架咨询文件》，旨在推动银行通用API的广泛使用，促进银行和科技公司的创新融合，提升银行业竞争力。为促进银行业研发及广泛应用开放API，金管局于2018年7月推出了开放API框架。框架分四个阶段实施。第一阶段如期在2019年1月投产，到目前为止20家参与的零售银行提供了超过500个API，帮助客户查阅广泛的银行产品及服务信息，并申请银行产品及服务。越来越多的网站和手机应用正在通过这些API提供各类服务，如外汇买卖、汇率查询、存款利率查询及贷款产品比较等。金管局将先就第三及第四阶段开放API制定更详细的标准，然后再制订具体实施时间表，以确保整体业界稳妥及有效地开展落实工作。透过制定数据定义及传输程序的划一标准，将有利于准确地整合数据，并加强客户对使用相关服务的信心。

## (三)市场主导型

### 1.美国

美国的开放银行不走监管推动的道路,美国财政部在2018年表示,英国和美国之间存在重大差异,"在金融服务部门的规模、性质和多样性以及监管要求方面",因此,"针对美国市场的类似开放银行制度并不适用。但允许美国银行可以通过研究如何在更多监管驱动的环境中实施来吸取宝贵的经验。美国监管机构已发布建议,鼓励银行采用最佳做法。大小银行都在开发API,以期采用一种安全的方式来交换银行数据,并摆脱不太安全的屏幕抓取方法。在最新的案例中,美国竞争执法机构开始尝试使用"4V"标准衡量数据收集和整合的标准:数据的多样性、收集数据的效率、数据集总数据量、数据价值。美国有五分之一的消费者认为开放银行很有价值,但千禧一代和Z世代的兴趣更大。

### 2.中国内地

2016年以来,中国内地的监管机构对于互联网企业直接开展金融业务的行为不断加以规范,互联网企业在开展金融业务时逐步由封闭自营转向与持牌金融机构合作。2019年9月,中国人民银行发布了《金融科技(FinTech)发展规划(2019—2021年)》,提出借助应用程序编程接口(API)、软件开发工具包(SDK)等深入发展跨界合作,整合结构、模块封装金融业务,支持不同应用场景中由场景服务商自行组合应用。2020年2月,央行发布《个人金融信息保护技术规范》《商业银行应用程序接口安全管理规范》等文件,迈出了对开放银行技术安全和数据规范管理的第一步,从技术角度为开放银行监管正式开启第一步,但当前尚未出台相关法律法规以明确开放银行发展模式,中国内地银行业主要基于提升自身市场竞争力和获客能力的角度,在现有监管框架下,将自身金融产品嵌入场景,拓宽业务渠道。以2018年为始点,浦发银行、建设银行、平安银行、微众银行和新网银行纷纷推出开放银行平台,积极寻求生态合作伙伴,借助金融科技手段，对外输出金融服务能力。

## 三、开放银行发展现状

### （一）国外相关案例

1. 美国的C银行

打造底层模块化API集市，可以灵活拼装满足市场需求。开发人员使用API模块构建金融服务程序，以获取大量客户数据。C银行的开发中心仅一个月就吸引了1 500名开发者。将开放数据整合到金融业务和服务中，为金融技术初创企业制订激励计划，并推动更多机构联合推进开放银行的发展。C银行开放API接口，便于第三方调用用户基础数据，并提供可以自由组合的底层API模块，支持定制化金融产品的灵活拼装，以满足场景需求。2016年11月，C银行推出全球API开发者中心，以开放式架构向全球用户开放包括账户、授权、客户档案、银行、资金转账、C银行点数等九大类API，开发者最少只要完成五个步骤就可以实现对C银行API的灵活调用。第三方合作伙伴可以调用C银行API，应用在自身产品开发过程中，为不同定位的客户打造差异化的金融产品。例如，澳洲航空公司在C银行API开发者中心调用超过70个API获取用户金融数据，打造澳洲航空旅客优质白金信用卡服务及澳航应用程序。借助该应用程序，用户在受澳洲航空会员里程奖助权益的同时，可以实时监控查看信用卡余额以及权益积分，极大地提升了客户体验。

2. 西班牙的D银行

西班牙的D银行是全世界首家以商业模式运营开放API的银行，从2016年开始运营开放银行业务。在此之前，西班牙的D银行通过互联网和移动终端与客户进行互动，为开放API项目打下基础。开放API项目涉及数据整合和分析、精准营销、客户画像和账户、银行卡交易、一键支付、贷款，等等。第三方公司可以预先使用西班牙对外银行的测试沙箱中的数据进行开发和测试。通过沙箱测试之后并获得合作的批准后，可以正式投产开放API并投入市场。这一模式使用先进的科技手段，如人工智能、大数据分析和挖掘等，减少了银行开发成本，提升了数据量和场景覆盖面，加快了金融机构的科技创新步伐。D银行利用数字化技术进入到了不少非金融领域，比如在墨西哥和Uber的数字化合作，帮助其通过出行场景触达了更多的客户。

3. 新加坡的E银行

该行的生态圈布局中，打造了住房、出行、教育、财富与保障等多个生态体系，还于2017年11月推出了世界上最大的银行业API平台，拥有180多个在线API并与60多个客户合作，对内对外提升协同效率。其API接口在客户偏好、金融信息、用户账户、支付、交易信息分析、销售等业务上开放银行能力和数据，允许第三方合作伙伴在场景化服务中调用和嵌入该行提供的数据和服务，在客户的生活生态圈为其提供能带来美好生活的综合服务。在应用层面，启动同行业最大的API平台，吸纳更多的合作伙伴，形成集成式体系即生态系统，来真正实现战略合作，保证业务全部数字化，也使得E银行的办理业务速度占有优势。

## （二）国内案例

1. 工商银行

工商银行建立了开放的金融服务架构，通过建立资源集约、灵活和分布式的云平台，建立了开放、合作和双赢的金融生态圈。结合重要合作伙伴的需求，工行推出了可以快速上线的云服务，如云党费、智能景区、智能物业等，并将金融云服务扩展到各种场景和广泛客户群体。工行持续推进API建设，分类建设了1 000多个金融服务功能组件，覆盖资金结算、商户管理、账户服务、投资理财等9个重要领域。公用事业或第三方企业将这些组件接口嵌入到自己的服务平台中，与公用事业、医学教育、民生服务、住房、交通、文娱、服装、食品等各种生活和生产场景进行集成，实现金融科技赋能。打造客户智能维护体系，推出客户经理"云工作室"，加快构建新一代全量客户维护体系，推进智慧大脑等系列工程建设，提升客户服务智慧化水平。

2. 中国银行

中国银行构建智能平台、数据平台、开放平台三大驱动平台，搭建置业、理财、政府及政务、教育事业、跨境交易五大场景平台。投产了中国银行开放平台，提供600多个对外输出接口。中国银行完成手机银行四大频道全面改版，推出深度个性化服务，在功能、体验、场景、科技应用等方面实现200余项优化提升，同时升级改版微银行，全面提升服务营销体验。中国银行提供稳定、可靠、统一的云技术及安全管治基础，以科技驱动业务变革，提供崭新的客户服务、金融产品、服务流程、运营管理、风险控制等数字化方案，逐步打造成为业务生态化、流程数字化、运作智能化、项目敏捷化及系统云端化的数字化银行。

3. 建设银行

建行开放生态系统坚持"C端突破、B端授权、G端对接"的发展理念，创建"纯API模式"，通过API将开户、投资理财、支付结算等金融服务打包到软件开发工具包（SDK）中。推动金融服务从B2B模式向B2C、B2G模式扩展，进一步拓展客户服务渠道，扩大客户服务群体，并专注于客户服务的"最后一公里"。在金融服务领域，发挥支付、信用卡、理财等传统业务的优势，打造数字时代以客户为中心、场景为载体的金融服务新连接。通过开放服务平台发布建行"惠懂你"、直销银行、理财服务、信用卡、账户管理等产品，通过开放服务推动数字化运营的质量提升和升级，提升场景生态平台的运营能力，推动线上线下一体化发展。

4. 浦发银行

业内首推无界开放银行API Bank。API Bank无界开放银行于2018年8月上线，已发布超300个APU服务，涵盖零售电商平台、跨境电商等多个业务场景解决方案，与银联、京东、携程及万科等近130家合作应用对接。

浦发银行以API等形式将产品嵌入各种场景，采用产品输出模式，建立一种客户获取和倒流新模式，提供差异化金融服务，开展一般传统银行不涉及、不可能或不愿从事的小额贷款业务，形成鲜明的特色，因地制宜提供更多的贷款产品，弥补了我国传统金融体系的不足。

## 四、开放银行的发展趋势

### （一）开放银行推动银行服务无处不在、去物理化、隐形化

商业银行的发展经历了几个不同的发展阶段。从1472年至1980年是银行1.0阶段，即网络银行时代。银行主要通过物理网络向客户提供金融服务。从1980年到2007年是银行2.0阶段，即线上银行时代，银行开发了网上银行并通过计算机网络提供金融服务，纸质存折被银行卡取代，客户可以在不同城市间存取款。从2007年到2017年是银行3.0阶段，即移动银行阶段，银行开发了手机银行并通过手机银行向客户提供服务。从2017年到目前为银行4.0阶段，是开放银行时代，随着人工智能、5G、云计算和其他新兴技术的兴起运用，银行网点越来越少，服务的形式发生变化，在金融科技的加持下，金融服务渗透到居民生活的方方面面，开放银行推动银行服务遍布各处，逐步实现去物理网点化和隐形化的发展。

### （二）开放银行推动银行跨界合作趋于广泛化

中国开放银行发展历程经历了"企业直联"和"开放API"两大阶段，未来将面临"开放API升级"的新阶段。"企业直联"是开放银行的前身，以大型集团型企业ERP建设逐步完善为历史背景。企业直联以非标准API、专线直连的形式连接大型集团客户的EPR系统和银行综合业务系统。该模式下采取项目式API定制的模式，耗时长，开放银行发展阶段的迭代本质上由银行提升经济效益的市场化动机驱使——银行寻求提升价值创造与收益，同时降低连接和服务成本。在"开放API"阶段，场景不断拓宽、产品日渐丰富、终端服务客群从大型集团客户延伸至小微企业和C端的长尾

客户，同时推出行业或场景定制解决方案，由此显著提升了银行的服务广度与深度，为银行带来新的客群和收入贡献。进入到"开放API升级"阶段后，服务对象从大型集团客户拓展至B2B2B模式下的产业互联网平台软件提供商与B2B2C模式下的消费互联网平台，在输出自有金融产品与服务的基础上，输出更丰富的来自资管公司、租赁公司、保险公司，甚至银行同业的金融产品与服务，并拓宽至政务服务、中小银行赋能等场景，有效拓展了服务客户范围。开放银行连接G端、B端和C端，使银行能够融入成百上千个行业和企业，创造出多样化的商业模式，承载着更丰富的服务形式，实现了商业模式的叠加，创造全新的金融服务，拓展商业空间。

### （三）开放银行跨界合作不断深化

随着银行利差收窄、金融脱媒以及竞争压力增大，商业银行传统业务成为红海，增量分享和存量博弈并存，银行业盈利承压。因此，随着客户需求的转变，银行需要探索从信用中介向信息中介、服务中介、技术中介进行转变，建立完善新的业务模型，形成新的盈利增长模式。随着数字化时代的到来，千禧一代已经成为创造社会财富的主体，在个人金融领域，他们偏好个性化、定制化、方便、安全和成本较低的金融服务，要求银行实现场景化和个性化。随着开放银行进入开放API升级阶段，伴随客户金融交易和非金融行为数据的不断沉淀，商业银行对于客户洞察不断加深，开放银行平台货架上不再仅限于提供标准银行产品，而是演化成为基于数据驱动的"智能货架"，出现行业定制、场景定制、客户定制，真正实现"千人千面"。开放银行将具备金融科技公司级能力，实现多维产品、技术、数据全输出。银行内部系统的重构，提升对数据的应用能力，打造企业级中台，沉淀业务能力、数据能力与技术能力。在开放银行升级阶段，越来越多的银行使用模块化的产品设计和组装，提供定制化的服务，向生态合作伙伴和中小银行反哺输出技术能力和数据洞察。

### (四)开放银行走向开放生态

随着科技的发展、客户需求的升级及开放银行合作范围的扩大,逐步形成了基于多方合作共赢的广义开放银行生态。商业银行逐渐开始进行从线下到线上、从产品导向向客户导向、从全功能独立系统到开放式平台、从重资产向忽略资产强调交易的模式转变。开放银行形成开放生态系统,包括至少三层的生态结构,即"账户层—中间层—生态层"。在整个开放系统中,监管机构提供监管和政策规范,多方合作为客户创造更大的价值。账户层由金融机构组成,主要提供开放生态中的数据和底层金融服务。中间层提供开放生态的数据流通和技术支持,为账户层和生态层建立连接。生态层有大量的申请场景,作为与客户最紧密的分层,直接为C端和B端用户提供产品和解决方案。用户是数据的最终所有者,是开放生态建立的初始点和落脚点。通过账户层、中间层、生态层的多向合作,更多用户可以享有更丰富的产品、服务,获得更大的价值。银行与金融科技企业的开放合作也是未来建立多层次金融服务体系和发展普惠金融的基础。

### (五)开放银行不断推进银行数字化转型

随着传统业务的经营逻辑和增长模式触及天花板,越来越多银行开启数字化转型战略并探求第二发展曲线。开放银行是商业银行利用新兴互联网技术,与不同行业共享数据和商业交易,进行跨界合作的金融服务平台。通过开放客户、服务和运营,与商业生态系统中的合作伙伴共享资源,向合作伙伴提供金融服务,利用合作伙伴的商业模式和架构拓展客户资源,寻求利润增长点。开放银行的核心是用户基本数据和交易数据,商业银行实现高质量发展必须做好数据治理。商业银行应在做好数据治理的基础上建设全场景、无处不在的开放银行。多家银行正在搭建开放平台,数字开放平台不仅帮助银行内部各业务部门开放整合,协同向客户提供金融服务能力,还可以引入合作方的非金融服务,将企业整合进入开放平台,构建数字开放生态。开放式银行的建设不仅要求银行提高自身的技术能力，还意味着银行组织架构、运营方式、风控体系和核心理念的变革。数字化转型需要推进全渠道、全场景、全链路下业务数据化和数据化升级。全渠道、全场景、全链路是指线上线下全渠道一体化，包括C端、B端、G端全部场景，覆盖业务拓展、市场营销、产品研发、风险管控、运营管理和资产保全等各个环节。开放银行的发展推进了商业银行的数字化转型。

## 五、发展开放银行面临的问题与挑战

### （一）盈利前景尚不明确

随着商业银行竞争加剧，获客成本上升，盈利空间压缩，各家银行通过与外部行业建立开放银行增加获客活客渠道，目前仍处于开放银行模式探索初期，尚未形成成熟、成功的商业模式。对于如何衡量评价开放银行业务的成绩缺乏行业统一认识，也尚未形成成熟、明晰的商业模式设计。开放银行平台是一项庞大工程，在资金、时间、人力方面成本高昂。目前，商业银行希望通过将数据和服务接入开放平台更深地融入客户生活和工作各种场景。虽然新的服务模式更好地促进了"银行即服务"的发展模式，但也逐渐将银行推到了幕后。目前，对开放平台服务的盈利模式还不明朗。因此，如何通过开放式银行模式实现盈利还有待于进一步研究。推进实施进程缓慢。由于银行体系的安全对整个金融市场影响非常大，因此银行一直在审慎和严格的监管下运作。长期以来，在开放生态和共享数据的态度上，银行比科技和互联网公司更为保守。主要是因为实施开放银行意味着银行需要与金融科技公司交互数据流，这使银行担心失去一部分数据控制和市场支配地位，并进一步流失部分利润。此外，部分商业银行开展开放银行业务，更多停留在"口头宣传"，缺乏相应的人才、经验，也缺乏详细、可执行的战略实施计划和资源保障。部分银行对于开放银行的发展缺乏清晰、可执行的详细规划，比如行业拓展指引、合作伙伴选择指引、分润指引等,部分银行并未给予充分的组织和考核激励资源保障,开放银行战略的落地效果非常有限。商业银行与互联网企业在核心理念上仍存在冲突,商业银行往往更看重风险和合规,互联网企业往往更看重客户体验和业务增长。综上,在开放银行的具体实施上,仍然是"雷声大,雨点小"。

## (二)风险管控能力不足

商业银行在与场景合作方联合开展业务时,每一步骤的推进和最终业务表现都依赖于双方的协作。在开放银行发展经验并不丰富的情况下,如果在相关运营模式、技术手段和监管条例尚未落实下贸然大力推动开放银行发展,有可能由于业务连续性无法保障对消费者权益造成影响,甚至影响到银行的整体业务。此外,商业银行应对新型欺诈风险、安全风险的经验和能力仍然不足,并且普遍缺乏有效利用场景方特有非金融数据来打造场景定制化风控模型的能力。开放银行业务模式下,商业银行与外部合作伙伴形成统一流程,管理链条更长,出现了诸多新的风险敞口,如客户欺诈、合作方欺诈、数据泄露等,对银行风控能力造成挑战。另一方面,各个生态合作场景方的客群存在差异,并且各个场景方均可提供特有的非金融行为数据,银行需要经验积累、数据积累,并在此基础上打造场景定制化风控模型,才能精准定价、有效控制风险。

## (三)数据权属尚待明确

数据在开放银行体系中占据核心的位置。在共享数据的过程中需要定义数据的价值和所有权。数据具有极其独特的属性。数据的所有权不容易明确定义。目前,中国的个人信息保护立法正在推进,开放银行存在数据泄露、个人信息授权等方方面面的问题。这些问题能否妥善解决对于数据共享和开放银行的发展具有重要的影响,也是在中国商业银行广泛开展开放银行业务的困难所在。商业银行需要在充分保护隐私和发挥数据的社会价值之间寻找平衡。在开放银行的实施过程中，在数据共享机制中的数据的所有权定义不明确。有学者认为，数据权利属于财产权，首先需要明确数据权利的归属。可以根据产权保护的财产规则、责任规则和不可转让性三大原则来界定数据产权归属。在开放银行平台业务架构中，商业银行、第三方机构和客户三者都参与数据收集和数据的处理，以完成业务的运作。

### （四）数据隐私与安全的担忧

银行账户数据泄露事件时有发生，客户隐私保护越来越受到关注。开放银行以API接口或SDK为技术表现形式，以数据共享为基础，通过开放与共享打造银行生态圈。如何平衡好数据开放与客户的隐私安全是开放银行发展过程中亟待解决的问题。数据的隐私性和安全性对金融机构、合作商等金融数据的使用方和处理者的能力提出了很高的要求。开放银行存在数据标准不统一、数据保护不足、数据安全防范不足等问题。由于我国开放银行尚处于初始阶段，涉及数据和服务的提供方、第三方机构等多方主体，任何主体在数据保护方面的缺失都将可能导致数据泄露的发生。一方面，监管机构应该协调加快建立实施相对规范统一的技术和数据标准，促进行业规范健康发展。另一方面，商业银行应该加强资源整合，完善自身的数据安全保护机制，打破条块化管理，明确风险责任。防范黑客入侵、钓鱼网站等造成的信息泄露，保护用户信息的隐私权和财产安全。商业银行在发展开放银行的过程中，必须妥善处理好数据安全保护问题。

### （五）监管规范尚待明确

目前我国仍缺乏关于数据开放共享边界相关的详细规范，生态合作伙伴的业务部门、合规部门与商业银行的业务部门、合规部门在落地合作时就数据开放范围理解不一，目前欧盟、英国、澳大利亚等地的监管机构分别就数据开放边界制定了详细的政策，使得市场参与者有法可依。行业级

API设计规范缺失，各个银行和生态伙伴API标准不同，对接费时费力。开放银行的发展涉及众多商业银行和互联网生态合作伙伴的参与最终形成多对多的生态网络。考虑到参与方的多样性，制定统一的API设计标准规范尤其重要，可以有效减少机构之间技术路径不兼容、接口质量参差不齐、重复建设的问题，降低多方互联互通的成本。

## 六、我国商业银行如何建设开放银行

### （一）加强场景建设

商业银行可以与第三方机构合作，通过API或使用SDK的方式，与第三方机构共同使用用户的数据，提升获客能力，并在此基础上通过算法模型挖掘用户需求，从而获取数据价值。在这一过程中，银行必须加强监管，加强风控意识。

1. 消费场所

在与生态伙伴深度合作的基础上，构建开放的生态系统，将银行的金融服务能力嵌入各类消费场景中，将客户流量和资金沉淀引入银行拓展金融服务的范围和内容，为消费场景提供融资、投资等全面的金融服务解决方案，为消费者提供更加智能化的服务。为商户提供统一接入、支付清算、贷款等便捷的金融服务，提供二维码、聚合码、刷卡、闪付、App支付、跨境支付等多种方式，在零售店、连锁超市、餐厅和酒店等多种场景提供金融服务。

2. 交通出行

交通出行是日常生活中最活跃的场景，商业银行可在与网约车、高速公路集团、地铁和火车、停车场等公司合作时，使用移动支付、无感支付、聚合支付、物联网、RFID等技术，结合生物识别验证、转账账户信息核验，在地铁、公交上开通移动支付、在停车场开通无感支付，帮助客户实现移动支付和便捷出行。

3.旅游场景

在旅游产业价值链上增加金融产品和工具，构建智能旅游金融服务，包括供应链金融市场和消费金融市场两大类，涉及理财、保险、分期和白条多种形式，自建或使用第三方支付平台，向产业链上游建立线上采购平台，向下游拓展线上分销渠道。为消费者提供与旅游相关的融资、保险、支付、结算服务。将客户多余的资金用于购买理财产品，实现良好的金融服务体验，客户出行更加便捷。

4.医疗场景

与医院平台对接，为医院上下游供应链企业提供投融资金融服务，与医院平台对接，建立线上就医服务平台，对接挂号缴费一体机、检查报告打印机、自助办卡机等设备，实现预约、挂号、交费、拿药一体化服务，开通智能POS，将微信、支付宝、云闪付等支付方式于一体，缩短患者结算缴费的等候时间，提高了医院的支付结算效率，实现药品的全流程可追溯，为客户提供优质的医疗场景金融服务体验。

5.校园场景

将银行云服务平台与校园服务平台对接，为师生提供全流程的金融服务，为高校财务提供一体化的账务管理方案，为高校实现全场景移动支付，线上实现校园充值缴费、学费缴纳、校园账务管理、报销管理、科研经费管理，线下实现食堂、校车、餐厅卖品部结算等，自动化的学费缴纳环节管理，赋能智慧校园。

6.供应链场景

制定供应链金融解决方案，提供可模块化、可扩展的云服务。商业银行向供应链上下游企业提供结汇、物流、退税、资金融通等金融服务。供应链金融大体分为保兑仓融资（采购阶段）、融通仓融资（运营阶段）和应收账款融资（销售阶段）三种模式。保兑仓融资模式是供应链核心企业承诺回购，买方企业以仓单为质押，向商业银行申请融资。融通仓融资模式是融资企业以原材料或产成品为质押,获得商业银行融资。应收账款融资模式是供应链中上游中小企业以未到期的应收账款作为质押物向商业银行办理融资的融资模式。

7. 研发开放银行平台

商业银行通过基于行业标准的模块化工具,助力相关机构快速安全地构建下一代应用,搭建从核心系统连接到云端的桥梁。公共事业机构或第三方各类企业通过调用这些组件接口,与民生服务、公共事业、衣食住行、医疗教育等各类场景融合。将直销银行、融资服务、信用卡、账户管理等产品通过开放服务平台进行发布,如有的银行通过开放银行平台提供教育云、物业云、党建工会云等集群开发工具。对外提供的金融服务包括资金结算、员工薪资、账户管理、商户收单、投资理财、跨境财资等,可以实现的功能板块包括账务查询、电子回单、信用卡办卡、资金结算服务、电子票据、境内汇款、外汇交易、银财通、员工薪资服务、代发工资、电子工资、公务卡、企业年金、全球发薪、商户收单服务、工银e缴费、二维码扫码支付、App移动在线支付、微信公众号/支付宝生活号聚合支付、小额免密(协议支付)、网络融资服务、供应链金融服务、电子商业汇票、票据池、投资理财服务、银期服务、存款、法人理财产品、外汇买卖、跨境财资服务、跨境现金管理、资金池、综合账户报告、收付控制业务、商户运营服务等。

## (二)利用开放银行推进直销银行建设

直销银行主要依托Ⅱ、Ⅲ类电子账户开展营销,开展银行获客,直销银行可与各类场景平台进行融合,与互联网平台合作开展营销,实现批量获客。2018年,随着手机银行纷纷放开Ⅱ、Ⅲ类账户注册,少数直销银行与手机银行入口合并。当前,手机银行已成为Ⅰ、Ⅱ、Ⅲ类账户全客户经营载体,服务覆盖了直销银行,因此,少数直销银行与手机银行入口合并,以提高用户认知度,降低运营成本,提高综合效应。直销银行提供的服务包括面向个人客户的纯线上、低成本的零售直销银行；面向企业客户提供线上融资担保、资产管理、账户管理、支付结算等金融服务；向ISV（独立软件开发商，Independent Software Vendors）提供的金融云服务平台，包括丰富的API接口和金融产品。2018年，部分直销银行不断加强产品迭代、模式创新、场景建设，逐步形成一定的竞争优势。如依托"车生活"平台、"爱健康"平台、"爱学习"平台分别构建出行场景、医疗场景、教育场景。有的直销银行则围绕用户的"衣、食、住、行"四大生态需求，不断丰富金融、生活场景，提供开放式综合金融服务，重视与互联网、平台型企业合作，形成开放银行发展模式。开放银行模式已成为大势所趋，将有越来越多的直销银行通过开放支付及账户体系、个人贷款、金融科技能力等，赋能合作伙伴以及客户，银行也因此将拥有更多的数据及流量入口，助力银行零售业务发展及数字化转型。直销银行向开放生态平台转型，通过形成金融生态，利用生态力量推动银行服务覆盖大众客群，实现普惠金融。

## （三）提升中小企业服务

商业银行应积极布局开放银行B端场景，服务中小企业。中小企业作为国民经济重要组成部分乃至支柱，数量庞大，是我国经济持续稳定增长的重要驱动力，同时也是缓解就业压力的主要渠道。2020年新冠疫情暴发以来，中小企业受到极大的影响，经营尤为困难。国务院常务会议多次讨论确定针对"普惠"的金融支持政策。小微企业和个体工商户是稳经济、稳就业的主力，其中我国超过8 000万的个体工商户带动了超过2亿人就业。有调研显示，八成中小商家存在资金短缺，七成同时表示只要资金链不断，就对生意回暖有信心。开放银行在为中小企业提供融资帮助方面能够发挥积极的作用。我国由于各主体间掌握的数据隔离，银企信息不对称，商业银行金融服务的质量和体验长期不理想。以Open API等方式嵌入中小企业生产、经营、管理的全场景中，能够解决原有收集、鉴别、应用中小企业财务状况和信用信息等数据手段单一的问题，有效打破企业信息壁垒，提升银行风险识别准确性与时效性，进而对普惠金融业务实行合理风险定价补偿与高效投放。开放银行有助于普惠金融降本提效。相比于银行传统的头部高价值企业客户，中小企业的需求更加场景化、移动化、碎片化，交易频次高，单笔金额小。开放银行能将各方系统数据联系起来，提升运营效率和服务体验。银行可以与支付宝、网商银行共同为小微企业提供的"无接触贷款"。双方通过互补合作，为大量贷款需求在100万元以下、甚至只需要3万~5万元的小微经营者，提供无须人工接触、手机上就能获得的数字贷款。

### （四）推进服务的个性化

开放银行实现产品标准化，定制化的能力也非常重要。开放银行在建设中使用了大数据、云计算、人工智能、数据挖掘等技术，能够实现精准定位目标客户、精确画像、客群细分、精准营销、制动匹配合适的营销策略、节约成本的功能。开放银行可以采用场景渗透策略，涵盖信息展示与推送、获券、活动、资产清单、社区互动、主动营销等。可以采用基于大数据进行客户画像，因人而异地展示不同的信息，推荐不同的社区帖子；根据客户偏好生成、推荐合意的资产列表；向有兴趣的客户发出邀请参与相关活动，避免打扰其他客户；基于用户的活跃时间、行为特征做千人千面的营销策略。开放银行贯彻以客户为中心的理念，不同背景、行业的合作商调用同一种产品与服务时，一定会存在场景上的差异，开放银行需要能对其不同场景的差异化需求进行有区别的回应，银行针对特定服务场景，建立个性化的解决方案，使客户在不同场景中得到无缝、流畅的金融服务体验。在与物业小区的合作中，可以提供缴费服务App，同时可以提供水电费查询、社区信息通知、物业服务咨询等；在与旅行社合作中，可以提供租房或房租贷等产品。某银行与某融资租赁公司达成合作，为该租赁公司提供"线上化、模型化、自动化"的KYB定制服务，同时，通过

SDK模块化方式嵌入租赁公司自有金融服务体系，实现从融资申请到放款的全流程线上化。在标准化产品的基础上，利用最小的成本做出定制化产品，将定制化与标准化产品相结合，是提升开放银行竞争力的重要手段。

### （五）提升体验，发展无感连接

开放银行在发展过程中，随着多种技术的应用，不断提升客户体验，最直接的任务是将用户在场景服务中所能接触到的所有元素考虑进来，通盘谋局为用户打造一个自然而然的服务过程，充分利用合作伙伴的渠道资源进行流量共享、能力互补以实现更好的场景营销。银行与场景方共同重塑客户旅程，将客户从场景端引导至银行内部最适配的交付模式，这需要让中后台的核心运营体系跟着前端的改造一起联动。在流程设计中需要将线下客户经理对接、运营人员远程服务、纯线上自助式服务等通过开放银行将金融产品和服务无感、无缝地植入到企业云平台，配以AI机器人，提供7×24小时在线支持与服务，实现金融产品和服务100%线上化，打造"无感连接"的客户体验。移动互联网时代，银行可以通过大数据分析能力提升用户体验，对用户的精准洞察，能够推送尽可能满足用户需要的服务类型，实现更好的转化。除了过去对用户洞察更准确外，还需要消解用户抵触，让服务的过程自然而然，而不是有外部的强加感。建立对客户找得到、留得住、有转化的全链条闭环，体现无感化的重要价值。

### （六）从单次获客到长期经营

开放银行帮助银行在场景中吸引客户并达成交易，并与合作方共同持续经营客户，持续提升客户综合价值贡献。开放银行助力银行构建一个完美的开放生态，帮助银行解决获客、数据方面的问题。开放银行的本质是客户在使用开放平台的服务时，不需要太多的人工介入，就能够快速通过标准化的指引接入银行的支付、清算、账户、风控、资金等基础能力，实现服务方式的改变。商业银行在建设开放银行过程中，将金融产品和服务嵌入到各类场景平台中，与合作商一起建立金融生态圈，提升了获客能力，实现"获客、留客、活客"的生态赋能。此外，提升客户综合价值的另一关键要素在于打通内部跨系统和外部跨场景的数据，不断完善客户画像和标签体系，精准定位交叉销售的机会所在。

### （七）提升产品的种类和范围

随着各个商业银行深化推进开放银行战略，越来越多的全条线银行产品和服务会逐步完成上线接入开放银行平台。商业银行聚焦金融服务场景的聚合与接入，可以提供覆盖账户管理、消费金融、移动支付、生活缴费、财富管理、场景服务（车生活、爱健康、爱学习）、贷款服务（贷款申请、查询）、支付结算、交易银行（银企直连、汇出汇款进度查询）、信用卡（用卡申请、账单查询）、公共服务（利率查询、网点查询、汇率查询）、金融科技（人脸识别、金融云等）等各类场景的产品服务。不仅围绕客户自建App等开放业务场景与生态，还可以通过API、SDK等方式建设开放平台，激发第三方合作机构的参与积极性，共同打造开放业务生态。以自有平台为开放基石，以API开放平台为跨界合作抓手，积极探索共赢发展的新模式。

# 下 篇

## 综合业务篇

# 08 数字货币业务创新

## 怎样做好数字货币业务创新

数字人民币，又称中国央行数字货币、DCEP（中国版数字货币项目，Digital Currency Electronic Payment）、e-CNY（电子人民币，Electronic Chinese Yuan），是由中国人民银行发行的数字形式的法定货币，由指定运营机构参与运营并向公众兑换，以广义账户体系为基础，支持银行账户松耦合功能，与纸钞和硬币等价，具有价值特征和法偿性，支持可控匿名。数字人民币是数字形式的法定货币，和纸钞和硬币等价，数字人民币主要定位于M0，也就是流通中的现钞和硬币，将与实物人民币长期并存，主要用于满足公众对数字形态现金的需求，助力普惠金融。本文介绍并分析国外金融行业数字货币业务的创新经验，分析我国数字人民币发行的情况、特点和意义，并对我国商业银行开展数字人民币相关的机遇和建议进行阐述。

### 一、开展数字货币业务的国际经验

#### （一）支持多种数币转换和汇款的电子钱包

美国得州的Zabo公司是一家数字银行，它建立的银行平台使金融机构能够在其资产负债表上携带加密货币。Zabo通过了解金融数据、提供直接分析和洞察以及提供加密货币等创新产品，为消费者市场带来个人、互联、现代银行体验。Zabo是一家数字银行，它提供了深入但易于理解的信息，有助于做出明智的财务决策，消除不必要的成本和费用，并帮助这些机构通过加密货币进入全球经济和投资。

Zabo电子钱包支持数千种加密货币，可以支持50多种交易所的交易，支持电子货币的会计记账和缴纳税款。许多客户将大量数字资产存放在非平台钱包或账户中，没有得到充分利用。Zabo支持这些资产转移到统一的平台，并满足对这些数字货币进行识别和计量的要求。通过帮助企业连接到平台外的更多的钱包账户，企业可以识别更多存款机会，并激励他们成为银行的用户。该平台提供对用户加密货币持有情况的洞察，包括资产类型和余额，为开发银行产品提供信息。帮助银行评估客户的信用，从而降低法律和安全风险。用户可以通过一个API来访问客户的所有余额和交易，还可以标准化和格式化税务计算所需的数据。

图1　Zabo公司系统界面（图片来源：https://zabo.com/portfolio/）

对于如何安全地存放自己有价值的财产并可以迅速地投入使用，2017年《MIT科技评论》上刊登了Zabo公司的一个故事。在叙利亚的一个距离叙利亚和约旦边境7英里的一个容纳75 000人的难民营里，一名难民来到售卖生活用品和大宗物资的杂货店，他在扫描设施前扫描了一下虹膜，就可以使用联合国难民署发放的加密货币购买生活物资，领取完物资后，救济款的余额扣除。

任何一个在北美国家工作的人，可以自由地将资金汇给非洲的难民，全球每天有650亿美元的资金在世界各地之间转移。目前主权货币和包括比特币在内的虚拟货币存在于线下和网上空间，使用Zabo的手机应用，可以像其他手机银行应用一样下载，系统会显示客户的美元账户、比特币、以太币账户和其他银行账户的余额和交易明细等信息。对于每一笔工资等收入，可以事先设定转入每一种货币和账户的比例。如果客户事先设定对于比特币和以太币的账户分别转入金额的25%，当客户收到一张1 000美元支票时，可以将支票的正面和背面分别拍照后上传，这时客户的美元账户就会即时增加500美元，比特币和以太币账户就会同时增加等值于250美元的金额。未来十年，加密货币将不仅仅是转账，还将有数字货币银行的服务，目前人们需要处理好如何保存和使用数字货币的问题。

## （二）多种支付方式结合的数字货币钱包

加密货币是一种强大的交易和投资资产，但是目前使用的范围并不广泛。爱沙尼亚塔林的Crypterium公司通过开发一款移动应用程序来改变这种状况，该应用使用现有的支付基础设施（如NFC终端、二维码等）支持使用加密货币进行即时支付。使用Crypterium可以在世界任何地方使用加密货币支付。该应用将加密货币转换成货币，客户可以像现金一样轻松地消费。在世界各地购物、支付账单、使用加密软件进行应用内购买或无限制地向国际汇款，等等。客户要在日常生活中使用加密货币，只需在Crypterium应用程序中获得一张虚拟卡，将其链接到Apple Pay、Samsung Pay或Android Pay，将其绑定到客户的加密账户，就可以随时随地使用它进行支付。

Crypterium钱包将传统金融和加密货币数字资产钱包结合起来，用于购买、兑现和赚取加密货币。安装该应用可以获取比特币或其他19种加密货币的免费钱包。可以使用银行卡购买比特币、以太币和其他加密货币或立即获得免费Visa卡即可在全球范围内取款。赚取利息，以最优惠的利率兑换，并通过银行级安保保证安全。它支持比特币、以太币、LTC（莱特币，Litecoin）、CRPT（Crypterium）和更多加密货币。只需在全球范围内使用电话号码或钱包地址即可免费传输资金。该公司还发行Crypterium实体塑料卡和虚拟卡。客户只需几分钟就可以免费获得自己的虚拟卡，或者选择一张漂亮的物理Visa卡，将虚拟卡连接到ApplePay，就可以随时随地使用它。使用这一钱包，在线上和线下零售商的支出最高可达10 000欧元/月。在全球自动取款机上取款最多可达2 500欧元/月。客户可以开一个高收益储蓄账户，数字资产的年利率最高可达15.6%。这些服务可覆盖180多个国家/地区。银行也可以通过了解到电子交易的动向，判断加密货币市场的动向和客户的财务状况。

　　登录手机应用之后，当需要向其他人汇款时，只需要输入对方的手机号码和以比特币或其他加密货币计量的汇款金额，就可以在几分之一秒之内完成向对方的汇款。不用使用复杂的比特币收款地址，免得出现错误。目前有2 500万加密货币的用户，这一数字每年都会加倍。使用该钱包还可以在几秒钟之内完成对手机的充值，客户可以输入希望充值的手机号码的国家和号码，输入需要充值的对方货币的金额，可以选择使用英镑或者加密货币付款，按确认之后，就会完成使用国家法定货币的充值，如果选择使用比特币支付，系统会自动扣掉对应的比特币金额并完成加密货币与目标货币的兑换。客户也可以使用手机应用通过输入分行号、账号等信息向其他人汇款，款项在几秒钟之内就能到账，客户收到英镑等法定货币，而汇款人使用比特币进行支付。使用该应用还可以通过Apple Pay、Android Pay、Union Pay向商户付款，商户收到当地货币的金额，客户使用比特币等加密货币付款。

图2　Crypterium公司系统界面（图片来源：https://www.choice.com）

## （三）使用数字货币的社交媒体网站

瑞士的AppICS公司通过加密货币奖励令牌（Xap）让所有用户都能获得公平的份额，并在网络中产生影响力。AppICS团队在主流货币和加密货币领域都建立了良好的基础，帮助普通人在没有事先知识的情况下进入加密世界并轻松受益。AppICS运行在区块链之上，是一款革命性的社交移动应用程序，旨在消除普通社交媒体用户进入加密世界的障碍，是下一代基于奖励的社交媒体应用程序，将全球各地的人们连接起来，让所有参与者受益。这一概念解决了社交网络由于依赖广告以及大众适应问题而面临的一系列问题。

AppICS是一款基于奖励的社交媒体应用程序，该公司与来自世界各地的品牌和公司合作，引入了一个新的生态系统，将生活方式、激情和用户产生的收入融合到一个移动应用程序中。与其他社交媒体网站不同，

AppICS平台的价值和收入100%归公司股东所有，AppICS通过他们的奖励令牌"Xap"让所有用户都能获得公平的总收入份额，并扩大平台和用户在网络中的影响。AppICS改变了传统的社交媒体等级，让它的用户有机会直接从其内容和参与中获得经济补偿，通过区块链技术直接获得"喜欢"带来真正的收入。Xap超级用户钱包里的钱越多，他们的投票权和对指定奖励的影响力就越大。他们将用户花在社交网络上的时间所创造的价值回报给内容创作者和热爱并支持他们的观众。AppICS利用社交媒体的影响力，将品牌内容整合到不同类别的生态系统中。每个类别都有一名代表或类别主管，他是该领域的专家，在其他社交媒体平台上建立了声望和粉丝群体。

现在人们习惯在各种社交媒体上发布信息、视频、发表评论，社交媒体网站有很高的的市值，但实际上用户的参与才是社交媒体价值的源头，AppICS公司公平地评价用户的参与度，将客户对社交媒体的参与和评价转换成新的Xap，用户发布内容或评价得到的Xap可以转账给他人，也可以提现。这些奖励是以加密货币的形式存在，账户的威望等级越高，影响越多，评价获得加密货币越多。客户的评价也可以被点赞，点赞越多，就可以得到越多的奖励，这就会鼓励人们发表有价值的评论。所有的视频都按照用户的评分进行排名，应用的顶端也有各种品牌的排名。系统对客户的行为进行分析。该系统建立在区块链系统之上但其速度比比特币系统快200倍。Xap与数字货币挂钩。AppICS的实践证明了市场上有这种需求，将普通的社交媒体上的用户与区块链技术连接起来，在世界上任何一个角落的人可以通过在AppICS网络上分享自己的经历和情感获得相应的加密货币，该公司已经获得了150万美元的第一轮融资，即将上市。

## （四）使用数字货币进行地产投资

南非的Wealth Migrate是一家领先的全球在线投资公司，为国际投资者提供了直接进入世界顶级市场的独家房地产投资机会，包括美国、澳大利亚、英国和南非，最低投资金额只需1 000美元。该公司有来自105个国家的注册用户和来自42个国家的活跃投资者，它帮助发展中国家的投资者获得稳定的发达市场直接投资机会。通过与一流的开发商和房地产投资公司合作，投资者可以与当地合作伙伴一起获得卓越的房地产机会。

虽然任何人都可以通过Wealth Migrate进行投资，但在货币波动市场环境下，它对中产阶级投资者来说尤其具有价值。通过帮助发展中国家的中产阶级投资者将他们的财富投资于货币稳定的市场，为全球投资者带来了经过审查的、具有高质量的当地合作伙伴的交易机会，否则他们将无法进入。区块链及加密货币的使用为投资者提供了更大的保护、更强的合规性。帮助客户能够有机会使用智能合约并对交易进行分散确认。该公司的全球投资尽职调查系统是国际房地产领域最成熟、最先进的系统之一。它融合了多个层面的数据，以确保数据安全，对客户财富给予保护并维持业务的可持续性。

在以往的金融投资中，投资者的钱往往被投放到非常复杂的结构中，投资者并不知道投资了什么财产，没有控制权，最重要的是无法获得实际的数据。该公司利用技术和全球化思维为全球投资者带来最佳的房地产投资机会。与来自世界各地的数千名房地产投资者一起投资，打造价值数百万美元的全球房地产投资组合。可以简单、安全地投资全球房地产市场住宅或商业，并可以实现多样化，帮助99%的人进入到之前1%的人进入的投资领域。

全球49%的财富都存在于全球房地产中，只有12.9%的世界人口拥有房地产，绝大多数人无法参与到房地产的投资中。客户登入Wealth Migrate的平台后，可以查看不同的房地产项目的投资产品，可以查看自己的账户余额、持有证券的列表和市值，如果客户看好了一项投资项目，准备投资，可以选择投资工具，客户需要上传自己的身份信息和证件影像，进行KYC验证，客户可以查看投资产品的结构的说明，下载投资产品的合规文件，在线签署合同，在支付环节还选择使用账户余额或者使用加密货币支付，通过这一平台使跨境投资变得非常方便，该公司还发行了房地产投资的虚拟货币。

图3　Wealth Migrate公司系统界面（图片来源：https://wealthmigrate.com/）

## （五）数字货币的跨境移动汇款

伦敦的 Bank 4 You 集团开发了跨境移动汇款的产品，它提供易于使用的货币交易和汇款功能，为用户提供跨境购物退还增值税、移动经纪服务和加密货币业务。Bank 4 You集团已在20个国家与当地银行和金融机构、商家、酒店、航空公司、机场、旅行社和奢侈品零售店建立了多个特许经营权和合作伙伴。Bank 4 You集团目前正寻求为新兴的亚洲客户群提供最先进的移动银行服务。该公司的手机银行应用程序可支持实现轻松高效的货币交易，同时支持加密货币交易和转换。使用该公司的手机银行程序向他人汇款，可以输入收款人收款的货币和金额，汇款人可以选择使用法定货币或者电子货币，系统自动完成货币转换并即时完成汇款。

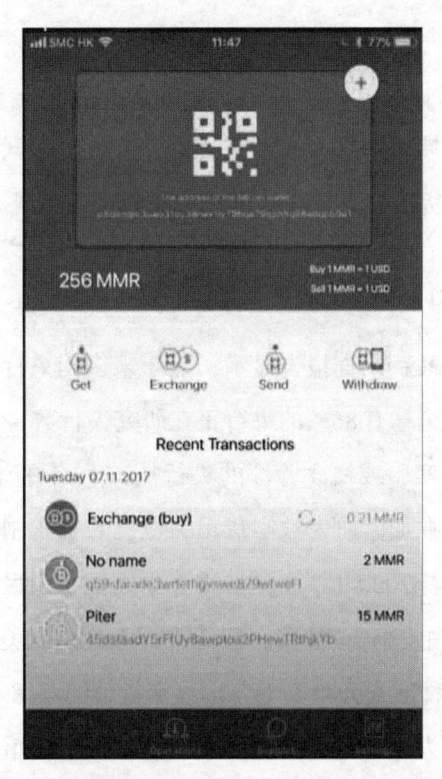

图4　Bank 4 You 集团公司系统界面（图片来源：http://bank4you.lu/）

## （六）支持数字货币的全球支付网关

马来西亚的BeeOnPay提供多种服务全球支付网关的解决方案。该公司是一家数字交易提供商，通过提供快速、方便、安全和可靠的B2B、P2P交易，为全球企业提供帮助。该公司利用集中和分散的区块链平台，在多种货币和加密货币之间进行全球可靠的交换。该公司开发了用于支付网关和网站的移动应用程序。

BeeOnPay是一家提供多种服务的支付网关，该公司成立于马来西亚，发展成为一家全球范围的公司，该公司提供多种产品，既包括手机银行的接口，也提供支持加密货币在商户使用的网关。该公司的网站支持客户向其他人进行即时的汇款，客户在汇款时，可以选择收款人的手机号码或电子邮箱地址，输入汇款的金额和货币，就可以瞬间完成，系统会显示汇款的明细记录。客户也可以在网站上设计自己公司网页的图像，可以插入收款的图标和程序语句,并在网银上查看效果。客户可以通过二维码或手机银行向商户或他人付款,客户可以选择支付固定的金额或输入支付的金额,之后可以选择使用信用卡或加密货币,就可以在网银上或使用二维码完成信用卡或电子货币的支付。支付交易瞬间可以完成。

## 二、我国央行数字货币发展

国际清算银行最新调查报告显示,近年来多国央行加速推进数字货币研发工作。2020年全球有86%的央行正在研究央行数字货币,而2017年仅为65%。正在进行实验或概念验证的央行从2019年的42%增加到2020年的60%。各国不但在加紧研发数字货币,也已着手于制定央行数字货币的共同规则。我国央行2020年7月发布的《中国数字人民币的研发进展白皮书》(以下简称"白皮书")披露,近年来,无论是欧美还是亚太地区,各区域央行均有以各种形式公布关于央行数字货币的考虑及计划。

中国央行将成为全球范围内首个发行主权数字货币并开展真实应用的中央银行。我国央行在2014年成立法定数字货币专门研究小组,2016年1月确立了发行数字货币的战略目标。2017年5月央行数字货币研究所正式成立,主要负责数字货币法律研究、区块链开发及芯片设计等相关工作。截至2020年4月,人民银行下属的数字货币研究所、印制科学技术研究所、中钞信用卡产业发展有限公司三家主要负责我国法定数字货币研发的机构共申请了130件与数字货币相关的专利,覆盖了数字货币发行、流通、应用全流程,形成了完整的产业链。

2019年年末以来,人民银行遵循稳步、安全、可控、创新、实用原则,在深圳、苏州、雄安、成都及2022北京冬奥会场景开展数字人民币试点测试。2020年11月开始,增加上海、海南、长沙、西安、青岛、大连6个新的试点地区。目前的试点省市基本涵盖长三角、珠三角、京津冀、中部、西部、东北、西北等不同地区。2020年10月,人民银行在深圳首次通过面向个人公众消费市场发放数字人民币红包的形式进行用户体验测试;

2020年12月，苏州也面向符合条件的苏州市民发放2 000万元数字人民币消费红包。

截至2022年年末，数字人民币余额136.1亿元，占流通中货币（M0）比重0.13%。累计通过共建App开立钱包8 270.2万个，支持数字人民币支付商户的门店数累计1 120.4万个。截至2023年4月8日，数字人民币试点范围已扩大至北京、上海、天津、河北、四川、海南、重庆、广东、江苏、浙江、山东、辽宁、福建、湖南、陕西、广西、云南等17个省（市）的26个地区。

各大国有银行积极推进数字人民币试点。中国银行作为"双奥银行"独家承担冬奥安保红线内商户数币收款结算服务，有效解决外籍人士在华使用人民币痛点难点，独家支持外币现钞自助兑换数字人民币。数币体系成功对接香港本地清算系统，在港发放首批红包。推出智能合约预付卡、准账户型硬钱包；数币外币兑换机作为金融行业创新成果代表亮相"奋进新时代"主题成就展。

建设银行创新推出数币购买理财、基金服务和普惠数币贷款服务。成功承接多地政府消费券活动，全年累计发放红包3 198万个，拉动数币消费5.25亿元。"建行生活"平台开通数币钱包982万户，开通数币收款门店7万多户。成功承接多地政府消费券活动，在多个流量平台开展联合红包活动。

工商银行构建"自有平台+三方支付+数字人民币"支付生态，为客户提供智能化、场景化支付结算服务，积极参与国家数字政务体系建设，在网点智能柜员机推广电子社保、税收缴费、智慧医保、信用报告、数字人民币等银政联动业务。

农业银行加快数字人民币合作拓展，与重点行业的客户开展合作，提供对公钱包开立、兑换、支付、母子钱包资金归集等数字人民币服务；与政府平台合作，提供便捷支付、企业缴税、个人社保缴纳、公积金贷款发放等数字人民币服务。

## 三、我国数字货币的框架与特点

我国数字人民币采用"中央银行—商业银行"双层运营体系，主要由央行数字货币系统、商业数字货币系统和客户端组成。双层运营体系下，央行将数字货币发行至商业银行的银行库，同时商业银行向央行缴纳100%准备金作为数字货币发行基金，进入央行的数字货币发行库，再由商业银行将数字货币兑换给公众。

### （一）数字人民币的核心架构

数字人民币的核心要素可以概括为"一币两库三中心"。"一币"即是央行担保并发行的代表具体数额的加密数字货币；"两库"是指DC/EP的发行库和DC/EP商业银行库；央行数字货币系统主要包括登记中心、大数据中心和认证中心"三中心"。

1. 登记中心

登记中心的主要工作是处理数字货币的发行、回笼、属权变更等操作，对数字货币整体运行的分析是央行端的中心节点。登记中心采取中心化管理，脱离区块链核心底层技术（分布式账本技术），赋予央行最高管理权限，便于央行履行宏观审慎及货币调控等职能，防止货币超发。

2. 认证中心

认证和密码体系是数字货币系统的关键基础，也是实现双离线的关键技术。认证中心承担数字货币以及交易请求的加密和解密工作，目的是实现可控匿名。由于DCEP在本质上就是加密字符串，在使用过程中也需要对指令不断地加密和解密。如果在数字货币的开发过程中，程序可靠、技术成熟，那么数字货币未来的广泛使用就有了基本保障。

3. 大数据中心

大数据中心主要负责分析支付行为，可以在特定条件下做到KYC（Know your customer），便于及时发现非法洗钱活动。DCEP将每一笔交易都记录在央行的中心化账本中，通过大数据技术对这些支付行为进行分析，能够提高央行对于洗钱、逃税、恐怖融资的识别效率。

## （二）特点

### 1.可控匿名

数字人民币实行"小额匿名、大额依法可溯"的原则，高度重视个人信息与隐私保护。数字人民币的本质是央行以一定规则制定的加密字符串。字符串的信息包含编号、金额（类似纸币，编号唯一不可重复）、所有者和发行者签名。数字人民币借助大数据手段能够实现可控匿名，除法律法规有明确规定外，交易信息不提供给第三方或其他政府部门。在保护公众合理隐私的前提下，央行对DCEP的交易数据（特别是大额交易）进行分析，有效提高对洗钱、恐怖融资、逃税等违法犯罪行为的识别效率和精准度。

### 2.可编程性

DCEP可以加载一些有利于货币职能的智能合约，实现特定规则下的自动支付交易。例如，如果政府要对个人发放疫情补贴，那么可直接将DCEP注入基于手机的数字钱包账户，并利用DCEP的可编程性限定该补贴只能进行一般性生活商品的购买。如果相关部门要对企业发放租赁办公场地的补贴，那么可直接将DCEP注入基于企业级数字钱包账户，限定该补贴只能进行租金支付。央行可以对再贷款、再贴现等货币政策实现可追踪、可回溯，从而对商业银行起到监督作用，提升货币政策效果。

### 3.账户松耦合

银行卡和互联网支付等都基于账户紧耦合模式，需要绑定账户并进行实名验证。而DCEP不需要银行账户就可以实现转账交易，这将会极大地改善交易的便捷性。尤其是DCEP将会大大提高跨境结算的速度，有利于人民币的流通，加速人民币国际化。

### 4.双离线支付（收支双方均离线的状态）

不同于当前微信、支付宝等电子支付工具"单离线支付"方式，DCEP将支持"双离线支付"。只要手机有电，即使是在没有信号的地方，如在飞机上或者偏远山区，DCEP都能完成支付。这一点是第三方支付平台和

Libra无法做到的。

5. 支付即结算

从结算最终性的角度看，数字人民币与银行账户松耦合，基于数字人民币钱包进行资金转移，可实现支付即结算。

## 四、发行数字人民币意义重大

### （一）有助于提升金融市场监管水平

近年来，随着国内外金融业态不断丰富，以及传统金融业务的线上化迁移，偷逃税款、贪污腐败、洗钱、恐怖组织融资等形式日趋多样化，各种违法犯罪、反洗钱、反恐怖融资工作面临新态势。纸质人民币的监管仍然存在很多漏洞。使用数字人民币进行交易，既实现了点对点交易、即时支付等，也弥补了纸币的缺点。数字人民币全电子化运行，在技术上可以突破人民币货币主权边界，资金不经过金融机构，增加了数字人民币运行的可监测性、透明度。数字人民币全生命周期中蕴含丰富数据，通过掌握和分析数字人民币的全息流转信息，可更好地防范打击违法犯罪行为，有效维护金融稳定。监管部门可以准确地监测资金的来源、走向和用途，对逃税漏税、贪污腐败、洗钱等违法犯罪行为进行监控和打击。可以大大提升我国金融业的监管水平，进而维护金融市场的稳定。监管机构可以建立立体化监管协调体系，实施全方位监管，避免监管交叉和监管缺位。建立动态化的监测预警体系与应急处理机制，及时识别、防范和化解数字人民币发行、流通和运营过程中出现的新风险、新问题。

### （二）有利于提升支付体系的运行效率

数字人民币将为公众提供一种新的通用支付方式，可提高支付工具多样性，有助于提升支付体系效率。数字人民币主要基于现金类支付凭证定位，用于零售支付，以提升金融普惠水平为宗旨，借鉴电子支付技术和经验并对其形成有益补充。与我国当前大小额、农信银、城市商业银行汇票处理等八套支付体系相比，减少了现有支付体系下跨机构层层清算的流程。央行成为数字人民币的运行核心入口和清算中心，通过统一的"数字人民币App"入口实现跨运营机构的互联互通。数字人民币具有价值特征，具有银行账户松耦合特征，可在不依赖银行账户的前提下进行价值转移，并支持离线交易，实现"支付即结算"，提高支付体系运转效率，提升商户资金周转效率；数字人民币的流转确认也需要中心化，央行数字钱包应具备应对瞬时超高并发交易处理能力，满足央行对法定数字货币设定的30万笔/秒的交易强度。

### （三）有利于提升货币政策的传导效果

不计息的数字货币仅为货币的一种存在形式，仅有支付功能，对货币政策的传导不会产生实质的影响。数字货币全数字化运营能够起到反洗钱、反恐怖组织融资、阻碍犯罪的作用，可以在偏远地区扩大适用范围，扩大普惠金融的覆盖范围。由于数字人民币为央行发行，信誉要优于商业银行。在传统银行存款正常运营的情况下，如果数字人民币利息为正，银行的活期存款利息必须要高于数字人民币的利息，才能保证银行存款不会流失，从而迫使商业银行提高存款利率，导致信用收缩。如果央行推行负利率，数字人民币的利率为负，同时废止大额现金的使用（或者虽然并未废止大额现金，但电子支付非常普遍），则机构和个人无法通过现金与数字货币之间的迅速转换来套利，资金将都留存在数字货币专项账户中。在此情况下，人民银行设定数字货币负利率（或是对央行数字货币收取适量保管费）影响商业银行存款利率，进而刺激消费和投资，消除有效利率下限，避免发生"流动性陷阱"。

### （四）有利于推动人民币国际化

随着我国综合国力的增强，科技创新、数字经济的蓬勃发展以及中国独立自主的跨境支付系统日益完善，为人民币国际化带来了机遇。在目前的情况下，大多数国家银行无法为客户开立人民币账户，各国商业银行主要通过SWIFT系统（国际资金清算系统，Society for Worldwide Interbank Financial Telecommunications）进行支付结算，跨境支付业务一直面临支付费用高、结算周期长等问题。数字货币具有高转账速度、低手续费、安全性高、账户低耦合性的特点,可以便捷迅速地完成支付结算,无须绑定银行账户,降低了汇款手续费,吸引传统金融基础设施缺乏地区的客户使用,可以更广泛地应用于跨境贸易结算支付领域。使用数字人民币,开了数字钱包,就可以完成买卖双方的结算,无须通过SWIFT系统或者银行,不论在哪个国家,两个数字钱包只要都能接收数字人民币,就可以完成清算。这些优势将可能提高人民币在贸易结算领域中的使用量,进而促进人民币国际化。同时,我们也面临着以数字美元为代表的各类主权数字货币以及以比特币为代表的大量虚拟货币的挑战。数字美元从设计上就极为强调其在跨境支付方面的应用,一旦落地发行,将更加便利美元在国际间的流通和转换,是对美元传统国际结算货币和储备货币地位的增强,因此,我国应当充分意识到数字货币这一新的竞争领域,推动数字人民币国际化进程。

## 五、商业银行怎样抓住数字人民币业务的机遇

### (一)个人业务

1.提升获客能力

在数字人民币双层投放的结构下,银行承担整个数字人民币分销、兑换、流通的重要功能。央行借助几大商业银行将数字人民币发放到社会上,为银行创造了一个全新的用户交互场景和获客渠道。商业银行通过对接此平台,就可以让其用户具有全场景的移动支付工具,为数字时代中国银行业的发展提供了一个开放平等的平台,有利于促进银行业的良性竞争和保持银行业态的多样性发展。商业银行可以在多个环节提升获客能力。首先,在数字人民币的分销环节,政府通过发放红包的形式或客户通过兑换数字人民币的过程中,客户必须与商业银行交互,开立母钱包及子钱包,增加对商业银行手机银行App的接触环节,如果向客户展现了良好的产品与服务体验,有可能将客户转换为银行新客户。其次,在数字人民币

使用过程中，客户会接触到更多的介质和渠道，在日常的生活和消费中享受到银行的服务。数字货币可以延伸到更多的零售场景中，并在一定时期内或仅开放给商业银行，商业银行可以抓住该机会获得活跃流量，增加客户数量，发展开放银行服务。在客户生活缴费、餐饮服务、交通出行、购物消费、政务服务各个环节，都可以增加银行服务的触点，将客户转化为银行客户。最后，在手机银行App使用过程中，也可以将这些客户衣食住行各种功能嵌入手机银行中，客户在使用子钱包过程中了解手机银行App的功能，开展互动，将客户转化为银行客户。

2.促进银行活客

数字人民币推出后，商业银行需要向客户提供多方面的服务，包括满足用户支付、转账等交易和结算需求，起到替代现金的作用；对钱包内的数字资产进行管理，包含钱包与银行存款账户之间的资金转换、余额管理以及资产增值等附加功能；对用户身份进行识别认证，起到类似数字身份证的作用。数字子钱包将会是数字人民币的主要运营模式，由于用户在使用数字人民币子钱包时需要打开银行的App，因此数字人民币的推广将给银行带来增量线下支付流量入口，公众还可以通过商业银行进行数字人民币红包的领取、支付等全流程操作。在提供这些服务的基础上，为了丰富场景生态，商业银行可以利用数字人民币应用提供的契机，采取以"小额高频带动高端低频场景"的策略，构建基于金融服务的生态，盘活流量，掌握数据，活跃客户，提升价值贡献。商业银行可以与实体商圈的商户合作开展营销活动，如果客户使用该行的App支付数字人民币，就可以享有一定的优惠。商业银行也可以在手机App中展示优惠活动，可以采取GPS定位的方式向客户提供个性化的优惠活动，客户使用数字人民币付款，带动数字人民币兑换等其他业务的使用。

3.场景建设

数字人民币的发行，必将促进商业银行的生态场景建设。首先，商业银行可积极引入其他商业生态，进而获得低成本存款沉淀。商业银行可以数字人民币的推广为切入点，不断完善支付结算、资金管理和归集等基础设施服务，积极引入线上线下消费生态，打造涵盖吃、穿、住、行、娱乐、教育等在内的便捷化消费场景。在公共民生场景，可以开展个人所得税缴纳、医疗挂号、水电煤缴费、交通罚没、公共交通出行、公益捐助等业务。通过不断提高用户体验，增强用户黏性，商业银行将持续获得低成本的存款沉淀。虽然数字人民币不构成商业银行存款来源，但是数字钱包账户和银行存款账户之间可直接兑换。未来随着商业银行打造的消费生态越来越丰富和便捷，大量闲置资金将转移至银行账户，从而形成银行低成本存款沉淀。其次，数字人民币发行后，应用场景建设水平决定了商业银行的盈利能力和市场表现。商业银行应以客户为中心，主动聚集内外部资源合力打造丰富的数字人民币支付场景。目前数字人民币应用场景不断拓展，主流电商平台均已和数字人民币钱包互通。数字人民币已经被用于超过120万种场景，覆盖了生活缴费、交通门票、购物餐饮、政务服务、数字钱包、贸易融资、房屋租赁、公益扶贫、跨境支付和数字票据等多个领域，同时也在App开启"推送子钱包"选项功能，陆续接入多家电商平台。场景不断拓展，主流电商平台均已和数字人民币钱包互通。在商业银行端，出于技术层面成本与系统稳定性的考虑，数字钱包大概率将以内嵌于现有手机银行App的虚拟形式存在。商业银行还须加强场景建设和融合，学会运用互联网思维去运营数字货币，赢得新业态下的竞争优势。未来各家银行的数字子钱包将会是数字人民币的主要运营模式，由于用户在使用数字人民钱包时需要打开银行的App，因此数字人民币的推广将给银行带来增量线下支付流量入口，银行会更为受益，应积极把握这样的机会。可以在银行数字人民币钱包内集合付款、收款、扫一扫、转款、充值等功能。用户在开通了数字人民币子钱包后，可以绑定银行账户进行充值，可以通过扫码支付和NFC支付。

4.其他个人业务种类和金融电子设备创新

数字人民币的发行将带来新的业务种类和硬件钱包、电子设备需求。未来，外来人口不用去线下换汇，或者开设银行账户，只需要开立一个数字人民币的钱包账户，就可以进行外币与数字人民币的兑换，日常使用都会非常方便，也不用担心用现金一些店家还没有现金储备，未来还将推出信用卡数字人民币还款等业务。目前中国工商银行、中国农业银行、中国建设银行的ATM机已经支持人民币和数字人民币的兑换服务。农行于2021年1月率先推出ATM机的数字人民币存取现功能，可实现DCEP和现金的无感兑换。2021年6月18日，北京市工商银行的3 000多台ATM机已经开通数字人民币和现金的互兑功能，成为北京首家投产数字人民币现金兑取的银行。工商银行ATM机只需要经过手机银行扫码验证和个人信息验证，就可以实现数字人民币现金兑取。中国建设银行也在深圳进行了ATM机数字人民币现金互兑试点，并在未来还将不断试点并投入使用。中国农业银行的ATM机也支持数字人民币与人民币的兑换和现金取款。有些地方甚至可以在ATM上实现数字人民币的存取款功能。以后市场上还会推出支持数字人民币的智能拐杖、手表、门禁卡、手环钱包、手套钱包、手表钱包、可视卡硬钱包等，在这些可穿戴设备中嵌入芯片，支持数字人民币的兑换、交易等系列功能。

## （二）公司业务

### 1.开展结算业务

数字人民币发行以后，对公业务需要支持数字人民币的账户结算服务，餐饮、娱乐、零售、物流等行业已经进行了试点，相关公司及小微客户在以数字人民币的形式完成资金归集后，商业银行将为其转入银行账户。同时，商业银行可以支付结算为切入点，提供个性化的在线综合金融服务。目前，商业银行仅掌握客户银行账户往来交易数据，而不掌握客户线下现金交易数据，数字人民币的推广则将当前线下现金交易转移至线上，使得商业银行能够掌握客户现金往来和账户资金往来的全量闭环现金流。这将有助于商业银行应用大数据和人工智能等新兴科技，为公司客户提供综合化的金融服务。在"中央银行—商业银行"的双层运营体系中，商业银行与中央银行可以进行数据共享，可以更加全面地掌握相关行业和企业的真实数据，真正发挥大数据与人工智能相结合的力量，做到清晰画像、精准营销与智能风控，为全面提升对公金融服务打下良好基础。

此外，还可以对部分国企、央企通过数字人民币发放工资，目前部分试点地区已经有国企、央企、政府机关通过数字人民币发放工资。2021年1月，京东集团试点数字人民币发薪，为常驻上海、深圳、成都、长沙、等地部分员工发放了首批数字人民币工资。员工可以将数字人民币工资存入个人银行卡，也可在试点城市的数字人民币线下受理场景使用，也可以红包的形式对消费者提供数字人民币补贴，引导用户更多尝试。

2. 发展收单业务

在2020年10月和12月深圳及苏州进行的数字人民币开放测试中，商户在数字人民币交易后续资金提现至银行对公账户的全过程中实现了零费率，并且实现实时结算。对于商户的体验已经全面超越以支付宝和微信支付作为支付渠道收单业务模式，对于商户具有巨大吸引力。红包测试中的终端改造都是由银行受理和完成的，这意味着未来所有的数字人民币终端改造服务很可能也将由商业银行提供。商业银行作为相关服务的提供者，将获得收单结算及相关拓展领域的业务发展机会。

3. 开展智能合约业务

数字货币的技术路线具有开放性，商业银行可以在适合的场景中将智能合约和数字货币相结合，为客户创造更高层次的服务网络。央行发行的数字人民币是不能绑智能合约的，商业银行可以创造出一系列可以捆绑智能合约的数字凭证，与数字人民币配合使用。这些数字凭证上负载的智能合约可以约定交易各方必须满足的各种条件，符合条件的自动放行，可以调出对应额度的数字人民币支付；不符合条件的自动冻结这些数字凭证，数字人民币本身并没有损失，这时候再靠人工来双方相互协商解决。

4. 开展供应链金融和信贷业务

数字人民币的未来应用场景拓展空间巨大，商业银行可以借此突破供应链金融场景。由于数字货币技术支持智能合约的属性，商业银行可以研究开发负载智能合约的数字凭证，把供应链上各个节点——各个机构或者个人相互之间约定的支付条件都编入智能合约里，每一笔存款数字凭证的转移，都由智能合约自动比对事先存入的支付条件，符合事先约定支付条件的自动放行，不符合的予以冻结。在政府贷款中，数字人民币已经应用于政府贷款中。2013年至2018年，中国累计落实援助资金418亿美元，其中赠款占47%，优惠贷款占48%，无息贷款占4%。下一步，商业银行也要研究数字人民币在三农扶持贷款、商业贷款中的使用。

5. 推进跨境贸易支付

现有国际金融体系下由于大部分国家的银行没有办法为客户开设人民币账户，人民币国际化遇到发展阻力。各国都习惯于通过各国商业银行之间进行国际支付和结算人民币国际化一定程度上受限于Swift体系，而依托国际银行业机构重新搭建一套中国主导的国际支付结算体系还有一些难度。依托区块链的数字货币给重塑支付结算体系提供新的思路，数字人民币的诞生及推广可能构成打破Swift体系束缚、重塑人民币跨境支付清算体系的契机。数字人民币综合考虑跨境结算支付相关要求，通过分布式账簿特性完善跨境结算相关功能，简化交易审批流程、缩短结算时间、降低业务成本，有效提高人民币结算效率，从而直接带动业务量的提升，利好人民币在国际上日常交易结算的推广。我国在"一带一路"倡议中使用数字人民币进行交易，重点是横跨亚洲、欧洲和非洲的基础设施投资。由于数字人民币更快和更便宜的交易，可以让中国有机会降低成本，并降低在"一带一路"沿线进行跨境贸易的难度。商业银行应该充分利用数字人民币开展跨境支付业务，助力人民币国际化和我国企业"走出去"的进程。

## （三）政府业务

1. 政府补贴发放

在与政府相关的场景内，员工薪酬发放和各种公共缴费等支付活动，未来都可通过数字人民币的形式进行。这其中包含的代发代缴业务，可以密切商业银行与政府部门的合作关系，还将形成庞大的资金沉淀和大量的优质客户。在一些应用数字人民币进行公共事业缴费以及补贴发放的场景中，政府机构也会面临如何完成资金划转、发放与归集等问题。基于已开展试点所透露的情况以及数字人民币的设计逻辑，许多公司业务领域的发展机遇已经开始明晰，商业银行需以前瞻性眼光提前布局以抢占先机。

2.普惠金融

数字人民币支持双离线支付技术，支付方和收款方均可不依赖于网络环境进行支付，对于一些农村地区或者边远山区群众、来华境外旅游者等，不能或者不便持有银行账户的，在此情况下也可以通过数字钱包享受相应的金融服务。数字人民币的账户松耦合设计，可方便偏远地区民众在不持有传统银行账户的情况下开立数字人民币钱包，有利于提高金融服务的覆盖率，而这是第三方支付平台目前没有未来也很难支持的服务场景。数字人民币同时还解决了支付壁垒的问题，比如有些场景只能使用某一个平台的支付方式，而由于数字人民币本身的特性，在任何使用场景下都是必须提供的一个选项。在结算效率方面，数字人民币因为其底层技术为去中心化的区块链技术，可以做到即时结算，但是目前第三方支付平台大部分还是需要依赖网银或者银联进行结算。商业银行应该联合运营机构，进行无障碍设计，优化数字人民币App屏幕阅读器、语音助手功能，提升可访问性，提供友好的前端交互体验，满足有障碍人士的需要。商业银行应该在偏远地区，搭建更多的数字人民币的使用环境，方便这些地区群众使用金融服务。

（四）提升反洗钱效率

目前商业银行反洗钱负担较重，人力物力财力支出较大。数字人民币具有可追踪性，可以用于反洗钱、反恐，并应对私人数字货币的挑战。由于现钞具有不记名、不可追踪等特征，少数不法分子利用大额现金交易逃废银行债务、偷逃国家税款。而数字人民币在央行的监管下，能够对货币精准跟踪，能够有效减少洗钱、逃税等金融犯罪行为。数字人民币在反洗钱、反偷税漏税和反恐怖融资等方面做出较大改进，由于数字人民币实行中心化管理，可以抵御全球私人数字货币的侵蚀，维护国家的货币主权地位。大数据中心通过对于支付行为的大数据分析，利用指标监控来达到监管目的。认证中心的全息信息可以覆盖检测对象所有交易信息，形成用户全息信用信息，提升征信能力。数字人民币的使用将提高反洗钱精准度，降低商业银行反洗钱负担。

### （五）提升IT能力

在数字人民币发行预期下，银行IT能力建设有望加强。数字人民币的生成、发行、投放、存储和安全需要必备的金融基础设施建设，需要能够支持生成系统、发行系统、央行对接接口、记账系统、数字钱包、安全芯片解决方案、身份认证、加密传输、大数据分析系统等。这些需要央行、商业银行、银行IT服务商、安全厂商、大数据技术商等相关机构构建强大的IT能力。数字人民币钱包必然会呈现"软件"与"硬件"并行的形态。软件方面，当前数字人民币钱包具有充值、支付、转账等基础功能，未来可增加其他功能。硬件方面，硬件钱包涉及芯片、水墨屏等基础零部件，需加大底层技术研究。此外，还应加大对特定人群、特定场景的研究，满足多样化支付需求。长期来看，数字人民币或用于创新的场景和设备中，商业银行可以连接各行各业，打造开放银行场景，在必要条件下嵌入智能合约，未来银行可形成一个巨大的生态系统。

# 09　支付业务创新

## 全球支付创新如何做

近年来，作为支付产业创新发展的关键驱动力，5G、云计算、人工智能、区块链等金融科技发展环境不断完善，支付领域的创新日新月异，后疫情时代，移动支付更加普及，消费行为向线上化迁移。在数字化的推动下，支付服务电子化全面普及，服务便捷性全面提升，多维度业务数据全面丰富，伴随而来的是业务流程的完善、风险控制的优化、市场拓展的精准和社会成本的降低。随着商业银行和支付机构竞争的加剧，全球商业银行和支付机构开展了多种创新。本文从手机接收信用卡付款、中小企业发票支付系统、定制化发卡平台、商务虚拟卡、整合多种支付方式、整合支付平台功能的创新等几个方面分析全球支付行业的创新趋势，并对我国商业银行的支付创新业务提出建议。

### 一、手机接收信用卡付款

Symbiotic是哥斯达黎加的一家软件开发和支付公司，它是第一家在美洲大陆获得电话接入技术PCI CPoC（Payment Card Industry Contactless Payments on Commercial Off-the-shelf Device）认证的公司。该公司开发的技术允许任何人只需一部电话即可接收非接触式支付，该技术具有很大的潜在发展空间。目前使用NFC（近距离通讯技术，Near Field Communication）和钱包的借记卡和信用卡的综合生态系统，使使用手机直接接收卡片支付成为可能。通过创建安全和用户友好的解决方案，帮助用户和他们的客户之间转换和优化支付流程。

该技术是一个应用程序，允许任何人只需拥有手机即可接收付款（不需要额外的设备）。这是因为它与当前的借记卡和信用卡生态系统以及NFC和钱包相结合。Symbiotic公司开发的技术就是让人们的手机直接接收信用卡付款。该技术使用手机的近场支付天线读取信用卡的NFC芯片，让手机作为POS机工作，交易的安全性与POS机相同。这一技术的安全标准叫作CPOC，Symbiotic是唯一一家获得CPOC技术认证的公司。这一技术主要用于收款而不是付款，这一技术可以用来收取VISA和万事达发行的非接触卡。该技术的手机界面非常简单，客户打开手机应用，手机进入收款模式，在手机上可以输入收款的金额，这时将非接触卡片靠近手机，手机上的近场支付天线开始读取卡片的进场支付芯片，交易就会完成，交易完成后，持卡人的手机上会收到交易确认短信。目前该技术已经支持Visa和万事达组织的卡片，该公司正在与其他卡组织进行接洽。交易完成之后，客户可以输入希望接收对账单的电子邮箱，系统可以向这一邮箱发送电子交易单据。系统还可以展示各种商品的图片和价格，客户拿着手机就可以向客户展示自己店面的商品，并方便地完成收款。目前该技术已经在巴西、匈牙利、波多黎各、哥伦比亚等国家使用。

图1　Symbiotic公司系统界面（图片来源：https://symbiotic.com/）

## 二、中小企业发票支付系统创新

总部位于底特律的Autobooks公司帮助小企业直接通过其金融机构发送数字发票并接受在线支付。除提供在线支付支持外，还提供会计、账单支付和财务报告服务，作为与金融机构集成的单一平台的一部分。帮助中小企业获得货款并帮助金融机构在竞争中保持领先地位。Autobooks将金融机构转变为电子商务平台。该公司将数字发票和在线支付受理直接集成到小企业现有的在线银行渠道中。企业主开始依赖金融机构来管理现金流、自动化会计等。

小企业有很多种，包括非营利组织、博物馆、管道修理商、合同外包商、电工，他们的共同特点是存在向客户收款困难。通过Autobook公司与TD银行合作，推出移动网络支付平台，帮助小企业向客户发出电子发票，并进行线上收款，可以帮助小企业解决后顾之忧。通过这一功能，他们发现小企业们开始使用更多该银行的产品，通过客户的网上银行向客户的客户发送电子发票，92%的发票在5天之内收到了支付的款项。而一般的小企业账单的付款需要花费30~45天时间，Autobook将发送账单的功能从原来的现金管理模块中转移出来，TD银行将这一功能作为一项网银的基本功能，让小企业可以在更多的场景下使用，客户无须为此项功能支付月费。客户可以在几分钟之内完成功能的设定。客户可以向自己的客户发送账单，对方收到电子邮件后，可以填入希望支付的金额，输入卡号和相关信息后，就可以进行支付，账单支付可以发送电子邮件、短信、二维码或网页上的按键。

## 三、商务虚拟卡创新

截至2020年6月30日，美国的G银行集团拥有70 000多名员工和5 470亿美元资产，是美国第五大商业银行G银行全国协会的母公司。为其遍布全国和世界各地的数百万零售、商业、财富管理、支付、商业和公司以及投资服务客户提供服务。TravelBank是一个集费用管理和商务旅行于一体的平台，为20 000多家公司提供数据支持的旅行和财务决策支持。TravelBank提供快速费用报销和差旅奖励计划，帮助公司平均减少30%的支出，同时提高员工的体验。

TravelBank和G银行建立合作伙伴关系，将TravelBank差旅和费用管理平台与新的G银行即时卡集成，为企业费用管理提供现代化、无缝的一体化解决方案。即时卡和旅行银行费用集成是第一个也是唯一一个允许项目管理员直接从其费用管理平台发放即时卡的解决方案。TravelBank的客户将能够向员工或承包商发送虚拟卡，并设定消费限额和到期日期。资金立即可用，该卡可用于非接触式支付，并与TravelBank创新的差旅和费用报告平台完全集成。

目前，大多数公司都依赖冗长而过时的费用和报销流程，让员工直接支付自付费用，让财务管理员承担不必要的工作量，通过这一新的集成，员工可以立即将一张虚拟公司卡推送到他们的移动钱包中，并带有预先批准的预算和其他设置的费用政策限制，同时公司可以访问实时报告、费用查询、政策管理和批准、报销、总账同步和用款分析，减轻费用管理和对账的负担。

数字信用卡可以以顺畅的方式推送到用户的移动钱包。该卡可以与Apple Pay和Google Pay一起使用。假如一名企业的员工登录TravelBank网站购买机票，当员工登入时，系统后台就为这名员工开立了一张数字虚拟卡，员工可以选择相应的航线上的航班，之后就可以选择使用虚拟卡结账。企业的财务管理人员可以在后台导入需要办理公务卡员工的名单，系统就会为这些员工办理商务数字卡，并给予相应的额度。

后台的运作流程如下：企业向G银行的后台发出开立商务数字卡的请求，G银行用这一企业的虚拟卡池中的卡号发送给这家企业，G银行随后向Visa和万事达申请向卡片颁发加密的令牌，Visa或万事达将加密的令牌发送给G银行，最后开发者将虚拟卡推送给用户手机钱包中的苹果支付或的谷歌支付API。

如果一家公司的员工出差，乘坐的一家航空公司航班延误，导致他错过了回家的最后一次转机，航空公司就可以通过他的手机应用程序向他发放资金，这样他就可以在早上新航班起飞前在酒店过夜。员工可以将手机应用程序中的资金转移到自己的手机钱包中，并支付酒店住宿和晚上的其他杂费。一旦他第二天早上登上转机，卡上的剩余资金将到期，航空公司可以收回任何未使用的资金。

又如某家在线订单公司，原来利用手工支付处理多个订单，实施CaaS（卡即服务，Card As a Service）API后，每个订单在创建时都会发放单独的数字卡。客户能够将这些卡推到他们的移动钱包中，以安全、方便地结账和付款处理。公司的应用程序支持访问数字收据以改善数字客户体验。通过为每个订单使用一张单独的卡，很容易将订单的所有交易与客户和卡进行对账。

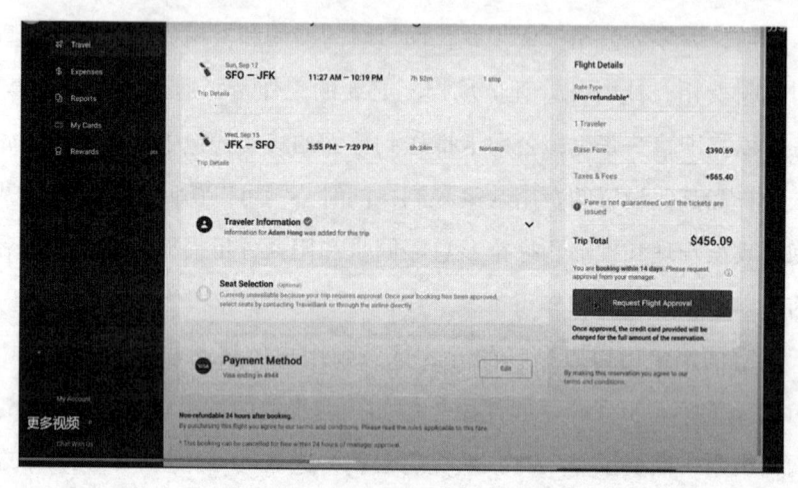

图2　TravelBank公司系统界面（图片来源：https://travelbank.com/）

## 四、定制化发卡平台

美国加州的Marqeta公司构建了现代化信用卡平台，为开发人员提供简单、值得信任和规模可扩展的系统平台。现代发卡是通过开放API平台提供处理，使发卡机构能够创建定制的支付卡产品，利用即时融资功能，实时授权其最终用户的交易。系统与主要的全球网络和本地卡网络相连接，帮助银行建立定制化的支付系统解决方案。系统可以实时调整账户级别的信用额度、APR（银行贷款年利率，Annual Percentage Rate）、奖励和其他参数，以提高用户参与度。这些解决方案可以快速地实施，具备高度的灵活性和定制性、可扩展性和安全性。通过定制优惠、卡控制和奖励，帮助银行定制有助于提高参与度的信用卡。该公司利用开放式API平台和集成合作伙伴，可以在几个月内推出一个完全嵌入式卡计划，实时、大规模地为客户提供个性化体验。

Marqeta公司提供现在买、以后付功能。帮助银行快速发展与商户的关系，使借款人能够在批准后几分钟内支付购买商品的费用。系统为特定购买发行预融资虚拟卡，系统实时评估该笔消费的风险，实时发放资金。即时（Just In Time，JIT）资金在获得批准后立即将资金发放到卡上，并实时完成交易。商店受理虚拟卡就像经营任何其他Visa或Mastercard一样。实现深入了解客户支出，提供有针对性的资金选择，并提高忠诚度。

Marqeta公司帮助在线旅行社设计了实时支付解决方案，帮助他们的客户支付其预定的酒店、航空公司和租车合作伙伴的费用，而无须占用其运营资本。当有客户在在线旅行社网站上购买机票和预订酒店时，Marqeta公司会为在线旅行社的客户实时创建一张虚拟卡，用于支付酒店、航空公司、汽车租赁公司等的费用。即时（JIT）资金在获得批准后立即向卡发放资金，以完成交易。旅行社受理该卡的方式与任何Visa卡或万事达卡一样。对交易数据的可视性帮助旅行社更好地了解客户行为，从而实现更有效的奖励计划。

该公司还设计了创新的消费工具和奖励方式，通过了解客户习惯、支出、余额等情况，跟踪奖励计划的成功与否，对客户进行洞察，向客户提供定制化奖励方案。现代卡解决方案提供了满足不断变化的消费者偏好所需的规模、控制和灵活性。即时（JIT）资金在获得批准后立即向卡发放资金，以完成交易。在交易发生时为信用卡提供资金，激励和奖励活动可以帮助银行最大限度地利用营运资本。该系统向高价值客户发行用于奖励的虚拟卡并可以进行在线购物，系统还可用于扩展其他优惠。在事件发生时接收有关信用卡活动的通知。Marqeta公司将元数据附加到每笔交易中，以便于对账和跟踪特定的客户群。

## 五、电子发票支付管理平台

美国新泽西州D&B公司提供"电子发票出示及支付"（Electronic Invoicing Presentment and Payment，EIPP）服务。付款方通过EIPP服务向收款方完成即时贷记转账。双方在交易前均已在手机上下载各自EIPP提供方的App以及提供即时贷记转账服务的第三方App，两个App通过链接关联。交易前应已完成收款方注册和付款方开通EIPP服务，使得收款方发起支付请求时可发送电子发票相关信息及EIPP中的"请求支付"（Real-time Transport Protocol，RTP）报文。

收款方通过EIPP提供方B的App向该提供方提交电子发票及RTP报文（含电子发票单号、交易金额、国际银行账户号码），后者传送给EIPP提供方A，供给付款方进行确认。付款方通过EIPP提供方A的App发起支付请求，页面跳转至提供贷记转账服务的第三方App，后者还原RTP报文信息并将贷记转账指令传给付款方账户所在行。付款方账户所在行确认指令完整性后将收款方信息和身份验证请求返还给第三方App。该App对付款方进行指纹验证后生成验证码，供付款方账户所在行进行核实。RTP报文采用ISO20022标准可附加支付担保、预授权支付、即时支付、远期支付、分期支付等多种支付条件，以满足差异化到款需求。

使用EIPP，公司可以在客户付账时自动将发票和对账单通过电子邮件批量发送给客户。EIPP软件还包括一个在线支付门户，使公司能够接受客户对这些发票的付款。EIPP软件可以极大地提高公司的效率，优化其发票和支付流程，电子发票可以为公司节省时间和金钱，并改善客户体验。

打印发票并通过邮政服务邮寄发票需要花费大量时间，使用EIPP可以节省时间。打印发票、通过邮政服务邮寄发票以及接受零散渠道付款的成本也更高，使用EIPP也可以节省费用支出。从长远来看，消除纸质发票、手动数据输入和多个支付渠道的费用可以降低公司的成本。

使用EIPP也改善了客户体验。在EIPP的B2B支付端，在线账单支付还可以通过简化与公司的业务往来改善客户体验。他们的客户根本不需要从纸质发票上撕下汇款单，将汇款单塞进信封或邮寄支票。他们只需点击电子邮件中的"立即付款"链接，这可以帮助他们更快地获得付款

EIPP不仅使应收账款团队受益，也使应付账款（Account Payable，A/P）团队受益。应付门户正在成为大型企业选择接收发票的常用方法。对于为大型企业服务的公司，应收团队需要做的不仅仅是发送电子邮件并期望及时付款。如果应收团队花费额外时间将发票发布到客户的应付门户网站，其中一些门户网站按行业（如零售业）进行了专门设置，则可以从EIPP提供的自动化中获益匪浅。

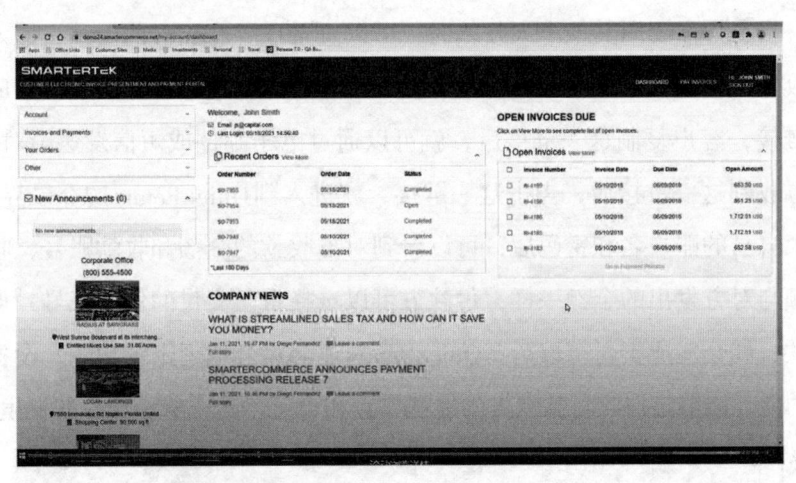

图3　EIPP公司系统界面（图片来源：https://www.smartercommerce.net/）

## 六、使用URL链接收付款

QuickPenny是一个免费的银行API，QuickPenny与PayPal、Venmo和Zelle不同，它将银行账号映射到URL（统一资源定位系统，Uniform Resource Locator）地址而不是电子邮件地址和手机号码，可直接从银行应用程序或网银发起点对点支付和商户支付，无须要向外部金融机构汇款。它使任何拥有美国支票账户的人都可以向客户汇款或从客户处收款，付款直接在用户的银行应用程序或网站上进行。QuickPenny跳过物理卡网络，利用ACH支付通道，汇款费用低廉，银行能够获得比Visa和万事达借记卡更多的收入。

当客户从网上商户结账时，可以点击在网页上的使用QuickPennny支付

的图标,之后进入QuickPenny的登录界面,这是唯一的客户与QuickPenny的交互界面,客户输入自己的用户名和密码后,可以看到需要支付的金额、收款方账号,之后可以选择自己希望使用的付款账号,点击支付,就可以瞬间完成付款。由于交易通过QuickPenny的网络进行处理,并不通过Visa或万事达网络,交换费会大大节省。对客户而言,他们不用记住很长的信用卡号码,不需要与支付机构如PayPal或Venmo进行交互,仅需要与他们很熟悉的银行进行交互,就能完成支付。此外商户也被隔离在客户的信息之外,不会泄露客户信息。

当客户需要向其他个人收款时,可以登录QuickPenny的网站,输入希望收款的金额,系统会显示客户收款的账户和分行信息,界面上会生成一个链接,客户复制这一链接后,就可以通过电子邮件或短信发送给对方。对方收到这一链接后,点击这一链接,就进入到QuickPenny的登录界面,输入自己的账户名和密码后,可以看到对方收款的金额和收款账号,收款金额与对方发出的金额一样,付款方可以选择自己支付的付款账号,点击付款,就会完成支付。以后,QuickPenny还会整合地理定位功能、设备识别功能,能够定位收付款双方的地理位置和设备,防止欺诈交易的发生。

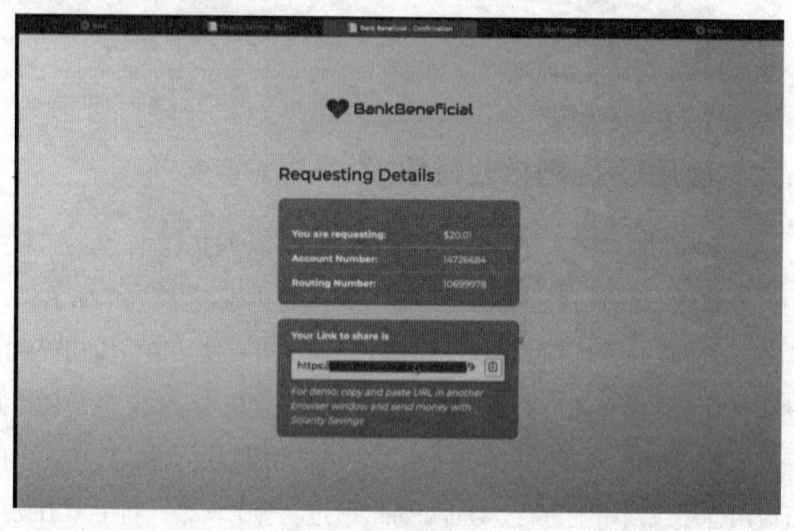

图4 QuickPenny公司系统界面(图片来源:https://quickpenny.com/)

当客户向其他个人发送资金时,客户在银行应用程序中查找点对点支付功能，输入要发送的金额，之后单击按钮以生成URL地址，然后通过电子邮件或文本将URL地址发送给自己要向其汇款的人，对方收到接收链接时，单击通过文本或电子邮件收到的URL地址，然后在手机界面或网银界面上找到自己的银行或信用社，直接将款项汇入自己的支票账户。

## 七、免输卡号快捷绑卡功能

2021年，微信上线了"免输卡号快速添加"绑定银行卡的功能，用户在绑定银行卡时选择该功能，就不用输入烦琐的银行卡号、支付密码等信息，只需选择需要添加的银行即可快速添加银行卡到卡包。

其后银联云闪付App也增加了类似的新功能，用户只需进入"添加银行卡"页面，即可快速绑卡。

另外，支付宝同样很早便支持了这一功能，操作流程大体相同，只需简单的身份认证即可快速添加银行卡。实际上，京东、美团、拼多多等主流持牌的电商平台目前都已经加入了这一功能，用户可以非常便捷地添加和绑定银行卡。

"免输卡号，快捷绑卡"大幅度提升了用户绑卡的便捷性，大多数人不能完整地记住自己的银行卡号，而且很多也不只有一张银行卡。"一键绑卡"功能基于不同的发起方，分别叫推卡和拉卡模式。推卡模式是银行作为发起方，将本行银行卡推送到支付机构；而拉卡模式则是由支付机构作为发起方，将银行卡信息拉送到平台。目前，该功能服务一般由网联统一提供，当然支付机构也可以自行对接银行，比如微信采用的即是逐个对接的方式。从用户体验上而言，拉卡模式显然要比推卡模式更受用户欢迎，用户的使用便捷性也更

**图5 微信免输卡号快捷绑卡界面**
（图片来源：微信）

·239·

高，更符合消费者的日常使用习惯。

## 八、支付行业发展趋势

### （一）支付服务的便捷性和普及性不断发展

21世纪以来，支付行业经历了两次长时期跨越式发展，第一次是2001—2010年，得益于信息化快速发展，支付产业运用网络信息技术，密集推进支付清算系统等支付系统建设，全面实现支付业务的网络化处理，支付效率大幅度提高，发挥了显著的经济和社会效益。第二次是2011—2020年，支付产业受益于市场化推动，充分践行新发展理念，解决了许多长期未解决的难题，在非现金支付工具推广、个人账户分类使用、人民币跨境支付系统建设、移动支付便民工程、支付市场全面开放等方面实现突破性进展。在数字化时代，支付产业预计将进入下一个十年的跨越式发展，支付服务电子化将全面普及，服务便捷性将进一步提升。

### （二）后疫情时代电子支付呈现结构性增长

新冠疫情在全球蔓延，将会导致手机、银行卡和在线支付的使用出现结构性增长，但不同国家和地区会有所不同。数字支付在疫情期间得到前所未有的关注。一些国家的小额交易因非接触式银行卡支付无须密码大受欢迎，奥地利、德国、匈牙利、爱尔兰、荷兰、英国和其他国家和地区的当局、银行和银行卡网络为非接触式支付设置了更高的交易限额。数字钱包和其他基于手机的支付（HCE或二维码）、电子商务的在线支付的使用将更加广泛。

### （三）发挥支付平台优势

平台经济具有巨大的网络外部性，疫情期间，以云闪付、微信支付、支付宝为代表的支付平台在保障社会公众日常生活、支持疫情防控、公益捐助帮扶等方面发挥了重要作用，无人销售、自助收银等非接触支付解决方案应运而生。支付平台要以海量用户为基础,充分利用支付数据资源,依托大数据、5G、人工智能、区块链等技术手段,打破"数据孤岛",从而为客户金融投资、生活缴费、网络购物、健康医疗等需求提供全天候数字化支付服务。

### (四)拓展电子钱包功能

疫情发生前,手机及可穿戴设备的电子支付设备就已经出现。在电子钱包内嵌入数字身份证、交易监测报告等功能将推动其更快发展。例如,智能购物安排、到货时间提醒等服务将影响商店的重新开业。因此,能够为客户提供集成性非接触式支付服务的企业,在业务拓展过程中将具有明显的竞争优势。

### (五)场景支付更加普及

支付场景、支付方式逐渐成熟的物联网、人工智能等技术在未来将推动支付场景和支付方式的进一步拓展和丰富,家居、汽车、无感支付等全新的支付场景和支付方式在未来或逐渐被落地推广,进一步提高用户的支付效率和支付体验。科技的发展帮助支付机构进一步提高支付的安全性,减低可能发生的支付风险。

## 九、商业银行开展支付创新的路径

### (一)开发使用手机接受信用卡的手机应用

商业银行可以开发使用手机直接接受VISA或万事达卡非接触卡的功能,使用手机上的NFC设备和钱包相结合。该技术利用移动设备将更多用户与银行联系起来,从而打开了新市场。全球目前有1.6亿台POS终端,并且每年还以10%的速度增长,其中有7 000万台移动POS,每年以20%的速度增长。在全球79亿人口的基数下,相当于每40~50人有一台POS机,在这种背景下,如果能使用手机作为POS,可以使银行卡受理更为方便。交易完成后,可以向客户的电子邮箱发送电子对账单。

## （二）开发小型企业数字发票和电子收款功能

提供在线支付受理功能对于维持小企业存款和关系至关重要。商业银行可以开发针对小型企业网银的数字发票功能，小型企业可以通过嵌入式模块直接从金融机构的移动银行或网上银行平台发送数字发票和接受在线支付。不同的行业有一个共同的特点，就是都在收取货款方面存在一定困难，发送电子发票和接收电子支付，将这一功能变成一项基础的网银功能。客户登录网银数字发票功能，填入自己希望收款的功能，就可以向对方发送电子发票，对方收到邮件后，输入希望支付的金额和支付的卡号，就可以进行在线支付，这样就帮助客户解决了收款困难。当一家小企业使用数字发票功能时，他们可以选择按月付费，并同意支付处理交易的交换费，这就增加了金融机构的手续费收入。

## （三）推出商务虚拟卡服务

商业银行可以推出卡即服务（CaaS），使银行客户能够通过API集成的方式扩展公司信用用户可以设定精确的消费限制、令牌化和加密，只需按一下按钮，就可以将卡实时推送到使用商务卡员工的移动钱包中。卡即服务（CaaS）API将一系列API集成到用户体验中，提供用于商业购买和支出的数字企业信用卡。银行可以向其企业客户员工或承包商发送虚拟卡，并设定消费限额和到期日期。数字卡可以与Apple Pay、Huawei Pay、Mi Pay等结合，由于采用了广泛的控制，增强了卡的安全性，使欺诈或滥用几乎成为不可能。

## （四）开发定制化发卡平台

商业银行正在寻找更快、更简单的方式吸引新商户，以及更灵活的方式为客户提供更好的用户体验。商业银行可以开发现代化发卡平台，实现信用卡发行和处理的差异化和快速化，凭借开放API技术，即时为数字钱包发行虚拟卡或代币卡，以便客户可以立即开始消费。基于现代虚拟卡的贷款解决方案与客户的移动钱包和商家的POS系统无缝配合，实时为购买提供资金。为预付虚拟卡提供准确金额的资金，并在借款人批准后几秒钟内在商店或网上支付。在交易时以0美元余额和资金启动每张卡，避免在每次活动结束时占用资金和清除卡上未使用资金的麻烦。同时提供电子商务、旅游、费用管理和数字银行方面的功能。这也消除了对预融资卡的需要，使处理欺诈、风险和合规性的方式达到高标准，降低了出错和欺诈的风险，系统能够提供有用的支出分析、预算工具和灵活的奖励，以匹配用户的购物行为。许多传统信用卡奖励方案客户体验不佳，僵化的产品无法满足现代客户的偏好，可以通过客户洞察为客户提供定制化的奖励方案。

## （五）开发电子发票出示及支付平台

商业银行可以开发类似电子发票出示及支付平台的功能。收款方可以通过平台向付款方提交发票，对方通过平台和对应的银行进行付款。这一过程的自动化大大减少了体力劳动的时间，使员工能够专注于更重要的任务。对于一个接一个地通过电子邮件向客户发送月度发票的人来说，这也需要很多时间。此外，自动化电子发票减少了人为错误的可能性，例如，意外通知没有即将付款的客户，通知分支机构联系人而不是总部，或者忘记附上发票。也节省了原本用于纠正错误的时间。如果客户对账单有疑问，如果他们更喜欢电子通信而不是电话，他们可以直接在门户中向供应商发送消息。

## （六）开发使用URL链接收付款的功能

商业银行可以开发类似QuickPenny的URL链接收付款的功能，客户可以直接从银行API发起向商户或其他个人的付款，对方在邮件上收到链接后，点击链接，就可以接收款项。客户如果需要收款，也可以登录系统，输入需要收款的金额，之后系统生成URL链接，客户发送给付款人，付款人点击链接后可以进行付款操作。过往的经验表明即使全球财富500强的零售商，有时也不能很好地保护客户交易信息，这一系统在交易的第一时间，就将客户的信息限制在金融机构，不与商户分享，从源头上防止客户信息泄露。这一应用可以帮助银行提高收入，提高客户的参与度并降低银行的运营成本。

# 国外银行怎样开展支付创新

近年来，在互联网技术和现代通信技术的支撑下，支付领域的创新不断发展，支付商业模式稳步演进。随着相关金融科技的逐渐成熟和5G等规模化网络基础设施建设的逐渐完善，企业、消费者对于支付产品需求的不断升级，支付机构充分利用人工智能、大数据等对传统的支付硬件、验证方式、后台系统进行更新迭代，对支付产品和服务不断探索创新。本文从整合全球现金管理平台、跨境实时汇款、整合支付平台、先买后付款的支付、整合多种支付方式、卡组织跨境直接付款、电子发票支付管理平台等几个方面研究分析国内外支付的创新趋势，并对我国商业银行开展支付产品创新提出建议。

## 一、整合全球现金管理平台

阿姆斯特丹的Cobase公司为大型企业提供了一个多银行平台，提供银行连接全面管理、支付中心以及现金管理和资金管理等可选模块。Cobase提供了一个单一的访问点，能够访问世界各地许多银行和金融服务提供商的账户和服务。该平台的主要功能是完全管理的银行链接、中央支付中心以及可选的现金管理和资金模块。为中、大型公司提供了巨大的财务和运营便利，提升了效率。

通过一个中央门户连接ERP系统并管理银行账户，提供一个中央用户管理和灵活的工作流。使客户能够在一个自由配置的单窗口用户界面中执行付款和应收款项、现金监控、预测和管理、外币管理和授权管理。银行账户以安全的方式连接，以发送支付文件和接收电子银行对账单。支付中心提供高效日常资金管理的可选模块，包括外汇管理、流动性预测、内部银行业务和现金池。该公司系统界面像一个仪表板，可以在一个地方管理公司的所有银行账户。每天可以查看所有银行余额和交易的情况。所有银行只需一个安全令牌，还可以从中央管理部门管理所有用户和授权。企业可以将Cobase解决方案主要用作支付中心或现金管理系统，甚至可以将其升级为资金系统。Cobase提供云ERP所需的余额和交易报告格式。不同的银行将以不同的格式提供信息，而Cobase为客户协调这些数据。

登录Cobase的系统，可以查看分布在全球多家银行的每一个账户的资金情况，每一个账户又分为英镑、美元和欧元子账户的情况，可以查看余额、交易明细，可以从任何一个账户向全球任何一个账户和收款人进行付款，可以预测每一个账户未来一段时期的余额变动情况。也可以查看公司在每一家银行持有的理财产品等资产的情况。支持多种不同类型的付款，Cobase将负责不同银行所需的数据转换。

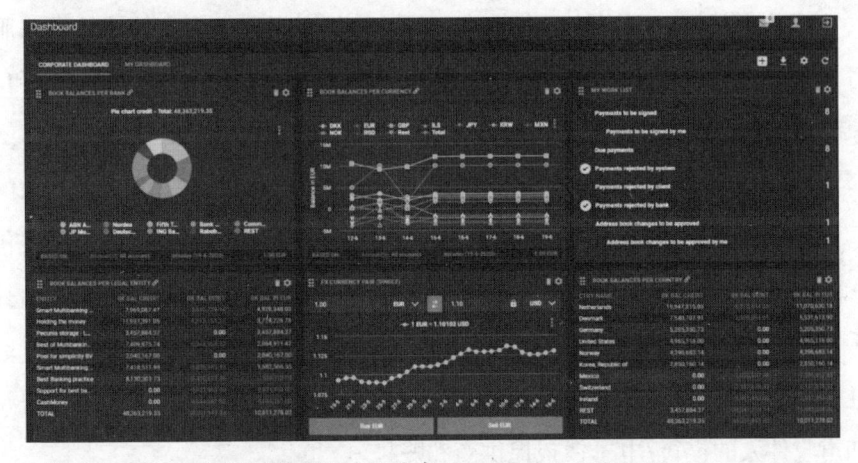

图1　Cobase公司系统界面（图片来源：https://ctmfile.com/assets/ugc/images/CobaseNewIMAGE02.png）

## 二、跨境实时汇款创新

PayNow成立于2017年，由新加坡银行业协会牵头推出，由NETS集团运营并提供跨机构支付接口。PayNow为新加坡的十家参与银行和三家参与非银行金融机构的零售客户提供点对点资金转账服务。基于该系统，付款方可以通过银行或非银行支付机构App，以收款方指定的手机号码、身份证号、唯一实体识别号（Unique Entity Number，UEN）或PayNow二维码等作为收款凭证，直接从本人相应银行账户或虚拟账户向收款方关联的收款账户发起跨机构转账。2020年Pay Now的服务用户440万，约占新加坡人口的80.9%。

PromptPay成立于2017年，由泰国银行业协会牵头成立，由泰国National ITMX公司开发运营。截至目前，泰国本地商业银行基本都已接入PromptPay服务，中国银行和工商银行的泰国分行也已接入。用户可以通过收款人的手机号、身份证登记账户或企业13位税号实现即时转账。即使收款人未注册PromptPay服务，也可以使用该系统通过手机号或是身份证号码等方式接受转账，但无法享受退税、津贴等优惠。2020年，PromptPay系统注册用户达到5 200万，约占泰国人口的75.9%。

以此为基础，两系统于2021年4月的合作实现连接，支持跨境转账服务。当前阶段，该服务参与机构主要为头部银行，包括3家新加坡银行和4家泰国银行，未来会吸纳更多的银行和非银行机构接入。

PayNow提供增强的资金转账体验，使十家参与银行和三家参与NFI的零售客户能够通过FAST（Fast and Secure Transfers）从一家银行或电子钱包账户向另一家银行或电子钱包账户发送和接收新加坡元资金，只需使用其手机号码、新加坡NRIC（National Registration Identity Card）或虚拟支付地址（Virtual Payment Address，VPA）。通过PayNow转账时，发件人不再需要知道收件人的银行/电子钱包提供商和账号。

PayNow还通过参与银行的PayNow Corporate，从零售客户扩展到公司、企业、新加坡政府机构、协会和社团。PayNow Corporate通过将其在新加坡发行的唯一实体编号（UEN）链接到其新加坡银行账户，使实体能够即时支付和接收新加坡元资金。转账时，他们不需要知道其他实体的银行和账号。为了获得资金汇款服务，实体需要在其银行的银行平台上在线注册该服务。

可选择扫描二维码进行付款。实体和消费者现在可以通过使用参与银行的现有移动银行应用程序或参与NFI的选定移动应用程序扫描PayNow二维码进行PayNow转账。

使用PayNow汇款时，客户登录银行现有的网上银行或手机银行应用程序，在PayNow转账屏幕上，输入收件人的手机号码、NRIC/FIN或UEN以及要转账的金额。确认转账前，验证收件人的姓名（在PayNow上注册）是否正确。系统会显示汇款金额和货币、手续费金额和货币、收款人姓名，只需按下确认键，对方马上就会收到款项。

当使用PayNow二维码汇款时，客户需要登录银行的手机银行应用程序，使用银行应用程序扫描二维码。输入支付金额，然后确认转账。收款人收款时客户只需将自己的手机号码和（或）新加坡NRIC/FIN链接到希望转账的银行账户。

图2　PayNow公司系统界面（图片来源：https://tazapay.com/blog/local-payment-methods-in-singapore-how-paynow-works-in-an-international-payment-gateway/）

## 三、整合支付平台功能创新

Rapyd公司于2016年在英国注册成立，员工超过200人，服务覆盖100

多个国家和地区，该公司以小型电商、零工经济平台、线下商户为目标客群，采用API、SDK或网页客户端等形式提供企业收付数字化解决方案，满足客户聚合收单、跨境付款、薪金发放、对账清算等场景需求，同时符合多国监管要求和当地支付习惯。Rapd全年收入约为1亿美元。该公司有聚合收单、付款、钱包、账户发卡四大业务板块，既可作为独立产品提供，也可整合形成解决方案。

Rapyd Collect聚合收单是世界上最全面的全球支付平台，通过单一集成提供正确的本地支付方式，开拓新市场。平台提供具有全球可扩展性的云基础设施，接受信用卡、电子钱包、银行转账和现金，企业用户可以使用Collect API创建定制支付体验，将在线支付处理嵌入任何网站或应用程序，全球欺诈预防策略适用于所有支付方式。

Rapyd无代码解决方案可以支持快速在线收款和付款，为企业提供灵活、强大的支付能力。Rapyd的预集成插件解决方案是一种方便的在线全球支付方式，支持企业在任何地方很容易地发送数字发票，方便地在线接收付款。企业可以发送付款请求，并使用当地首选货币和付款方式接收全球客户的付款。

Rapyd数字钱包通过将Rapyd Collect和Rapyd Dispurse连接到客户的钱包，为企业提供灵活、强大的支付能力，为用户创建个人金融中心。Rapyd钱包可在任何带有Rapyd API的设备上使用。支持的电子钱包服务包括：账单支付、现金提取、资金转移，通过Rapyd wallet API在主钱包和子钱包账户之间转账、增加和扣除资金、管理钱包账户和子账户。Rapyd通过人工智能监控数百份KYC（Know Your Customer）、AML（Anti-Money Laundering）、CTF（Combating the Financing of Terrorism）和制裁名单，通过设备指纹识别和用户评分实现欺诈保护和反洗钱监控。

Rapyd的发卡API允许客户部署和管理多国物理卡或虚拟卡。客户可以利用Rapyd全球可扩展的物理和虚拟发卡平台，优化自己的运营和发卡成本。客户可以通过单一的对账和结算访问点减少后台管理。提供物理卡和虚拟卡的生产、配置和分发服务功能,可以进行集中卡BIN管理。支持Rapyd的虚拟卡发行平台在智能手机上生成虚拟卡。该平台支持端到端卡管理,包括激活、资金、卡更换和卡重新发行。系统支持实时余额查询、交易历史记录、退款和灵活的授权模型,提供对资金和余额的更多控制。

## 四、先买后付款支付功能创新

美国的Affirm公司提供全新的分期支付购买方式,这是一种简单、透明的付款方式,没有隐藏的费用。当客户在Affirm合作网站上购物时,在加入购物车之后,选择"收银确认"就可以进行付款操作。客户将在结账时看到Affirm的图标,客户也可以在确认应用程序中申请一张虚拟卡。选择Affirm之后,按照系统指示输入一些信息,获得实时决策。客户选择适合自己的付款计划,从每2周4次免息付款到每月分期付款都可以选择,然后确认贷款。之后客户就可以按月付款,系统会发送电子邮件和短信提醒,让客户不会错过付款。客户可以设置自动转账,这样就不会错过付款,客户就永远不会付任何费用。

消费者网上购物,如果这个网站跟Affirm有合作,就会提供先买后付款的选项,把要买的钱分成几期,和信用卡还款不同,Afirm的这种贷款没有利滚利,利息包含在每期的分期付款金额当中,很明确地告诉了消费者,消费者就可以放心地购买,只要每月支付预定的金额就可以了。Affirm表示他们不会做传统的消费者贷款,Affirm的模式是典型的双边网络,一边用更廉价、更简单的金融商品吸引消费者到自己的平台,一边把商户也拉到自己的平台上,提高他们的销售。

Affirm公司认为自己是电子商务的下一代平台,他们关注的商业指标包括自己商户的商品总销量和平台上活跃的消费者数量,以及每个消费者每年的交易量。公司的目标是一方面用自己的产品带动商户的总销量,另一方面,吸引更多的消费者来自己的平台更频繁地购物。他们希望变成消费者最信赖的金融产品提供商,在自己的平台上建立存款账户,完成所有的购物,并得到相应的奖励,让消费者可以一直待在自己的平台上。他们的对手是像Facebook这种大的广告平台，Affirm的销售收入部分来自消费者贷款提供的利息，其他的来自它的商户。对那些有合作的商户会按照销量收取费用。对和自己没有合作的商户，他们会向消费者提供一张虚拟的借记卡，消费者用这张卡在商户那里购物还款，就是对Affirm的分期付款。

## 五、整合多种支付方式的创新

美国加州的Veem公司为100多个国家超过30多万家企业提供国内和国际支付服务，以建立和加强合作伙伴和供应商关系。该公司由谷歌、高盛等公司投资，凭借自动化KYC流程和双向验证，Veem在其服务的每个国家和州都获得了监管许可，使用非常方便且安全。Veem的合作方连接是一个最小代码集成的产品，帮助银行为中小型企业提供一体化全球支付平台，支持公司对公司支付和应收、应付账款支付。

Veem支持使用70多种货币在110多个国家进行在线汇款，并且提供有竞争力的汇率，客户可以轻松地在网上汇款，无论业务合作伙伴在哪个国家。在收款人认证完成后，客户可以选择收款人电子邮件，方便地向收款人汇款。该系统还提供灵活的发票和付款申请工具功能。

当客户登录系统并且需要向收款方付款时，仅需要找到收款方的电子邮箱地址，就可以关联出收款人的户名、账号等信息。汇款可以选择使用支票、银行卡、电汇，收款人可以选择收款的货币和存入的账户。公司可以在系统界面上设定不同工作人员的审批权限。在汇款过程中，系统进行二十多种检测，保证汇款的安全，客户却没有任何感知，保证了客户体验。工作人员提交付款请求后，交易被提交到审批人员处进行审批，客户可以选择使用汇款、信用卡支付进行付款。系统可以帮助管理所有付款和发票，查看每一笔付款和发票的明细信息。发票的内容可以填写包括金额、货币、交易流水号、希望存入的账户号码等，公司财务人员可以通过电子邮件等方式向付款人发送发票，对方点击链接，就可以完成付款。系统与多个外部系统相连接，可以方便地进行对账。

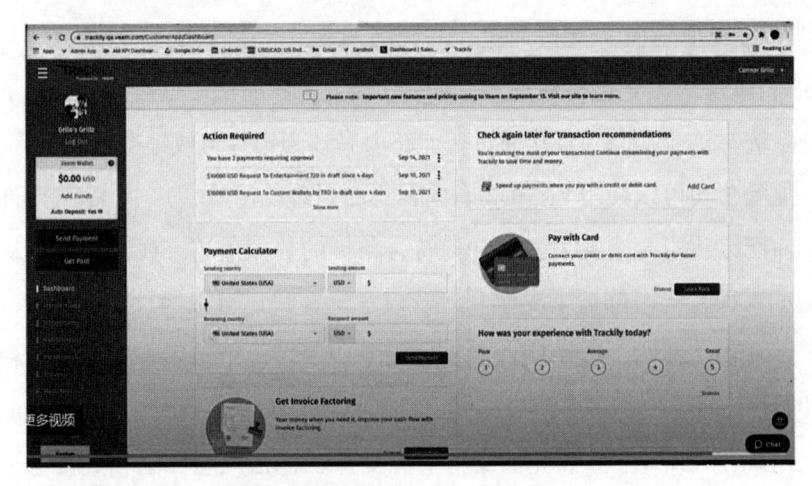

图3　Veem公司系统界面（图片来源：https://www.veem.com）

## 六、卡组织跨境直接付款功能创新

Visa Direct是一项实时付款解决方案，有助于在全球范围内实现安全、便捷和快速的资金划付，通过单一集成实现了全球数十亿个端点的资金流动，可以帮助企业通过卡和账户渠道将资金转移到全球数十亿个端点。Visa Direct借助快速或实时支付功能，客户可以在最需要的时候转移资金，帮助商家可以每天获得现金流，消费者可以通过卡和银行账户收到付款，家庭可以从世界另一端的亲人那里收到钱。

Visa Direct现在实行向全球超过30亿张卡和数十亿个客户提供服务，目前全球有167个国家/地区允许使用国内卡支付，目前支持160多种交易货币用于发送和接收资金。在107个国家/地区实现了卡的实时支付，可向143个国家/地区跨境提供实时或快速服务。

Visa Direct主要针对个人对个人（P2P）、企业对小型企业（B2B）及企业对消费者（B2C）的使用场景，包括汇款、保险理赔、电商分账、薪酬代发等。该项解决方案面向的合作伙伴主要包括批发银行、零售银行、跨境汇款机构、金融科技公司、电商平台等。例如，速汇金通过接入Visa Direct为具有跨境P2P付款需求的客户提供更为简便和实时的转账支付体验。

Visa Direct付款解决方案可实现银行卡和银行账户间卡到卡、卡到账、账到账的资金划拨。支持通过API调用实现一点接入、智能路由。Visa Direct付款解决方案支持通过API调用方式实现标准化一点接入，简化了繁复的系统对接流程，并且能通过智能路由高效为银行卡或银行账户入账。

保险公司可以使用Visa Direct向客户支付理赔款项，Visa Direct允许通过Visa网络将资金直接发送至任何符合条件的美国借记卡或预付卡，从而简化了流程，同时降低了支票和运营成本。客户还可以通过Visa Direct为乘车、食物、住宿、自由职业者支付服务费用。也可以用来支付彩票和游戏的费用。

Visa Direct有业界领先的支付安全支持，包括风险控制和直接电子处理能力。使用Visa Direct，客户可以通过消除对敏感身份信息的需求来增强消费者体验。该方法依赖于多层技术、分析和安全实践，以帮助保护支付系统和减少欺诈。金融机构或支付服务提供商可以利用这一能力推动更高的客户参与度和保留率。

## 七、低碳信用卡

兴业银行与北京环境交易所携手推出低碳主题认同卡。该卡共推出了两个版本：风车版与绿叶版。低碳信用卡倡导"绿色、低碳"的生活理念，鼓励信用卡客户参与绿色消费，畅享"低碳生活"，旨在唤起社会各界对环保事业的重视和支持，并为个人碳交易市场的运行开辟一个切实可行的通道。

该卡使用可降解卡片。卡片由新型可降解材料制成，减小了传统PVC（聚氯乙烯，Polyvinyl Chloride）卡片废弃后对环境的威胁。倡导碳中和，鼓励客户倡导低碳生活，设消费满额送碳权益，首年刷卡交易金额满3万元，可获赠由兴业银行出资购买的1吨自愿碳减排量。持卡人将拥有"兴业银行个人购碳绿色档案"，购买或获赠自愿碳减排量的记录可予追溯，登录上海环境能源交易所网站查询个人自愿碳减排量购买或获赠记录及所支持的自愿碳减排项目信息。该卡采用电子化账单，减少纸质账单在制作和邮寄过程中的资源消耗和碳排放，定期介绍低碳生活小常识。持卡人可

中国低碳信用卡（风车版）　　　中国低碳信用卡（绿叶版）

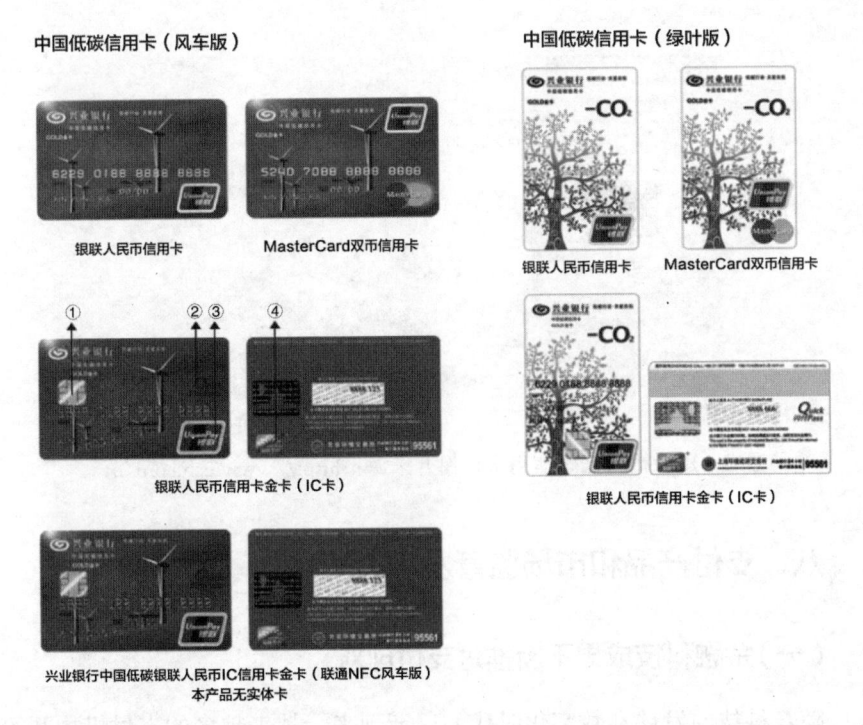

银联人民币信用卡　MasterCard双币信用卡　银联人民币信用卡　MasterCard双币信用卡

银联人民币信用卡金卡（IC卡）　　银联人民币信用卡金卡（IC卡）

兴业银行中国低碳银联人民币IC信用卡金卡（联通NFC风车版）
本产品无实体卡

**图4　兴业银行低碳信用卡卡面**（图片来源：https://www.cib.com.cn/cn/index.html）

专享绿色低碳游折扣优惠，并参与低碳俱乐部不定期特色活动，如参观风力发电厂、草原骑马、自行车环城游等活动，开启绿色低碳生活。还可在"中国低碳信用卡"专属网站通过个人碳排放计算器测算自己的碳排放量，直观了解自己的日常生活习惯是否低碳、环保。为倡导绿色刷卡理念，该行还设立了购碳基金，每刷卡1笔，兴业银行出资1分钱，于4月22日世界地球日集中向上海环境能源交易所购买自愿碳减排量，倡导绿色刷卡理念。

　　建设银行也发行了低碳信用卡，持卡人可以报名参加"银联绿色低碳主题卡之低碳行动"活动，通过绿色消费、环保知识问答、环保趣味游戏三种方式获得绿色低碳能量，绿色低碳能量可用来兑换数字礼券等权益，累计碳减排。持卡人消费满足一定条件还可以获得共享单车骑行季卡。此外还有新能源车购车分期、绿色环保节日等优惠奖励。

图5　建设银行低碳信用卡（图片来源：http://www.ccb.com/）

# 八、支付产品和市场监管发展趋势

## （一）金融科技成果不断推进支付创新

随着科技的发展和数字化时代的逐渐到来，越来越多的支付机构开始将以人工智能、大数据、云计算等支付科技为基础的企业增值服务作为自己下一步业务增长的重要引擎。针对很多传统行业和企业在数字化升级过程中面临的诸多外部困扰，外部的第三方支付机构依托自身多年的行业和业务积累，深挖传统企业相关的痛点和需求，借助一系列先进的科技手段努力打通外部相对复杂的场景渠道、帮助传统企业及时认识到外部环境的变化并快速进行相关决策落地、不断提升自身产品服务的性能，满足传统行业和企业的相关需求，更好地帮助传统行业和企业完成自身的数字化升级改造。

## （二）支付监管手段丰富化

随着科技的发展，监管机构也开始更多地把先进的科学技术应用到自己日常的监管活动当中。现阶段，支付科技在监管中的应用更多的还是集中在形成报告、数据管理等事中监管阶段，但是各国、各组织也在不断加强支付科技在监管事前、事后阶段的运用。随着科技的进步支付机构打通外部场景渠道，助力企业高效进行用户触达。

### (三) 金融科技监管及反垄断监管强化

加强对支付领域金融科技交叉合作监管。加强对包括网络贷款、互联网理财、征信等支付相关的金融科技业务规范管理，支付交叉金融业务的合规经营及风险防范成为监管关注重点。加强金融控股公司与平台型机构反垄断，我国逐步完善针对大型平台机构的反垄断行为监管。推动支付市场有序竞争与业务规范发展。监管机构发布系列针对性规范，加强支付创新指引与支付风险防范。延续收单市场的严监管态势，加强支付合规的精细化管理。

## 九、我国商业银行怎样创新支付产品

### (一) 建立企业全球账户和现金管理平台

对于一个有一定规模的公司而言，如果必须每天手动管理和执行付款和应收账款，管理现金和外币，以及跨多个平台和门户的授权，那么它将面临一个耗时而烦琐的过程，而且不能保证公司管理者每天都能清晰地看到公司财务的全貌。商业银行可以为与其连接的公司提供强大的解决方案，帮助他们提供从许多银行系统访问全球各地银行账户和其他产品及服务的单一访问点，基于云的ERP系统和银行之间建立强大的集成。无须通过多个手动流程在不同的银行门户中工作，为客户带来全面、稳健、安全的支付和流动性控制。客户可以进行账户操作，查看每一家银行不同币种账户的余额和交易，对账户余额进行预测，从而给客户带来巨大的方便。

### (二) 开展全球跨境实时汇款创新

商业银行可以参加PayNow和PromptPay网络，也可以自行开发跨境汇款功能，客户进行跨境实时汇款时，只需要在手机应用上查找收款人的电子邮箱地址，无须输入账号，输入汇款货币、金额和收款货币，就可以实时完成汇款。也可以将实时汇款的功能扩展到公司客户，提高汇款的便捷性。

### (三)整合支付平台功能

商业银行可以开发整合聚合收单、虚拟卡和物理卡发卡、在线、收付款、数字钱包等功能的支付平台,提供整合多种支付的服务。可以支持多种支付工具的付款,将接受国际付款的能力添加到电子商务或发票解决方案中,利用客户在当地首选的信用卡和借记卡、银行转账、电子钱包和现金支付方式,为每一次支付提供优化的客户体验。可以在数字钱包中支持账单支付、现金提取、资金转移等功能,电子钱包支持接受多种货币的付款、持有和转移资金。发卡模块可以部署和管理多国物理卡或虚拟卡。可以帮助企业发行和管理物理信用卡和虚拟信用卡,优化运营和发卡成本。

### (四)提供网站先买后付款服务

商业银行可以与购物平台合作,提供先买后付款的服务。客户在结账时可以选择这一服务,并设定自己希望每期偿还的金额和偿还的总期限。就平台上的商家而言,这种购买方式让产品看起来便宜了,门槛更低了,会鼓励购买和重复购买,提升了客户的体验。这种产品比信用卡付款更诚实,收多少利息,事先告诉客户,而且没有罚金,也没有后面的利滚利。这种贷款是传统的付款方式。就商户而言,银行可以提供更多的分析数据,让商户在平台上实现更多销量,把平台看成重要的市场推广渠道,打广告以及做其他的品牌活动,银行最终竞争的不是消费者的贷款利息收入,而是商户的市场活动预算。

### (五)开发中小企业全球支付平台

商业银行可以开发支持中小企业全球支付的全球支付平台,当中小企业需要向付款方收款时,可以向对方发送电子发票。当付款方向收款方付款时,可以选择对方的电子邮箱地址,可以选择使用支票、银行卡、电汇等多种方式汇款。通过提供应付账款和应收账款等多个功能服务客户,提升客户的体验。系统可以实时跟踪客户的发票从他们的账户发送到收件人。如果客户没有发票，可以主动要求对方付款。

## （六）开发对接Visa Direct功能

商业银行可以开发对接Visa Direct快速转账汇款功能，从而实现跨国跨境的卡到卡、卡到账、账到账资金划转。该功能能够减少与处理纸质支票和报表相关的成本。通过减少客户服务呼叫和后台异常处理来优化运营。通过简单、快速、方便的付款方式改进客户报销、退款或返利流程。消费者只需在其网络或移动表单中直接输入符合条件的借记卡或预付卡号码即可让企业提交支付交易。与小额转账银行相比，每笔存款和每笔转账银行的时间和成本都要低。Visa Direct提供报告功能，如API响应中的交易对账数据。API提供对收款人金融机构收到的资金的实时确认，有助于保持账簿的最新状态。与等待消费者存入支票相比，提供了更快的对账过程。

## 10　客户经营创新

### 国外银行客户经营创新，如何布局

新冠疫情暴发以来，全球经济复苏进程面临疫情的挑战，全球银行业规模呈现低速增长态势，全球低利率环境延续，全球银行业净息差仍保持承压状态，银行业盈利能力仍存在分化。2021年下半年以来，随着疫情反弹，主要经济体经济和银行盈利承压。各国经济刺激政策使零售银行和消费金融成为推动银行盈利增长的主要动力，各国银行加大对零售客户的拓展力度。近年来，随着商业银行市场竞争加剧和产品服务的同质化，各国银行加大了客户管理的创新，本文从销售管理平台、客户通信协作系统、数字银行助手、推荐高审批通过率产品、利用开放银行提升客户体验、主动数字动画的创新等几个方面研究国外银行开户经营管理的创新策略，并为我国商业银行创新客户管理提供借鉴。

### 一、销售管理平台创新

纽约的Vymo公司为60多家金融服务公司提供销售加速平台，如伯克希尔哈撒韦、友邦保险、安盛保险、安联保险、通用保险、阳光人寿、法国的P银行。帮助超过25万名一线销售人员报告数据并学习如何吸引客户，为管理者提供有助于业务资源规划的分析，帮助银行经理进行数据分析并主动改善团队的销售业绩。Vymo的产品能够根据客户的需求调整银行的价值建议。Vymo可以作为一个独立的CRM，但也可以作为在现有的CRM之上一个智能和自动化层。Vymo还拥有自己的分析和报告工具，供管理者展示和管理业务指标。

90%的购买冲动在最初4~8小时内会消失，如果销售线索管理不当，销售线索可能演变成收入流失。银行、财富咨询、保险、经纪等行业的现场销售团队与通常集中的营销和服务团队不同，销售团队是分布式的，销售代表需要将所有活动数据输入到复杂的记录系统中，这也是管理人员的检查工具。Vymo主动外销管理系统很好地利用客户数据并提供给销售人员，该系统是为银行销售人员开发的销售辅助系统，它最初是被设计为建立在原有的CRM系统之上，或者它本身也可以取代CRM系统的地位，该系统聚焦于两件事情，一是系统自动捕捉每天发生的所有销售活动信息，不论是电话、电邮还是各种类型的会议。二是聚焦于理解哪些活动是有效的，哪些是无效的，系统专注于提炼最佳业绩表现销售人员的行为，将他们的经验提炼成黄金标准，用于训练和支持多数销售人员的销售，这种培训指导是在具体情境下开展的，系统在预测下一个最佳行动后，向销售人员推送合适的销售活动。

销售人员登录这一系统的手机App界面时，可以查看到自己的销售目标、每周、每月的电话目标数、转换客户的数字、月度管理资产总额、当天计划销售数、实际完成数、下一个会议时间和内容、地图连接、向客户提出建议、客户名单等，销售人员可以点击进入每一个客户的账户界面，查看公司客户状态、上次联络时间、电话、电邮、短信、聊天按键、潜在的和实际管理资产规模、潜在和实际完成的销售产品数量、每名客户的产品数量、与本行达成的产品比例、即将进行的下一个活动、完成的动作等。如果按趋势按键，可以展示每一项数字的历史趋势，销售人员可以打电话给客户，当电话完成时，系统会产生一条记录，销售人员可以记载谈话的要点，以及客户的反应是否积极，销售人员可以在10秒钟之内完成记录，无须在各个系统之间进行切换。系统还与社交软件相连接，可以轻松安排会议。在客户名单中，系统可以按照金牌客户、银牌客户、普通客户进行分组和标签，标注每一名客户是否是活跃客户，每一名客户名字下面显示潜在购买产品的名称，也可以按照所属行业对客户进行分类，销售人员也可以按照系统建议的销售机会或目标客户清单开展营销。

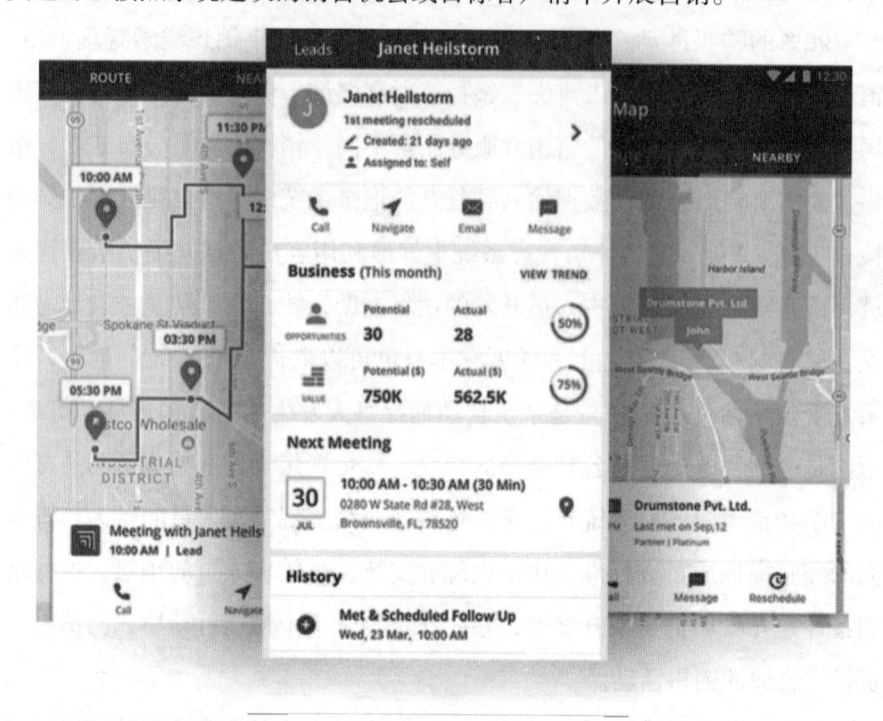

图1　Vymo公司系统界面（图片来源：https://www.getapp.com/sales-software/a/vymo/）

## 二、客户通信协作系统创新

　　纽约的Unblu公司帮助银行和保险公司通过全渠道与客户联系，为超过160家世界领先的金融机构提供在线亲身体验。Unblu平台由一系列数字产品组成，能够增强咨询、销售和支持团队的能力，帮助理财顾问提供更加个性化、灵活和高效的数字建议，将财务建议提升到一个新的水平，提高满意度，实现销售额的快速增长。Unblu平台最具创新性的功能包括：人工智能客户端对话、具备安排数字会议能力的会议调度器、提供协作功能的协作套件、音频/视频和屏幕共享内容、生态系统集成等。Unblu改变了客户旅程，帮助咨询、销售和支持团队提高在线转化率，提供更好的客户体验，并建立成功的业务关系。

金融购买行为是复杂的，银行考虑如何在客户旅程中让客户进行购买，这需要在客户旅程中让客户在与银行工作人员之间的互动中受益，当一名客户登入网银，点击了查询按揭贷款的按键，这时客户需要填写几个简单问题的答案，包括需要购买房屋的用途、房屋的预估价格、房屋坐落的城市、定金金额、客户希望获得按揭贷款的类型、按揭贷款的期限，随后客户点击寻找合适的按揭贷款按键后就进入了一个非常重要的客户旅程节点，这时网银页面上展示出十多个贷款的选项，包括不同的利率和期限，这是客户最需要客户经理介入的时候，客户可以从与客户经理的交流中获益，也是客户最容易放弃的时刻，因为客户可能对过多的选择感到困扰，点击每一个贷款产品选项，上面会显示更多的细节，包括固定利率、提前还款，还可以点击与客户经理交谈的按键，在页面的右侧，有与理财顾问即时聊天和预约一个线上会议两个选项，客户可以点击即时聊天的按键，这时就可以开启视频通话的视频展示，这种即时的视频聊天是在网银里面，而不是需要打开社交软件，由于客户在登入网银时已经完成了身份验证，所有的聊天内容都符合客户信息数据安全要求。在聊天的时候，理财顾问一方可以看到客户看到的网银画面，理财顾问可以与客户共同选择产品，并可以帮助客户完成产品购买流程。客户与理财顾问的聊天视频保留在对话聊天记录中，理财经理可以随时通过聊天系统与客户沟通，如果

图2 Unblu公司系统界面（图片来源：https://www.unblu.com/en/use-cases/digital-customer-service/）

客户填写申请贷款表格，理财顾问同样可以提供指导，也可以提交申请贷款所需的文件。理财顾问的介入缩短了客户浏览的时间，减少了客户放弃率，提高了银行的数字化收入。

## 三、数字银行助手

美国威斯康星州的Fiserv公司是全球支付和金融技术领域的领导者，通过账户处理和数字银行解决方案帮助客户实现一流的业绩。Fiserv提供付款、电子商务、商户收单处理、基于云的销售点解决方案，以及发卡机构处理和网络服务。Fiserv的虚拟银行助手能够提供人工智能驱动的对话体验，在降低呼叫中心成本的同时增长、留住和吸引消费者。

这一数字助手服务使客户对电子渠道的使用提高了30%，同时降低了客服中心的电话呼入量，数字金融助手能够处理70%的客户咨询量，能显著降低电话服务中心电话呼入量和第三方工具的使用量，对于客户丢失卡或者额度问题能够很好地解决。

客户登入手机银行后，可以直接用语音询问数字金融助手，我的余额是多少，这时机器人语音会回答："你的账户余额是×××"，同样，金融助手也可以处理交易查询问题，如客户可以语音询问："我最近收到工资了吗？"机器人会回答："下面是您从2022年8月12日至11月12日的工资交易"，在手机界面上会显示出这一时间段的工资入账交易明细，客户也可以查看自己的交易历史分析，客户可以询问："去年我做了那些消费？"系统会回答："您从2021年11月12日至2022年11月12日从7个银行账户总共花费了41 322.92美元"，并且在画面上显示出交易分类的饼状图，分别显示出居家产品、购物、餐饮、汽车、服务每一类消费的汇总金额，客户可以选择按照交易种类和交易时间段分类的饼状图。客户还可以询问"在过去6个月我在Ann Arbor的餐饮消费了多少钱？"系统会回答"您在2022年5月12日至2022年11月12日期间从您的7个银行账户总共在Ann Arbor餐厅消费了625.85美元，占整体餐饮消费3 376.38美元的18.5%。"

财务洞察与建议是金融助手的另外一个服务重点，例如，客户可以询问:"我想带我的表姐去吃饭并花费250美元,我可以那样做吗?"系统会回答:"基于您的消费习惯,额外多增加250美元的消费会使您的餐饮支出增加63.4%,您的账户余额将减少至515 147.74美元。"如果客户丢失了信用卡,可以对机器人说"我找不到我的信用卡了,我想我可能是几天前落在餐馆了,但我不确定"。系统回答:"我理解您丢失了信用卡,我们需要立即进行处理,您丢失了哪张卡?"客户回答是蓝宝石卡丢失了。系统询问:"我很遗憾听到您丢失了蓝宝石信用卡,您是否希望临时锁卡,等找到再用还是取消并更换新卡?"客户回答:"我希望将卡临时锁上,以免我找到卡片。"系统会回答:"好的,我已经将您的蓝宝石信用卡锁上了,建议您查看最近的三笔交易确保卡片没有被冒用",之后客户可以打电话到热线中心办理。客户还可以询问银行服务的问题,如:"我怎样能够在不去网点的情况下存入我的支票?"系统回答:"我可以帮助您不到网点存入支票,请点击下面按键。"系统上显示出远程支票存入的按键,这一系统可以方便地与银行手机、网银和主机系统相整合,可以进行标准化的流程和界面设计,系统能够向客户提供人工智能功能,降低电话中心的电话量和成本。

## 四、数字互动演示平台

加拿大多伦多的Horizn公司平台帮助银行加快客户和员工对数字银行知识的接受。通过Horizn的技术,银行将数字产品知识传播到各个领域,包括移动和数字银行、公司金融、零售银行、财富管理和监管等。Horizn平台支持自助式客户银行业务、呼叫中心和分支机构的辅助服务,也提供强大的员工平台功能。Horizn的SaaS平台将微学习、社交技术、游戏和高级分析结合在一起,它与大型金融机构合作,为它们的一线员工、呼叫中心、零售分行、信息亭、银行网站、银行移动应用程序、聊天机器人和营销活动提供服务支持。使用该平台,在短短的2~4周内,平均85%的员工掌握了最新信息,并与客户讨论了数字银行业务。手机银行登录量每月平均增长235%。

关于数字银行，有些功能天生就比较复杂，有些功能设计得不好，很少使用。金融机构可以通过Horizn提高员工和客户对其所有数字资产的使用率，最大限度地提高和加速其数字转型战略的实施。

Horizn与超过40家银行合作，帮助这些银行提升大规模创新能力、实现业务的增长。Q银行的网站直接列出了互动演示的清单，包括安装苹果设备App、安装安卓设备App、建立双因子验证、App导航、定制个人档案、管理安全设置、增加收款人、支付账单、向个人付款、建立提醒、管理你的账户、建立移动存款、跨行汇款、建立信用透支支付、设定电子账单、查看电子月结单、更改电子账单设定、重置登录信息。

当客户登录网银时，可查询如何使用一项手机银行或网银功能，随时查看视频。很多客户并不习惯在登录网银之后查看示范视频，在常用的搜索引擎网站，也可以查找到这些演示视频。客户也可以在银行网站上的聊天对话框中开启演示视频，这样客户可在任何接触点上了解如何一步步地办理手机银行或网银业务。同样，Horizn帮助一些银行的职员了解每一项电子银行功能，例如，Horizn帮助Banner银行建立员工培训网站，设立了网上培训计划，网站的设计融入了游戏化的元素，帮助他们熟悉业务电子化操作流程并提升他们面对客户的自信，在借记卡控制标题下，有借记卡控制、管理借记卡控制中的提醒、登记借记卡控制、管理借记卡控制、增加旅行计划，这让该行86%的员工掌握该行所有的业务功能，而这只花费了6~8周的时间。有的银行将演示功能部署在分行，分行员工可以向客户演示，例如，接受二维码付款、临时锁卡和解锁信用卡，每一名分行的员工都能向客户提供高质量的业务演示，24%的客户在观看了演示后的30天之内会购买相关的服务。Horizn还支持银行投产新的业务，在银行新功能投产的前一天，所有的员工都能在内部网站上查看到相关的新功能业务演示，例如，S银行的内部网站上演示了登记网上银行、重置用户名和密码、启用面容ID、启用指纹验证、登记手机银行、手机银行汇款、支付账单、行内转账、支票存款、查看汇款明细、取消重复付款、分期付款、增加账户提醒、建立智能账户、智能账户分析、智能账户交易明细。一些银行投入大笔资金利用人工智能开发了新的服务，Horizn帮助他们在新产品投产的时候向员工和客户互动演示所有的新功能，例如，加拿大R银行开发了Nomi洞察的新服务，在银行的网页上，他们提供了Nomi洞察简介、Nomi总览、月度消费分析、薪资通知存款、新商户活动、新商户大笔购买、商户信用通知、分类消费等，帮助员工与客户很容易地了解使用这些功能。该行在中小企业服务中开发了Wave的发票收款工具，帮助小企业了解这一服务给他们带来的益处，帮助他们开始使用这一新功能。Horizn帮助银行提升了开发的使用和经营结果。

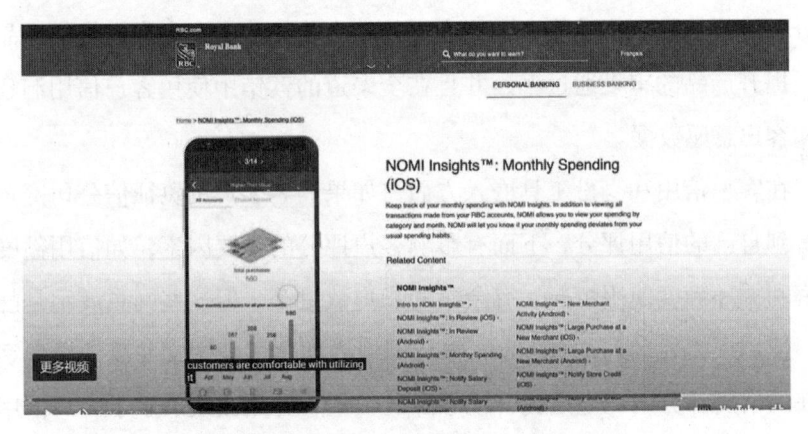

图3　Horizn公司系统界面（图片来源：https://horizn.com/）

## 五、个人信用管理和推荐高审批通过率产品

纽约的Array公司通过其API和嵌入组件提供一流的个性化消费信贷、身份和财务健康工具，帮助银行在客户旅程的每次互动中加深客户关系。该系统通过嵌入式工具、白名单和API帮助银行创新和发展，为用户提供个性化的信用和财务数据，创造吸引人的体验，解决客户获取、参与和保留的挑战，为银行提供客户洞察分析。系统的信用经理模块提供25个以上的嵌入式信用工具，包括3个信用报告评分、评分跟踪、信用警报、评分模拟器、信用锁和直接争议。优惠引擎通过信用状况细分销售线索，帮助银行优化优惠和工作流程，在正确的时间为用户提供合适的产品。ID保护功能帮助银行确保客户安全，并通过安全提高忠诚度。

在以前，银行客户开户需要造访分行网点询问业务怎样做，但现在大多数客户都已经线上化，这些线上化的客户被竞争对手利用数字手段瞄准，希望了解这些客户的需求并吸引他们转换为竞争对手银行的客户。因此，对银行来说重新控制这些客户的体验非常重要，Array公司帮助金融机构将个人信用和身份相关工具嵌入现有的数字银行体验，这使银行更深入地了解客户并更好地服务客户，Array与125家银行及银行平台合作，帮助数百万银行客户了解自己的信用情况，保护身份信息，并提高客户财务健康状况，该公司与三家公开的征信公司合作，这部分数据是最有吸引力的部分，该系统将更多功能嵌入到客户的数字化体验中，向客户提供产品建议，提升产品的审批通过率，并且在全渠道的营销中使用客户信用洞察数据和客户意愿数据。

在客户信用和身份工具嵌入方面，如果一名客户浏览征信公司网页可以看到自己的信用评分，下面有影响客户评分的主要因素，如信用额度使用率和循环额度使用情况、有余额的账户数量等，但这些网页展示是静态的。使用了Array服务的Gothum银行网银界面上，会图文并茂地展现客户现在的信用评分，比上期提升或下降的数值，并用曲线展示了客户信用状况的变化历史，客户可以点击查看评分的因子、信用报告、信用预警、债务分析、分数解析、分数模拟等内容，客户所有信用和身份相关的信息都展现在精美设计的仪表板上。在信用分数因子界面，显示了支付历史、信用卡使用、信用历史、总账户、负面记录、困难诉求等每一项的得分，以及每一项的影响度。点击每一项的名称可以查看这一项目的详细情况，进入每一项的详情可以查看这一项目的含义和每一分数段的具体描述，客户为什么得到这一分数，以及如何在这一项目中提高自己的分数。例如，客户的信用卡使用得分为10%，系统显示客户使用了18万美元额度中的24 105美元，得到了对应的信用卡使用得分。客户信用评分模拟器，可以模拟客户申请房屋按揭贷款、汽车贷款、个人贷款、信用卡的情况下对自己信用评分的影响，客户可以现场模拟申请一笔房屋贷款，系统会显示出信用评分的变化。当客户返回网页时，系统会根据客户的选项和客户现有的信用评分，使用产品推荐引擎向客户推荐合适的贷款，客户可以点击按键获得个性化的利率，这一引擎也能够通过全渠道协同的功能，通过多重渠道营销手段向客户营销这一贷款产品，从而实现更好地向客户推荐合适的产品，并把客户保留在自己银行的体验中。

  Array也能帮助客户提高产品的审批通过率，在S银行的后台有四种类型的信用卡，分别能够帮助客户保护信用、节省资金、消费到一定门槛后获得更高积分、享有更多旅游权益，系统根据客户的行为习惯和信用评分，仅向客户展示保护信用和旅游权益两种信用卡，这样更符合客户的消费特点也更容易通过审批。Array还拥有极强的分析能力，银行可以查看客户从哪家银行申请汽车贷款、不同信用评分区间客户的账户余额情况、不同信用评分客户的数量、活动的客户参与情况、客户钱包份额分析、这些数据可以被用来进行客户需求分析，还可以实时整合进银行的销售平台或API。

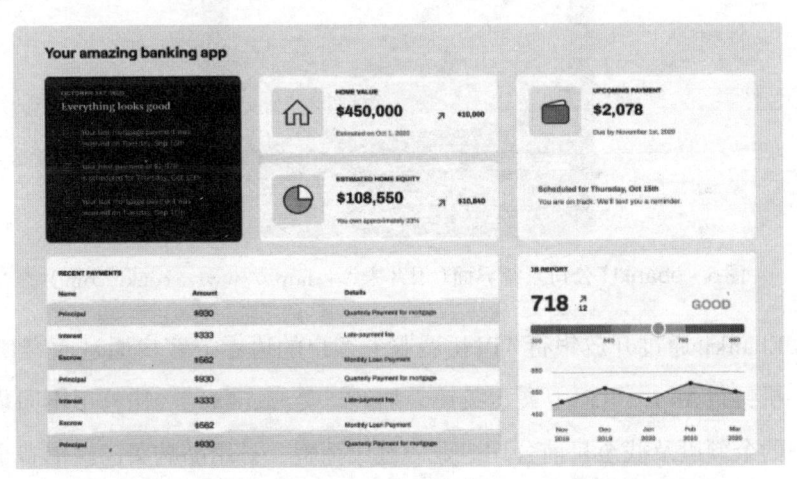

图4　Array公司系统界面（图片来源：https://www.array.com/）

## 六、利用开放银行提升客户体验

  纽约的ebankIT是一家全渠道数字银行平台，帮助银行充分发挥其潜力。其灵活、强大的功能帮助银行实现快速、无缝的数字化转型。通过加强客户关系、开放银行业务和利用第三方创新，ebankIT平台为数十家金融机构带来了数字化业务收入的增加和成本最小化。ebankIT全渠道数字平台使银行提供最直观、个性化的客户体验，满足用户需求，帮助客户实现个人目标。

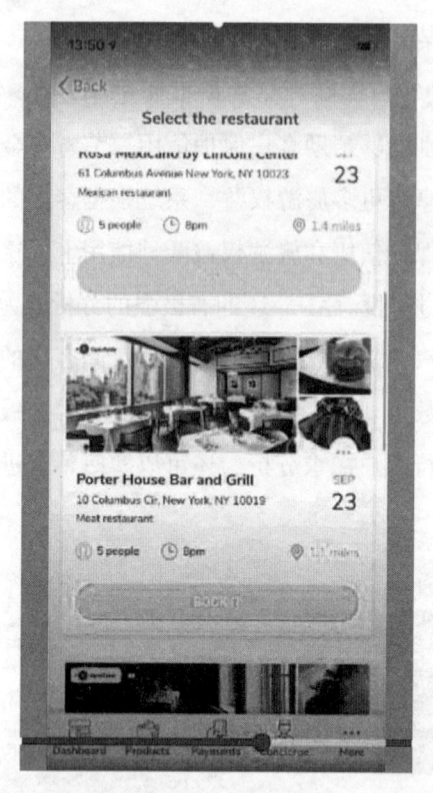

图5　ebankIT公司系统界面（图片来源：https://www.ebankit.com）

Ebankit通过开放银行API拓展服务客户的边界。客户通过面容ID登入手机银行App，页面上展示英镑、加元、美元、欧元、比特币不同货币账户的余额以及截至目前公用事业、健康消费、日用品购买已经消费金额占这一类别消费通常预算的比例，每一货币账户下面有该账户近期消费的商户的图标和交易明细金额。客户可以进入需求页面，需求页面上显示住宿、餐饮、娱乐、出行等几个图标，系统使用人工智能和机器学习技术使客户感受到场景化的体验，系统会了解客户在什么位置、喜欢什么、习惯购买哪些商品等。系统会显示一些提示，如"您的旅游保险已经生效"，点击按键可以查看保险覆盖的保险范围、客户的手机还没有购买保险以及保险的详细情况等。客户可以查找位于附近的朋友，然后查找附近常去的餐厅，点击餐厅图片和简介，可以点击按键后联系这家餐厅进行预订，预订成功的信息将会显示在屏幕上，包括用餐时间和地点等，之后系统会发送通知到选定的朋友。如果客户点击出行，系统会联系Uber公司，系统支持在手机上完成预定，确认通知上会注明起止点的地图地址。也可以预定用餐后去的俱乐部，并在手机银行App上进行确认。ebankIT上面有上百家合作的企业，可以通过点击对应的链接登入合作商户的App，这样的开放银行使客户的服务范围大大扩展。

商业银行可以开发Ebankit支持可穿戴银行服务，客户可以通过智能手表提供的快捷、方便的方式来查询账户余额、支付账单、请求支票簿或者付费、查看最近的ATM机和分行、开户等特定服务。ebankIT提供了手表优化平台和数字渠道，满足功能和安全方面的质量标准，使客户能够通过smartwatch连接、验证和办理银行业务。移动设备的卓越功能为消费者和分支机构人员提供了显著改善体验的机会。通过设备摄像头和触摸屏可以进行数据捕获和文档上传、触摸签名、位置跟踪，以及潜在的其他功能，如防欺诈等。

ebankIT的增强现实解决方案为客户提供新的、更紧密的银行体验，虚拟地与个人财务进行交互。与真实环境交互，将虚拟元素与真实环境相结

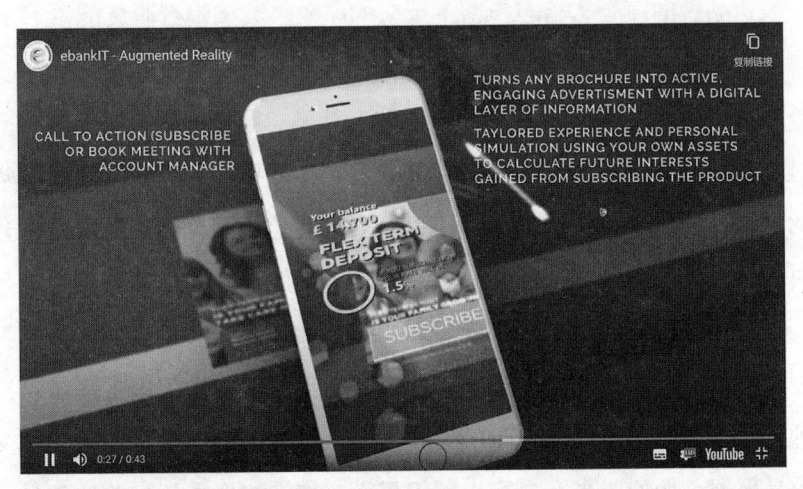

图6　ebankIT公司增强现实系统（图片来源：https://www.ebankit.com）

合，将虚拟元素组合到客户的操作中。

## 七、主动数字动画

纽约的Soul Machines公司创造出惊人的数字银行职员，以更好地全天候、多语言地与全球客户互动并服务。这种人机协作使银行能够部署人工智能对话，将品牌化、创新的视觉交互整合到各种各样的客户服务平台中。数字银行职员与客户的每一次数字互动都是一次机会，可以帮助银行与客户每天建立更私人的关系。银行可以通过这种新方式与客户建立联系，从而提高客户满意度。凭借尖端人工智能和自主动画技术，Soul Machines数字银行职员通过全天候令人信服、富有同情心的互动来改变客户体验。它们可以听到和看到、处理复杂的信息，并通过情感上合适的面部表情、眼神交流和实时手势做出反应。无论是在网上还是在银行内的信息亭，数字银行职员都能创造迷人的品牌体验，并提供多方面、个性化的客户服务。

该公司开发了获得专利的HumanOS平台，能够区分人工动画和自主动画，为当今数字世界和未来的元宇宙提供自主动画，数字银行职员功能可以打造一支数字化员工队伍，提升银行的网络体验和未来的元宇宙体验。数字银行职员不只是说话，它们可以听、看、理解、同情并用情感进行回应，表达品牌的声音，给客户留下持久的印象。数字银行职员能说12种语言，可以在公共网站或移动应用程序上部署。在开始接受数字银行职员的服务之前，需要授权使用客户的相机和麦克风，数字银行职员与客户对话的过程中，将通过自然及时的对话捕捉客户体验中的人性化元素，收集客户的反馈，获取参与方数据，并将这些数据转化为高价值的见解，对建设性对话做出决策，从而提高客户保留率和忠诚度。

数字银行职员通过摄像头观看客户表情和反应，通过它们的数字大脑支配它们的面部表情和行为举止，并实时做出反应。数字银行职员可以在各种场景中与客户采用真人化的方式进行互动，同时对银行团队而言又非常容易部署。例如，当客户登入网银界面，查询按揭贷款相关的信息，并点击开启电子银行职员功能时，自主动画的数字银行职员用自然的语音打招呼："我是按揭专家 Frannie，您可以回答一些我的问题，我会为您规划按揭贷款重组计划，您的按揭贷款金额是多少？"当客户用语音回答后，网银界面上会显示出客户回答的金额，之后数字银行职员会询问贷款期限、已经偿还的期数等，系统界面上会使用图表返现客户回答的内容，之后数字银行职员会推荐合适的贷款重组方案，并告知客户，重组的计划为您每月节省了47美元的利息，总共减少了4.9万美元的利息支出。客户同意之后会通过邮件向客户发送贷款重组文件。当客户有逾期欠款未还时，数字银行职员也会在手机银行上与客户进行充满感情的交流，为客户推荐更合理的偿还分期计划。

银行可以在几分钟之内就建立自己的数字银行职员。只需从人脸库中选择一个数字人物（与Soul Machines合作或创建自己的），然后选择一种语言，设置个性化的情绪风格，选择一个对话语料库，为角色添加技能和对话，并部署到标准或自定义UI，帮助银行构建自己的数字员工队伍。数字银行职员的角色可以是客户支持、产品顾问、网上银行、品牌大使、场外支持、数字名人、虚拟房地产经纪人等。客户可自行加载对话和技能，部署到目标网站并监控其状态是否正常。

## 八、商业银行创新客户管理七大关键

### （一）开发销售管理系统

商业银行可以开发销售管理系统用于管理客户及与新客户的互动，将主动外销事件管理集成为一个移动和智能化的系统，帮助销售人员达成更多销售目标。该系统支持向客户匹配最佳产品，从而缩短外呼致电和售后请求的响应时间。第一次与客户接触平均需要在最初接触的2~3天以内，有时需要在4~7天以内。主动外销管理系统根据情境进行指导，以改善销售结果。可以进行每日、每周、每月的绩效跟踪，帮助找出技能和表现方面的差距，提出指导干预措施，以改善销售绩效。系统能够自动捕捉销售人员每天的所有活动，并提炼最佳业绩表现人员的标准行为，为销售人员提供目标客户清单、客户联系记录信息、持有产品信息和下一步最可能购买产品信息，并及时指导销售人员的行动。

## （二）开发客户通信协作系统

商业银行可以在客户浏览网银或手机银行过程中嵌入客户通信协作系统，提供数字化的人工顾问服务，这一系统让银行为客户提供无缝的客户体验。系统能够提供通过自然、持续的对话与客户保持联系的功能，其协作功能提供自助浏览的协作体验。在谈话中，理财顾问可以与客户一起使用现有的网站和文档。通用共同浏览提供了额外的灵活性，使参与者能够一起导航到任何网址。可以使用共享文档指导客户一起完成复杂的产品或提案、填写表格或签署合同。出于合规性、质量或培训目的，可以随时记录和审核任何对话。对话记录存储为MP4文件，仅供授权用户使用。对话的每一层都可以被记录下来，并提供给金融机构和客户。记录在一个安全的数据库中保存一年。在客户浏览网银或手机银行过程中，可以引导其填写一些问卷，了解他们对产品的具体需求，之后可以向客户推荐一些产品，并向客户展现与理财顾问联系的系统链接，之后就可以在理财经理与客户的聊天中共享信息，并向客户提供实时的人工讲解，并在线完成业务申请。在网上银行和手机银行的客户旅程设计中，这种人工顾问服务极具影响力，可以提升客户的体验并达成更多的销售目标。

## （三）开发数字银行助手

商业银行可以开发并提供数字银行助手服务，通过动态、创新的平台在任何渠道或应用程序与消费者对话，提供下一代的数字金融助手服务，促进客户财务健康，同时获得操作的指导。数字化银行助手能够提升全渠道客户体验，78%的理财客户认为实时地了解理财产品的信息是十分重要的。数字银行助手能够满足客户在浏览手机银行或网上银行时的咨询需求，减少电话服务中心的来电数量。数字银行助手可以回答客户关于账户余额、交易的询问，可以对历史交易进行分析，客户可以询问目前某一项餐饮、旅游、娱乐、购物等消费的花费，以及可以询问在某一商户消费了多少钱。当客户有支付需求的时候，可以询问与自己平时的预算是否相符，从哪个账户支出，以及可以办理信用卡挂失申请补卡等服务需求。在数字银行助手服务过程中，客户无须按任何按键，仅需要用自然语音说话就可以了，可以提升客户的体验和满意度，提升交易额。

### （四）开发数字互动演示功能

进行在数字银行的发展和推广上机构现在面临两个方面的挑战，一是让新的数字客户了解数字银行的基本知识，二是让活跃的数字客户更广泛地利用银行的所有数字能力。商业银行可以开发数字互动演示功能，部署在网银和手机银行中，帮助客户了解各项手机新功能，提升对手机银行的使用。同时在银行内部的培训网站上也提供数字互动演示功能，使银行员工能够对本行的数字银行功能非常熟悉，并及时向客户推荐。数字演示通过银行网站、电子邮件营销、搜索引擎优化和聊天机器人广泛分发给客户，帮助客户自学数字银行，促进与客户就数字银行的各个方面进行数字对话、数字支持和数字销售。当客户要求支持时，员工可以引导他们进行数字演示。通过数字演示，员工可以在电话中准确地看到客户看到的内容，并指导他们进行数字旅程，客户可以在现场使用数字银行功能之前尝试这些功能，因此即使是最不懂技术的客户也可以找到数字银行问题的答案。对于更精通数字技术的客户，可以共享更先进的数字银行功能，提高所有业务线的数字功能采用率。

### （五）开发信用管理工具并向客户推荐高审批通过率的产品

商业银行可以为用户提供信用洞察工具，通过信用报告、跟踪、监控和评分模拟，让客户安心。利用数百个信用属性，帮助客户了解他们的信用，了解如何改善信用及如何使用与其个人资料相关的优惠。通过个性化的财务建议为用户提供更好的体验。通过信用预警、月度报告和分数模拟器，帮助客户更好地了解他们的财务状况，并了解如何随着时间的推移改善他们的状况。实时监控用户贷款申请、就业和医疗记录、税务申报、在线文档签名和支付平台的交易情况,如有异常,立即向客户发出警报,以便客户主动验证身份。为客户提供高达百万元的身份盗窃保险,零免赔额,补偿客户的工资损失、法律辩护和费用,以及与恢复身份相关的其他费用。无论客户想保持信用,还是需要被引导去实现一个特定的目标,都让他们停留在原来的银行。根据客户浏览的内容,通过计算客户的信用评分,向客户推荐其能够获批的产品。银行可以在数小时内定制和部署这些网站和API,实现快速的实施。

### (六)开发开放银行改善客户体验

商业银行可以开发全面管理数字体验的系统,涉及新户开户、通知、安全等各个方面,也为前后台的职员提供完善的支持。商业银行可以在手机银行和网上银行上与外界公司合作开发开放银行功能。客户登入手机银行,可以查看各种货币账户的余额和交易明细,并且显示截至目前每一类消费已经花销的金额占总预算的比例。客户可以进入需求页面,包括餐饮、出行、住宿、娱乐等功能,点击进入其中任何一项后,可以进入服务商的预定页面,客户可以在手机银行或网上银行上预定自己的消费,大大拓展体验的范围。银行也可以开发智能手表,通过智能手表完成快捷、查询账户余额、支付账单、请求支票簿或者付费、查看最近的ATM机和分行、开户等服务;也可以开发增强现实功能,将虚拟元素组合到客户的操作中,根据用户的真实信息提供定制的模拟,将户外宣传变成带有数字信息的广告。

### (七)开发数字银行职员功能

商业银行可以开发数字银行职员功能,数字银行职员通过自主动画的模式,展现出数字现实的人员互动,80%的对话是非语言的信息交互,包括语音语调、肢体语言,这种面对面亲身的互动更有影响力。当客户微笑时,电子银行职员也会微笑,当客户表情中显示出难过或困扰时,数字银行职员也会做出情感反应。在对话中,数字银行职员还可以想象潜在的结果,权衡标准,并决定下一步要说什么。它们可以通过与外界、用户互动中学习，也可以从它们所代表的品牌或服务中学习。除了语言，数字银行职员还懂得如何用脸交流。它们可以表达专注、开放、体贴、乐观，并表达人类的各种情感。数字银行职员还拥有虚拟肌肉，可以让它们在虚拟的世界中移动，让它们能够像在物理世界中一样触摸虚拟物体并与之互动。数字银行职员可以与客户沟通贷款需求并向客户推荐贷款重组计划，并解答用户的问题，提升客户体验。

## 11　渠道创新

## 人工智能时代，零售转型如何进行服务渠道升级

新冠疫情在全球暴发以来，对经济社会发展带来了深远而严重的影响，各主要经济体均出现经济增速陡降、失业率上升、贸易与跨境投资减少以及大宗商品价格异动等负面反应。作为全球经济的主要参与者的商业银行，也面临巨大的压力，包括财务负担加重、盈利能力减弱，经营风险加大，资产质量下降等。商业银行手续费的增长压力更大，拓展变得更加困难。同时随着人工智能、机器学习等技术的广泛应用，各国商业银行在渠道拓客和服务方面开展了很多创新，本文从建立数字体验管理平台、客户营销预测云平台、个性化营销展示平台、个性化体验的渠道管理平台、对话银行平台、人工智能客户参与平台、发挥渠道交叉销售功能七个方面分析国外金融机构创新渠道管理的经验，并对我国商业银行的工作提出建议。

### 一、建立数字体验管理平台

美国阿拉斯加州的DeepTarget为金融机构提供单一的数字体验平台，数字体验平台是一款智能数字营销和销售解决方案，使金融机构能够从数千个并发的客户接触点，始终如一地、智能地参与并向其客户交叉销售。让客户在其所有数字渠道（包括线上经纪人、移动、网络、电子邮件、账单支付、贷款、个人财务管理等）中参与进来，确保银行不会错过与客户

接触并向客户和会员交叉销售的机会。系统可以跨所有数字渠道管理完整的客户参与生命周期,从而提高收入、忠诚度和信任度,降低成本。帮助金融机构通过产生共鸣的信息建立客户联系。该公司的3D故事讲述器将数字体验平台的智能优势与创新的3D用户体验相结合,为客户提供令人惊叹的体验,从而使销售额增加10倍,并与数字用户建立持久的关系,通过简化数字营销来帮助金融机构发展。

Deep target由顶尖的专家开发,能够帮助银行为每一位客户提供独特的故事,这一过程可以在瞬间完成并且能够覆盖大规模的客户群。故事能够吸引客户是因为它们与客户相关并且有新鲜感,不仅能够带来良好的体验和忠诚度,也能带来更高的利润。

个性化的故事由数字体验平台提供,当客户使用自己的手机银行App时,可以看到一个立体长方形的方块,客户可以用手指滑动使立方体方块转动,当一名刚换工作的客户翻转方块时,方块侧边上会显示优美的海边景色图片,转换一个面,可以看到银行关于存款和投资的建议,有网络研讨会和对客户投资的建议,客户可以向上翻转登记网络研讨会。其他的页面上也有申请信用卡的建议和链接,进入信用卡申请页面,会显示向客户推荐的信用卡的优惠,包括低利率、免年费、免息期、免费旅游和购物保险、合适的额度、最低还款、全球商户受理、积分奖励等,客户可以填写个人信息开始申请。在另一个面上,可以看到提醒,客户被预批核了一笔年利率2.99%的汽车贷款,客户也可以点击进入进行申请。再次旋转长方形方块,可以看到远程存款的画面,客户可以将自己的工资支票进行拍照上传,银行会完成远程存款。在其他的立方体面上,还有汇款的介绍,在另一个面上,可以看到通知,称客户已经被预批核了贷款重组,这个贷款重组计划是专门为客户量身定制的,客户可以接受贷款重组计划,这样可以帮助客户节省很大一笔资金。当客户申请贷款重组时,所有的信息都已经预填,因此无须填写更多的信息,只需要点击提交键。

在系统的后台,展示所有近一阶段的营销活动列表,包括发布日期、受众、类别、广告、手机App等。系统还提供统计功能，上面有活动类别、日期、利率、引导、每项活动应答率等。还显示广告、活动、报告、设置、支持等内容，显示过去7天最受欢迎的活动统计和近期修改的营销活动，通过Deep target平台，员工可以查看现在生效的营销活动统计和列表，客户能够得到个性化的推荐，并且看到本社区能够参加活动的信息。

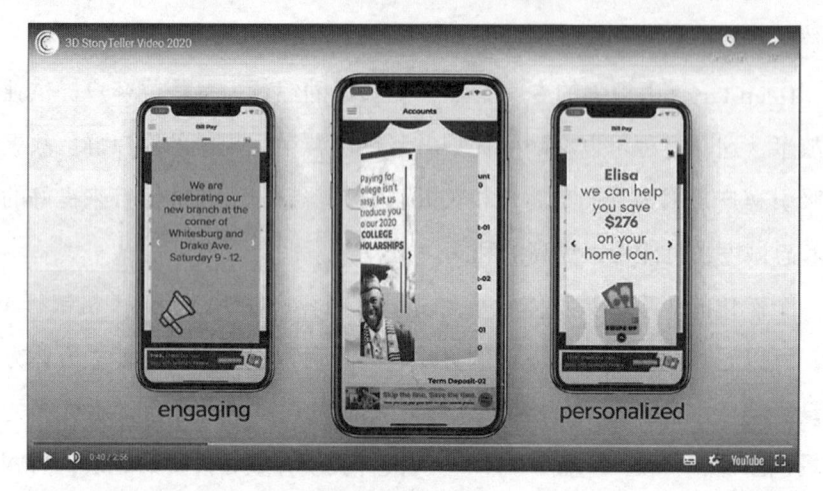

图1　Deep target公司系统界面（图片来源：https://www.deeptarget.com）

## 二、建立客户营销预测云平台

美国的Faraday是一家领先的品牌预测云技术公司。通过数据和人工智能技术帮助银行大规模提供相关的个性化体验，并与客户更接近。Faraday通过人工智能预测来增强品牌现有的系统和营销渠道，让整个团队更加智能地工作。Faraday几乎为将近3亿美国成年人中的每一个人提供了丰富的消费者档案数据，并使用这些数据为银行建立预测模型，合作银行可以访问它的预测模型，并提供强大的洞察。Faraday帮助预测消费者行为，包括客户购买、转换、搅动、推荐、退货的倾向。如果这件事以前发生过，Faraday可以预测它什么时候会再次发生。

Faraday公司帮助银行了解客户和营销活动的进行情况，对营销活动的流程进行设计，并确定未来向哪些客户进行沟通。Faraday是一个应用人工智能和第三方数据的客户预测云，帮助银行预测哪些客户是最可能与银行进行互动的，以及如何更有效地与他们进行沟通。银行可以在客户生命周期的任何阶段与客户沟通，指导银行如何增加客户的参与和对客户进行挽留，增加客户的转换。

Faraday系统上有热力图，所有2.7亿美国客户都包括在其中，每一名客户有约500个经验证的数据点，包括财产信息、人口统计学信息、财务信息、可观测的生命事件等。系统可以将原有数据与合作银行数据整合，当双方数据整合后，系统就会立即确定哪些是最好的客户和最好的营销活动。

系统也能对数据进行任何形式的切割，例如，可以对纽约和洛杉矶的客户进行比较，点击分析按键，就可用不同颜色的数轴显示纽约、洛杉矶、全美国客户分别的资产水平，每一个客户群的客户数量，消费额的中位数，前四分之一、后四分之一的资产平均数，分别有多少比例的客户家中有储备资金，三个客户群家庭按揭贷款的比较、不同年龄段客户数量的比较、每个家庭房屋数量的比较以及家庭净资产的比较。

系统还有人格角色的分析功能，人格角色是聚类分析的结果，系统将整体客户群分为不同的人格角色，如已婚男人、预算吃紧、爱心人士、舒适生活等，并计算出每一类人格角色的客群数量，以及每一类人格角色客群的年龄分布、性别分布、婚姻状况分布、住房大小、住房房价的分析。不同的人格角色的客户，沟通需要使用不同的方式才更加有效，Faraday能够很容易地发现不同人格角色在有效沟通方式上的差别，并将合适的方式应用到对目标客户的沟通方案中。系统使用全新的数据驱动方法，并将新的数据分析结论与银行原有的数据分析结论结合在一起，帮助银行确定最佳的潜在客户。系统还可以显示过去一段时间每一天不同人格角色客户的数量，并用彩色图表显示。

当一个营销方案制订后，系统可以分析这一方案对销售产品是否能够产生互动并进行评分，还可以分析出哪些是影响营销方案成功的主要因素，如目标客户的年龄、居住年限、家庭收入、购物风格、按揭贷款金额、平均每月消费、总线上消费、流动资金、性别等，并显示每一项因素的重要性，系统还能对分析结果进行模拟。系统可以监测流失预警、营销活动信息直邮、提升贷款金额、汽车贷款交叉销售等活动的进展状态、模型、目标客群和实际效果，每发起一项活动，都可以选择目标的渠道如社交媒体、邮件、客户关系管理系统等，可以选择目标客群、目标客群人数规模，银行可以选择最优互动可能的客群，并选择渠道与他们进行沟通，该系统有230个不同的目标合作渠道。通过Faraday系统能够找到最有可能互动的客户。Faraday没有使用线上交易数据进行预测，而是使用经验证的数据，使其预测结果优于其他平台。系统可以展示每个地区可能与营销活动进行互动的目标客户的密度，使用这一系统可以更好地在不同地区开展营销，甚至可以应用于网络搜索营销。总之，Faraday帮助银行更好地理解营销活动与客户。

## 三、个性化营销展示平台创新

Crayon数据是一家新加坡的大数据和人工智能初创公司，被高德纳（Gartner）评为全球前40位数字个性化服务提供商之一，让银行、电子商务、旅游和酒店等机构能够通过各种渠道与客户进行个性化对话。该公司的Maya平台以人工智能为主导，帮助传统企业以规模和速度创造高度个性化的体验。通过一系列易用的API，向每个客户提供个性化体验，通过独特的、单独相关的数字页面向客户传递营销信息，满足银行投资组合、活动、分析和管理团队的需要。该系统能够帮助商业银行将收入提高3%~7%，激活休眠客户，增加投资组合，留住可能流失的客户。

传统算法基于人口统计或行为对客户进行分类。Maya个性化平台为每位客户开发独特的个人品位偏好。人工智能的机器学习算法随着每一次客户互动进行实时地学习和改进，从而实现以前从未见过的个性化。通过Cryon数据平台，银行能够提供更加个性化的产品，并为它的商户带来更多的交易量，该平台在短短的18个月内就发展了600万客户，带来了40亿美元的交易。

当客户登录网银或手机银行App，就可以看到银行向他推荐的餐厅，系统根据客户所在的城市和之前的消费历史偏好，向客户推荐合适的餐厅，展示这些餐厅的图片并显示每一家餐厅的匹配度，以及每一家餐厅2个人用餐需要的金额，并推荐4到6套符合客户口味的套餐。

系统存储了约350万个商户的资料，机器学习系统读取每一个客户的互动并优化对客户的推荐内容，同样的推荐逻辑适用于其他类型的商户和其他客户所在的任何地点，由此可以提升客户参与度和挽留比例。系统整合了客户管理系统、电子钱包等系统，银行员工可以使用该平台的客户偏好模块挖掘每一个客户的偏好并找到相关的营销机会，比如银行可能希望了解千禧一代客户在疫情期间的消费偏好，他们的线上消费购买了哪些产品，以及银行怎样应用这一趋势，系统将这些客户的交易划分成不同的偏好，以便更好地理解客户的特性，这些特性包括T恤衫、男性消费、零售店、双性、时装、丝质衣物、全棉衣物、基本服务、外套、衬衫、设计服饰、可承受的价格、儿童服装、女性、便装等，可以在系统上点击相应的偏好，就会显示出对应的群体特性，如年龄段、性别、收入、年消费额、购买产品的标签和分类，有多少个商户可用的机会，以及多少商户没有优惠。

在商务管理模块，使用系统可以展示和查看某一商户对于本银行的客户过去和未来的业绩表现，系统能够保存、展示和管理现有的和以前的营销活动，银行职员可以通过过滤器选择类别筛选目标商户，包括是否为活动商户、商户类别、商户客户分层、提供服务渠道等，筛选出对应的商户群，系统模块帮助银行将合适的活动通过合适的渠道传达到合适的客户群体，银行工作人员可以从每周的活动、活动类别、以目标选择的活动中进行挑选，选定一种营销活动后，会显示匹配的客户群规模、潜在的消费金额、反应率、重复购买的次数、商户档案等，所有的活动可以直接展现到对应客群的手机界面上，这种功能使这一平台的销售增长了5到10个百分点，所有的功能可以在10天之内完成部署和投产。

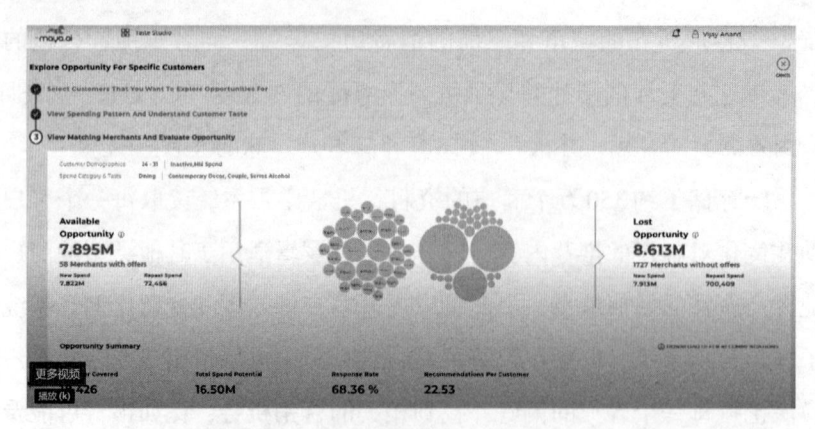

图2　Crayon数据公司系统界面（图片来源：https://maya.ai/）

## 四、提供个性化体验的渠道管理平台

乌拉圭的Infocorp Group公司成立于1994年，是加拿大最大的上市公司之一，该公司通过智能全渠道平台电子银行和数字渠道提供快速灵活的解决方案。他们以数据驱动的方式设计、实施和开发产品，让客户享受定制的体验，与客户建立真正的伙伴关系，帮助银行发展业务并取得真正的成果。该平台允许通过网络、手机、平板电脑、智能电视、社交网络、信息亭和分支机构等所有可用渠道为用户开发最佳体验。允许通过各种渠道以个性化、细分和有效的方式实施活动。该公司推出的"未来应用"是一款真正以用户为中心的移动应用，成为每个用户最个性化的体验，打破了传统银行的应用程序概念和语言。

现代商业银行需要建立良好的用户数字体验，提升客户的忠诚度，Infocorp Group公司许多人使用银行应用很长时间了，接收工资支付并使用银行的信用卡，人们查看手机银行的主要目的是查看他们挣了多少钱，距离自己的存钱目标还有多少差距、以及自己的资产总额是多少。除了需要查看所有账户和信用卡的情况，人们也会查看自己的银行经理有些什么相关的产品和优惠推荐给自己。作为一个企业用户，使用手机银行主要关心的是企业的总金融资产和总负债，总资产在每一个账户中的分布，以及审批交易的进展情况，企业负责人的手机银行界面上显示的是他使用最多的功能，而对于一个只持有一张信用卡的客户，手机银行的界面上显示的是信用卡的余额和在所有餐厅15%的餐饮优惠，一个理财客户打开手机银行看到的是自己的资产组合的组成和每种资产的价格波动情况，不同客户能够看到的是不同的手机银行页面，但手机银行不是不同的版本，而是适应不同客户偏好和行为需要的一个统一的版本。

  客户的忠诚度意味着客户有多频繁地登录自己的手机银行应用，并且在这一过程中他们被看作个人并提供独特的体验，客户在手机银行的页面上可以查看之前各月份和日期的交易明细，每笔交易前面有商户的图标。这种展示与银行存储信息的方式保持一致，对于没有发生的交易，系统也会进行预测并提醒客户，这时系统就变成了一个财富顾问。历史交易和未来发生交易是以时间轴和顺序展现给客户的。当系统发现每月24日，客户会向另一个朋友汇出一定的金额，就会在下一个24日提醒客户是否向朋友汇款，客户只需要点击确认或拒绝就可以完成或取消该笔交易。根据客户过往的行为习惯，系统也会向客户推荐百老汇的一个话剧，话剧广告的图标显示在日历上，客户可以点击进去选择百老汇的分店具体地点，选择场次和座位，并完成预订。总之，Infocorp Group公司的手机银行App能够使用客户能理解的语言展示客户相关的信息，提供增加价值，这对于现今的金融机构非常重要。

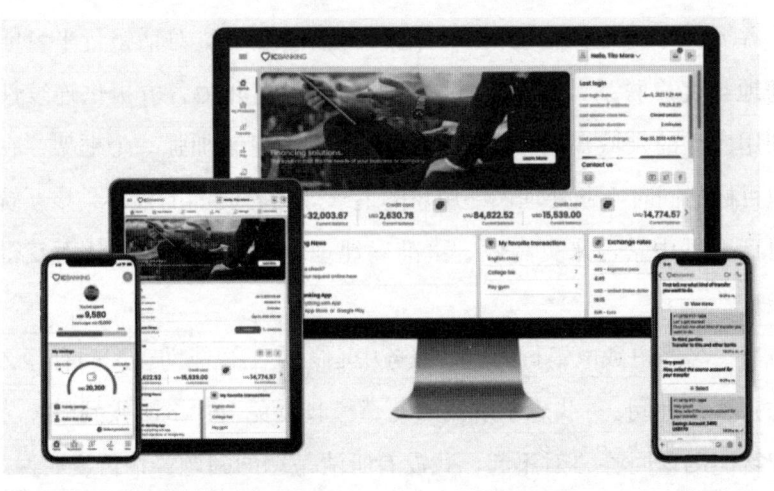

图3　Infocorp Group公司系统界面（图片来源：https://infocorpgroup.com/en/）

## 五、开发对话银行平台

纽约的Directlink公司是一家通信提供商,他们利用35年来积累的知识开发了由人工智能驱动的对话银行平台,通过在所有渠道使用、部署和管理虚拟客户助理服务1 500多家机构客户,为各种形式和规模的金融机构提供服务,帮助它们实现数字化转型。Directlink利用最新的自然语言处理和理解(Natural Language Process and Natural Language Understanding,简称NLP/NLU)提供人性化体验,更好地帮助银行客户。Directlink相信员工体验对客户体验同样重要,该公司提供的快速迭代和改进的能力对银行的成功至关重要。它们专有的对话管理工具为金融机构员工提供了易于使用的界面,可以定制问候语,创建和部署常见问题解答,测试实时交互,并允许内部团队构建和培训系统,提高投资回报率。

Directlink对话银行平台利用最新的自然语言处理和理解(NLP/NLU)技术提供人性化的对话环境,更好地帮助客户。自然语言处理(NLP)能够对人类语言(文本)进行解析,理解自然的句子结构,而不是简单的关键词。系统支持各种语言、声音和口音。NLU引擎检测客户意图,并提出适当的后续问题以满足请求。系统可以创建和交付有意义的个性化约定。系统设置一个预先构建的复杂技能库,连接银行的核心银行平台和其他数据源,并允许银行根据自己的喜好进行对话和交易。对话银行平台能够随时随地与客户联系,提供无缝的上下文体验,并为各方提供连续性。平台利用广泛的领域知识和人工智能(AI)的力量来加强一个框架,在实现组织目标的同时不断处理最终用户的请求。随着时间的推移,该系统通过从对话数据中学习来更高效、更准确地理解和响应查询,从而变得更加智能。

当一名客户致电银行的电话服务中心,人工智能助理询问有什么可以帮忙,客户询问:"我想了解我的儿童税收抵免金什么时候到账?"这时人工智能助理回答"对不起,我没有听清楚您的问题,请再说一遍。"当客户重复说出自己的问题后,系统依然没有听懂客户的问题,告诉客户我没有理解您的问题。这种尴尬的场面每天都在发生。新冠疫情暴发以来，许多银行的客户服务都面临很大的挑战。Directlink系统的开发遵从三个原则，一是客户无缝介入银行的体验，二是银行工作人员维护管理非常简便，三是投资少。当客户服务专家登入系统之前，已经收到一些近期流入电话没有妥善受理的提醒，他会看到未识别客户问题清单，他可以看到系统与客户的对话，之后可以建立一些新的回答，系统上有建立新的常见问题、对现有问与答进行增加等选项。客服专家可以搜索问题的关键字，定位到客户的问题，之后可以建立新的问与答条目，包括问题名称、问题描述、回复话术。在几分钟之内就可以将新建的常见问题解答上传至系统，系统会训练自然语言理解单元理解相关的客户提问，当客户致电询问相关问题时，将新的问题解答回复客户。Directlink使整个建立、修改、实施、重复话术的流程非常简化。系统还有强大的分析统计功能，可以查看任何时候当时正在接听的电话数量、总的通话数量、总处理时间、平均销售电话得分，以及客户服务代表通话的质量、平均销售得分。系统话术管理有许多模块，包括资金转账、账户余额、进行交易、冻结账户、激活卡、信用评分等，点击打开每一个模块，可以查看每一项的系列问题，撰写问与答的银行工作人员需要熟悉掌握产品的特点和架构，存款证明、按揭贷款、退休存款账户、交通工具贷款、信用卡、汽车贷款、个人贷款等每一个业务都有对应的问与答问题集。相关话术更新完成后，当客户再次询问儿童税收抵免金的问题时，系统回答，"您可以建立个人退休账户的直接存款功能，有关资金将于每月1日入账。"

## 六、开发人工智能客户参与平台

美国的Agent IQ公司开发的平台利用人工智能帮助金融机构与客户建立更深入的关系，并发现更多潜在销售机会，而不是简单地进行交易。平台提供了独特的高接触、高科技、全渠道的体验，功能包括网络和视频聊天、屏幕共享、对银行家的人工智能支持，以及强大的洞察力。Agent IQ

支持金融机构更主动地与客户打交道,并自动化处理日常任务。

2020年美国的T银行关闭了3 324家分行网点,创下了历史纪录,此后将会比往年更多,商业银行应该考虑如何在后疫情时代在非接触的情况下服务好客户。Agent IQ是行业领先的客户参与平台,平台帮助银行与客户在电子世界中与物理世界中一样与客户建立关系,帮助客户通过电子渠道与银行建立联系,在建立起联系的同时,互动的情境不会消失。同时增强的人工智能能够在服务客户的过程中更聚焦于客户关系,系统能够读懂客户与员工在讨论哪些问题,帮助银行职员更主动地做出决策,无缝地服务客户。系统能够带来更深的客户关系、更多的产出和更可行的洞察,所有这些将会提高银行的盈利能力。

当客户浏览网银界面时,点击一个聊天对话框,系统会询问客户使用何种语言进行聊天,客户可以选择对应的语言。当客户点击选择询问银行的汇款联行行号后,系统自动聊天会回复银行的汇款联行行号。客户也可以在聊天中提起希望与客户经理本人联系,之后聊天会接通客户经理的视频对话框,客户可以与客户经理在视频聊天中咨询银行产品。如果客户不在台式电脑旁,也可以接通客户的智能手机进行视频通话。客户登录自己的手机银行,可以在一系列本地区客户经理中选择,在银行端也可以查看到客户列表以及与每一名客户的聊天记录,可以看到客户的每一句话,当客户聊起按揭贷款的时候,银行职员系统边上会显示出一系列标签,如购买一栋房屋、按揭贷款等,同时还能够看到建议向客户询问的问题,当侦测到客户是按揭客户之后,系统右侧会显示出与按揭相关的话题资料链接,包括按揭贷款的种类、审批流程、市场信息、利率曲线等,银行职员可以随时按照人工智能系统建议的问题和推荐的信息发送给客户,满足客户更多了解产品的需求,如果银行职员本身不是按揭产品的专家,他可以随时将按揭的专家拉入聊天,被拉进的产品专家可以看到所有的聊天记录,所以客户无须询问之前重复的问题。在聊天过程中还能建立日程和事件提醒。人工智能能够帮助银行员工处理更复杂的问题,帮助银行节省人工成本,提升服务。

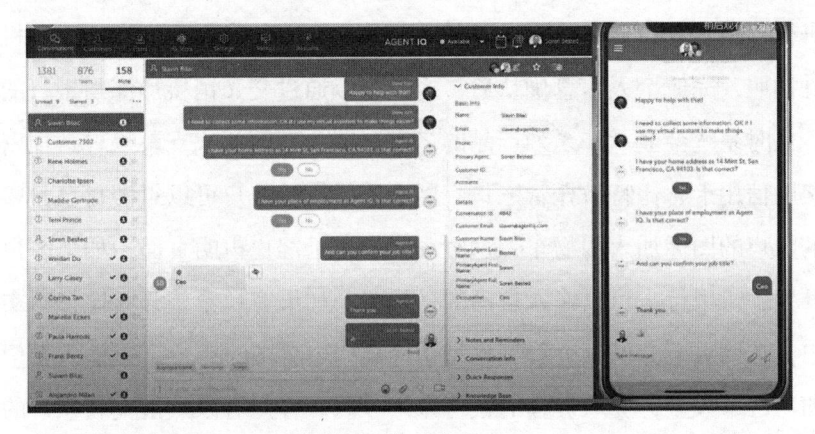

图4　Agent IQ公司系统界面（图片来源：https://agentiq.com/）

Agent IQ能够深入洞察银行职员与客户的谈话。许多人在与银行网点人员聊天过程中提及再融资或购买一栋房屋，银行的员工可以主动致电客户推荐再融资，帮助客户解决眼前的资金困难。通过这个系统，客户感觉不到是一个冰冷的电话，而是感觉到是一次有益的沟通，从而达到提升客户忠诚度的目的。

## 七、发挥渠道交叉销售功能

纽约的Terafina公司成立于2014年，该公司通过数字、分行和呼叫中心渠道为银行提供统一的数字开户和销售体验。Terafina的销售平台是一个多渠道产品套件，为消费者提供存款和贷款、房地产、小企业存款和贷款、商业存款和公司卡等多种产品。Terafina开发的独特之处在于知道何时和多久介入销售过程，并拓展高质量的潜在客户，从根本上提高客户参与度。通过先进的客户洞察分析，为每位客户提供个性化建议，客户可以在正确的时间、正确的渠道得到正确的服务。Terafina将数字化、电话服务中心、分行、ATM等不同渠道和多种产品整合在一起，使银行成为新生态系统中的核心成员，在这个生态系统中，它们提供多样化的产品满足客户的需求。Terafina还通过加密货币开展交叉销售，在几分钟之内将Z世代、千禧一代客户吸引为银行的新客户。

当新客户登录网上银行时，可以先输入姓名和证件号码，可以允许系统进行预填信息，之后输入自己的手机号码和电子邮件地址，使用手机对证件拍照，完成个人信息确认后，客户可以通过交叉销售加深与银行的关系。这时系统会显示一系列产品的名字和图片，例如，支票账户、加密货币奖励信用卡、比特币托管账户、网上银行等，客户可以点击自己希望开立的账户的图标加入购物车，这时系统会显示客户声明页面，如果客户希望开立手机银行，可以输入自己的用户名。如果客户希望开立比特币交易账户，在网页下方可以查看到比特币的架构走势图，客户可以输入希望购买的比特币数量，提取资金的银行账户号码。客户可以点击关联账户的银行标识，输入账号密码，就可以完成关联账户的设定，客户可以在系统显示的一系列声明文件名称处画勾确认，之后系统会提示祝贺客户完成账户开立的页面，也有下载手机银行 App 的图标链接，系统会显示客户开立的一系列账户，点击金融比特币托管账户页面，可以查看到客户持有比特币

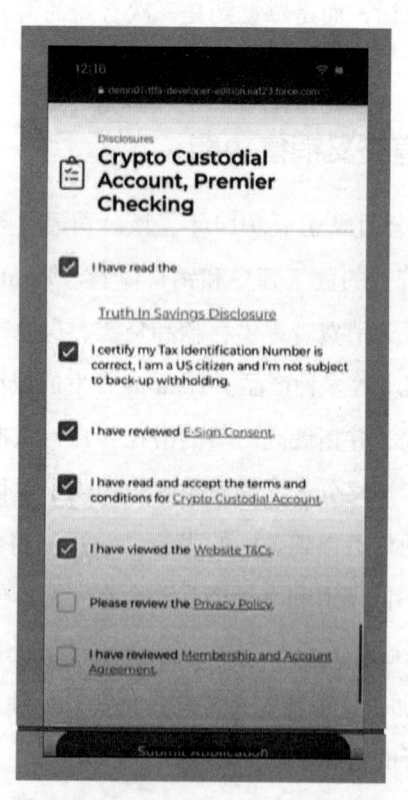

图5　Terafina公司系统界面（图片来源：https://terafinainc.com/）

的总金额、单位价格、手续费、购买金额等，如果客户点击确认键，系统将会完成购买。这样客户通过单一动作就可以同时完成两个或更多产品账户的开立。通过部署Terafina的数字销售平台，既启用开户培训，又将银行的在线和移动渠道转变为整个公司的潜在客户生成引擎，其产品线的销售转化率平均提高了18%~35%。

## 八、我国商业银行开展渠道创新攻略

### （一）开发客户数字化体验管理平台

商业银行可以开发数字化体验管理平台，成功的金融服务机构专注于通过所有渠道和每次沟通改善客户体验，数字体验管理平台简单、直接地提供独特、个性化的信息，并与客户产生共鸣。系统为客户提供个性化的3D用户体验，向每个客户展示各自独特的财务故事。客户有很好的视觉体验，可以快速跳转到他们感兴趣的内容，这正是因为系统在正确的时间以正确的方式向正确的人传递了正确的信息。他们独特的解决方案可以帮助银行通过产生共鸣的信息与客户建立联系，在移动银行系统内为每个独特的客户创造个性化的产品和服务组合。利用网上银行应用程序可以智能地增强客户参与度，并向个人客户交叉销售相关产品。系统还可以有针对性地嵌入横幅，利用横幅广告宣传银行的品牌和产品，让银行网站与其他网址的访问者建立联系和互动，在不需要营销团队付出大量额外努力的情况下，将数字营销提升到一个较高的水平。

### （二）建立客户营销预测云平台

在数字化时代，银行应该放弃之前对目标客户的猜测而进行成功的预测，商业银行应该尽力营销预测云平台，所有的银行都希望更多地利用数据。无论银行是希望寻找更多客户、增加账户余额，还是留住最有价值的客户，云测云平台都能发挥作用。平台应该引入第三方数据，使用机器学习、可视化技术和直观的部署工具建立不同区域的客户反应预测热力图，系统计算出隐藏在客户群中的独特的人物角色，如已婚男人、预算吃紧、爱心人士、舒适生活等，并计算出每类客户对每一类营销活动的反应概率，确定与每一类客户沟通最适宜的渠道。银行可以查看客户的行程，以预测客户购买、升级、流失的可能性，并帮助银行吸引将要这么做的人。银行可以瞄准最好的候选人，让努力和金钱有价值。

### （三）建立个性化营销渠道展示平台

商业银行可以建立个性化营销展示平台，在不同的电子渠道商向客户展示个性化的营销资料。全球数十亿计的要求个性化体验的客户希望他们的银行能够在互动中提供个性化的产品和推荐，只有2%的银行了解并搜集客户的品位，大多数的推荐是不相关的产品。平台可以策划和开展在任何渠道的营销活动，根据每位客户的品位进行个性化推荐。根据活动主题对活动进行优先排序，并根据活动的影响力对其进行排名，以最大限度地提高产出。系统在产品组合、细分市场和个人层面上搜索并确定客户品位，按城市、类别和客户群检查关键指标的变化，并为每个客户提供建议。系统利用报价管理系统优化客户的产品组合，创造新的收入机会，帮助客户放弃不相关的优惠，添加符合客户品位的优惠。平台可以帮助查看和管理商业伙伴，确定对商家的报价，并评估其对银行业务的影响。通过分析商户过往12个月的交易历史，以及为商户带来了多少收益，分析商户的门店数量、在地图上的分布，确定改善业务和一线目标的相关商户。系统可以支持创建并安排活动，以及监控其表现。

### （四）建立提供个性化体验的渠道管理平台

商业银行可以建立能为客户提供个性化体验的统一渠道管理平台。客户的忠诚度意味着客户有多频繁地登录自己的手机银行应用，并且在这一过程中他们被看作个人并提供独特的体验。平台可以为银行提供分析、自动发布、联系人管理、内容管理、转换跟踪、客户定位、多账户管理和后期安排等功能。将银行的App真正转变为客户喜爱的App，为工薪阶层、企业用户、信用卡客户、理财客户展现不同的手机银行界面和常用信息，并根据客户历史交易的习惯向客户提供交易预测和提醒，如提醒客户是否需要进行汇款，向客户推荐演出和订票服务，推荐用餐地点等，了解用户的行为，提升客户的体验，通过数字广告平台获得竞争优势，培养持久的关系。

### （五）开发人工智能客户参与平台

适应后疫情时代无接触服务的需求，商业银行可以开发人工智能客户参与平台。系统提供智能化、无摩擦的数字互动，允许客户通过任何数字渠道选择并与个人银行家接洽，以满足他们的财务需求。改善金融机构及其客户之间的沟通和参与，建立起更快乐、忠诚的关系，带来更多交叉销售机会，使商业银行能够深化客户关系，提高服务效率和盈利能力。系统可以自动回答客户的一些问题，同时如果客户提到对产品感兴趣，可以向客户推送相关的信息，客户可以选择本城市中的客户经理进行咨询，客户在对话过程中系统银行侧会显示各种客户标签，可以随时将产品专家加入系统对话，银行职员可以查看通话记录，并向客户推荐适合的产品和营销优惠，帮助人们建立起更加有效更具有洞察力的对话手段，同时提供对客户的分析与洞察。

### （六）利用渠道转换更多客户

商业银行可以充分发挥渠道交叉销售的功能，在任何渠道和任何设备上提供一致、统一的体验创造无缝体验。完善网银系统，重点帮助解决客户开户问题，考虑与客户建立30—60—90天以上的生命周期关系。使客户在线上渠道几分钟内就可以开立支票、储蓄、个人退休账户、健康储蓄账户、外汇结算账户等。提供可以交叉销售的其他相关产品，包括消费贷款（如汽车贷款和学生贷款等个人贷款）、房地产贷款（如一次和二次抵押贷款、房屋净值信贷额度和再融资的综合房地产产品）、小企业存款（如小企业支票或信用卡账户）、小企业贷款等。设计简单、安全的电子渠道体验，在银行所有渠道（在线、分支机构和呼叫中心）建立协作和无缝体验，将银行在线和移动引擎转变为强大的客户转换工具，推动潜在客户向已开立账户的更高转换。在开立账户的同时可以选择开立多项产品，勾选同意多项声明文件，提高交叉销售的效率。

# 12　人工智能应用创新

## 人工智能怎样赋能国外银行业务发展

人工智能作为复杂信息处理的代名词，其含义是研究、开发、模拟、延伸、拓展人的智能的理论、方法、技术与应用软、硬件系统。近年来，随着高性能芯片、大数据和云计算等领域的发展，计算、存储成本不断降低，而性能不断提高，为人工智能技术的进一步发展奠定了基础。2022年全球人工智能市场规模为4 328亿美元，增长近20%。普华永道预计到2030年，全球人工智能市场将增长至15.7万亿美元。人工智能技术的广泛应用将对银行业产生深远的影响，近年来，全球金融行业不断创新人工智能的应用场景，本文从开展个性化营销、创新客户沟通方式、投资决策支持工具、开发信贷工厂、人寿保险营销、智能银行助手等几个方面研究国外银行开展人工智能应用的创新案例，并对我国商业银行的创新工作提出建议。

### 一、开展个性化营销推广

#### （一）伦敦的DataSine公司

DataSine公司认为个性化可以对金融机构与客户之间的沟通带来巨大的改变。他们建立的平台整合人工智能、机器学习等技术，使用心理测量的结果并采取对应的措施，更深入地了解客户的需求，帮助银行、保险、零售等行业建立起真正个性化的客户体验，使与客户的联系更有意义。该平台为每名客户建立电子档案，确定他们的性格、需求和所处的情景。这些电子档案被用于制定个性化的营销策略、优化渠道、时点选择和沟通内容，向客户提供适合他们的个性化产品。

随着客户数量的增长和客户互动的线上化迁移，向客户提供个性化的体验变得更加困难。DataSine平台使用人工智能技术，从金融机构搜集的交易数据、客户电子邮件中的文字等出发，确定客户所属的人格特征分类。一般情况下如果要了解一个人的人格，需要让受测试的人花费10至20分钟填写50至100个问题，这在实际商业运行中是不可行的，DataSine开发了从客户交易信息中计算客户人格的算法，基于对客户怎样消费金钱的交易信息的挖掘，判断一个人的外向、内向、宜人性、情绪稳定性、开放性等不同性格。在与客户的交流中，金融机构有机会获得分析客户所需的信息，并且随着金融机构积累更多的客户互动的数据，金融机构对客户的认知也不断更新和深入。该平台自动生成客户沟通内容，使大批量的个性化客户沟通成为可能。

DataSine公司在全球首家推出了基于心理学和机器学习的自动内容生产软件，该公司的客户在法国和比利时使用这一软件进行推广，通过使用这一软件使金融机构的销售额增长了70%，新客户转化率提高了80%。在向客户准备一封电子邮件的沟通信件的时候，首先写出一个标题并选择一些图片，这时可以在系统中选择客户人格的种类，DataSine支持选择各种人格特征的客户，按下生成沟通文件的按钮，相关的书信就会生成。针对外向的客户，图片和标题的颜色就会显得明快，银行职员能够看到一些文字被画上着重号，点击这些文字，就会显示出一系列建议进行更改的文字，工作人员可以在备选方案中进行选择。针对内向的客户，系统会推荐人更少的风景图片，DataSine有数千张图片可供选择，也会推荐更多的词语进行选择。通过这一技术大幅度提高了营销和推广的效果。

该公司所有的数据分析都以相同的专有模型为基础，迄今为止该公司向用户发送了200多万封个性化电子邮件。通过大批量地与客户进行沟通，提升了新客户转化率、忠诚度和对金融机构的信任。

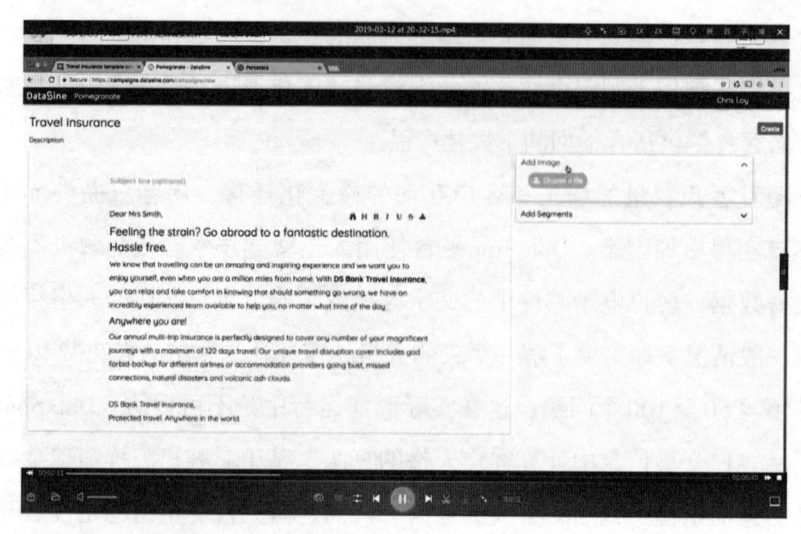

图1 DataSine公司系统界面（图片来源：https://datasine.com）

## （二）匈牙利的W·up公司

W·up是一家新一代数字化银行业务软件公司，帮助金融机构识别客户生命周期事件。使用客户生命周期事件作为场景，洞察客户的需求和行为特点，基于银行内外部信息，包括地点、浏览历史、社交媒体活动，向客户提供精准制导的营销活动，提升客户转化率。该公司的Sales.up产品是一个客户洞察驱动的销售和拓客工具。该系统使用传统的和非传统的最为多样化的数据源建立客户画像，识别出客户主要生命事件和所处的状况，无论客户在何时、何地有需求，如旅游之前、装修房屋的时候，或者在做了不正常交易之后，银行都会与客户取得联系。系统还包含了全套与客户沟通的工具，整套系统提升了部署营销活动的效率。

银行正面临着来自互联网巨头的激烈竞争，能否为客户提供个性化的体验，决定了能否在新时代的竞争中最终取胜。银行家们非常关心收入和客户是否流失，每天人们通过手机发送为数众多的信号，如果能够收取并分析这些信号，就有可能为客户提供个性化的服务和体验。从客户发出的信息出发，就可以知道客户的状况和需求。如果一名客户还不是银行的客户，系统会找到这名客户与哪些客户群有共同的特点。系统除使用一般的交易数据外，还使用了客户相册中的照片等分析方式。例如，从一名客户的手机相册中，系统发现有大量的房屋楼盘的图片，判断出客户需要购房置业，这样银行就向这名客户推送房屋按揭贷款和房屋保险的服务，成功地将客户转变为本行客户。当客户成为本行客户之后，系统分析客户所在的位置，移动的速度，以及进行便利店交易所处的位置，勾画出客户日常的行动轨迹，结合客户移动的速度，与其他客户群进行对比，确定客户属于自行车运动爱好者，于是向客户推送个性化定制的自行车骑行保险，为客户提供10%的保费优惠。通过使用这一系统，使特定领域的银行产品的销售增加了40%，客户流失率减少了10%，营销响应率提高了2倍。

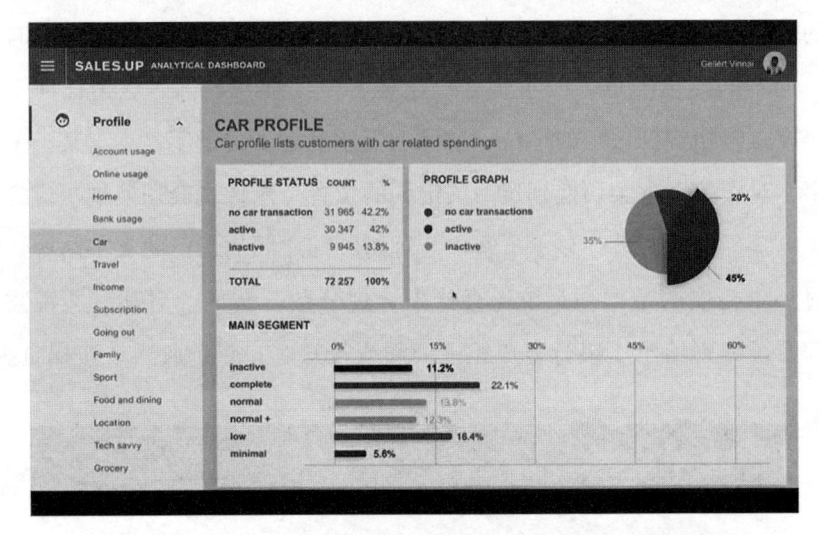

图2　W·up公司系统界面（图片来源：https://wup.digital）

## 二、创新客户沟通方式

客户服务的方式已经从在分行的面对面服务转变为线上互动，伦敦的24 Sessions 公司改变了银行服务客户的方式，它引进了全新的视频接待客户的方式，Rabobank、Ing、Aegon等多家金融公司和银行每天使用这种视频方式与客户进行通话。24 Sessions提供对客户经理与客户之间对话的深度分析，着重分析对客户关系影响大的事项，通过自然语言处理和人工智能分析，追踪每一次与客户沟通中的合规事项，并且自动生成报告，向客户经理提供客户满意度分析以及电话分析,帮助银行客户经理向客户提供最佳的客户体验。

24 Sessions帮助银行轻松地向客户提供个人财务管理服务,节省了客户经理们的时间,并且帮助银行轻松地达到合规要求。当一名客户在银行网站上浏览按揭贷款的介绍时,网银界面会跳出一条信息,"您是否希望与我们的理财顾问联系?"如果客户选择接受,系统就会接通与理财顾问对话的视频图像,客户无须预约时间并开车来到网点,系统会自动检测镜头和麦克是否连接好。尽管客户在使用这款软件时非常方便,但系统本身却非常复杂,支持在电脑、平板电脑或任何移动设备上使用。系统具有强大的分析功能,对客户的全程对话有录像,在录像图标的下面,有时间线,用不同颜色的点表明了是客户还是客户经理在说话,点击任何一个点,视频会切换到该点的部位。录像下面还显示了关键字,点击某一个关键字,对应的文本会切换到这一关键词的位置,录像也会切换到对应的位置。电脑界面的右端,显示了客户与理财顾问之间的对话的文字内容。针对每一个会议的录像,系统还会给出合规分数,例如,对某一通视频会议,系统分别给出了银行客户经理询问或告知客户目前收入、按揭贷款、

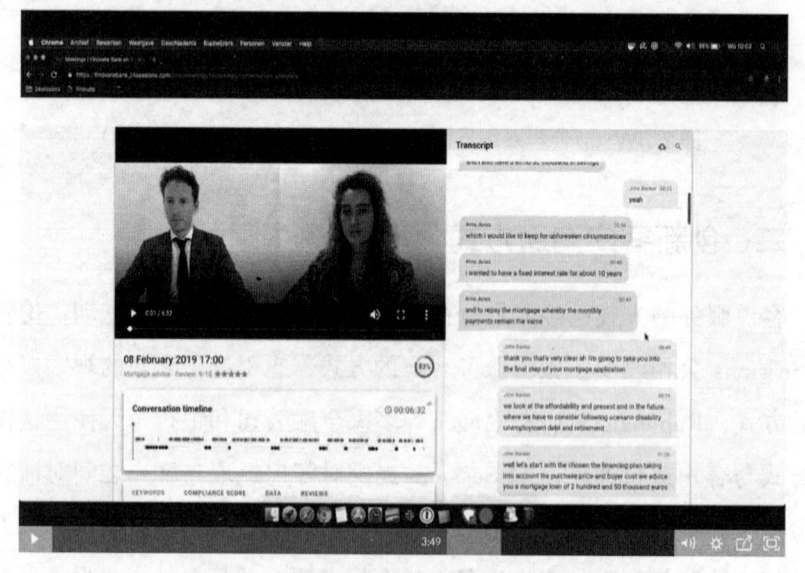

图3　24 Sessions公司系统界面（图片来源：https://24 sessions.com）

按揭贷款类型、风险、协议等事项的时间点，也提示出银行理财顾问没有告知其他选项，同时给出整通通话的合规分数，银行员工查看之后，可以再次致电客户将没有完成的部分完成，使合规项得到满分。系统还会显示关键字，点击需要听取录音的关键字，视频就会翻到对应的部分。使用录像可以对新员工进行培训。

## 三、开发投资决策工具

总部位于加拿大卡尔加里的Nine Dynamics公司开发了Titan股票分析平台，Titan由经验丰富的金融专业人士开发，其灵感来源于深厚的金融专业知识和经验，弥补此前由于缺乏强大决策支持工具的遗憾。不同于市场上现有的股票分析工具，该产品既功能强大又美观直观。Titan从整体市场、行业和子行业的景气状况入手进行分析并向用户展示分析结果，向客户推荐个人级别的市场时机，帮助客户做出大胆的投资决策。可以查询市场的整体健康水平，快速引导客户找到潜在的投资机会，并且能够轻松地第一个看到危险的迹象。Titan于2018年初在微软著名的Build会议上发布，此后订阅数在北美和欧洲的财富咨询领域取得了爆炸性的增长。

该公司与微软和Factset两家公司合作，微软在诸多技术领域有领先的优势，Factset是领先的投资数据提供商，Factset拥有超过300万个客户组合、20多个独特的内容集和850个独立的数据提供商，是数据获取、集成和管理行业的领导者。该公司向客户提供投资全过程的数据分析，包括从基本的股票选择和研究到订单管理、执行与报告。该公司投入一半以上的力量致力于数据完整性和一致性。

Titan的人工智能是一个最先进的决策支持引擎，从市场层面一直到个人层面，都能创造出富有洞察力的可视化效果，外观展示非常绚丽，容易吸引客户。它是基于互联网的系统，也是一款好的营销工具。该系统具有市场健康检测的功能，系统会显示在过去10多年中，每一年每一个行业在股票市场的表现的景气程度，不同的景气程度用不同的数字和颜色显示，紫色的方块显示景气，灰色的方块显示不景气，从屏幕上可以明显地看出在哪个时间段出现了经济危机。系统还提供整个市场和个别股票与同类指数或股票相比较的曲线，这些图表如果人工准备需要10多天时间，而使用Titan，瞬间就可以展示出来。在Titan上还可以查询所有与股票表现有关的新闻事件。Titan系统帮助客户在众多的证券中寻找到最佳的投资机会，并利用人工智能技术对各种投资机会进行评分。客户可以通过估值、盈利或分红等标准找到可以投资的股票，对每一只股票，系统会给出人工智能评分，对于在哪一个时点进行投资，也给出了明确的建议。Titan目前在北美市场收录了3 800只证券，并迅速扩展到新的市场和证券，ETF也已上市。

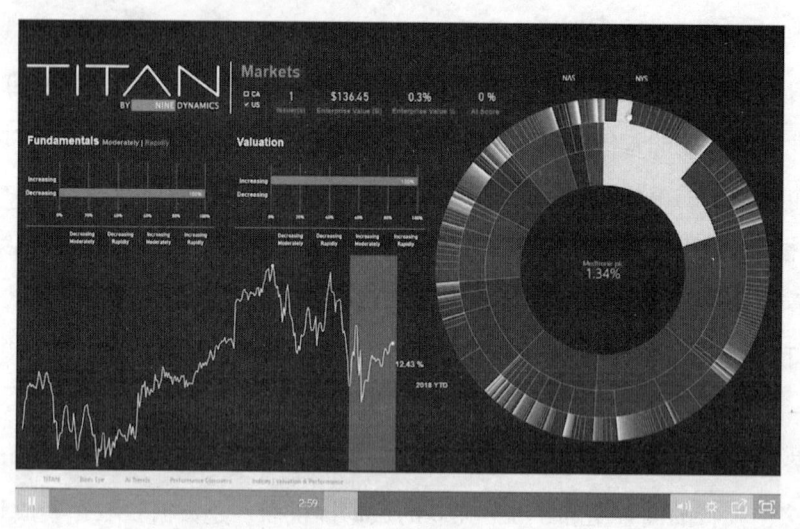

图4　Titan公司系统界面（图片来源：https://ninedynamics.com）

## 四、开发个人信贷工厂

总部位于匈牙利布达佩斯的Kamello公司有20多年的历史，是一家专注于银行前台到后台解决方案的软件公司，涵盖任何与贷款相关活动的所有阶段。在中东欧地区有很强的代表性，Kamello开发并实施下一代贷款解决方案，以提高银行处理的效率。该平台使用数据模型、屏幕、业务规则、工作流等多种创新方法定义业务逻辑，银行员工可以轻松地管理和操作，无须任何开发。该系统提供了用户友好的自助贷款流程，用户界面设计整合了贷款不同阶段（如贷款生成、物业评估等）的流程，为客户提供个性化的端到端贷款解决方案。

Kamello信贷工厂这一旗舰产品覆盖了贷款流程的各个阶段，由于使用了灵活易用的画图工具，贷款管理起来非常方便，缩短了产品和营销上市的时间。信贷工厂包括贷款门户、客户评级和信贷评分模块、抵押品管理工具模块、房地产估值模块、预警和监控模块、债务催收模块。

个人客户在使用Kemello公司的软件时，需要登录Kamello贷款门户，贷款门户整合了多种贷款工具。客户对他们经常访问的网上商店忠诚度非常高，目前与网上商店合作交叉销售个人贷款效果是非常好的。客户可以登录与银行合作的电商网站，在找到希望购买的商品时，可以点击相应的贷款链接按键，这时网页上会弹出对话框，客户先输入自己的用户名和密码，随后可以填入自己的存款金额、需要的贷款金额、期限，系统会动态显示出贷款的利率和年化实际利率，如果客户感兴趣，就可以点击按键跳转到银行的贷款门户界面。

在贷款门户界面上显示着贷款合作商所在位置的电子地图，合作商的名称、贷款申请类型、编号、金额、每期还款金额、利率、实际年化利率、还款总金额、客户详细信息、贷款明细、共同债务人信息、抵押物明细、保证人信息、借款人声明。在借款人信息中有姓名、出生日期、电邮、身份证件信息等。在抵押物明细中有财产等级、财产类型、财产子类、地址等。点击上一级目录，还可以查看正在进行中的申请、开始新的申请、消费者金融、估值、贸易融资（信用证、保函、托收）、合同、文档、个人信息等资料目录。

客户在贷款门户上可以查看所提交贷款申请的申请批核情况。贷款会得到即时批核，客户所获得的贷款会存入客户的银行账户，客户可以在网站上完成支付，提交后可以在任何时候在任何渠道上查看上述信息。贷款门户提供了贷款全过程的总览。对于银行而言，贷款的处理是一个非常复杂的过程，使用Kamello的贷款平台，能够将贷款产品送达任何一个地点。

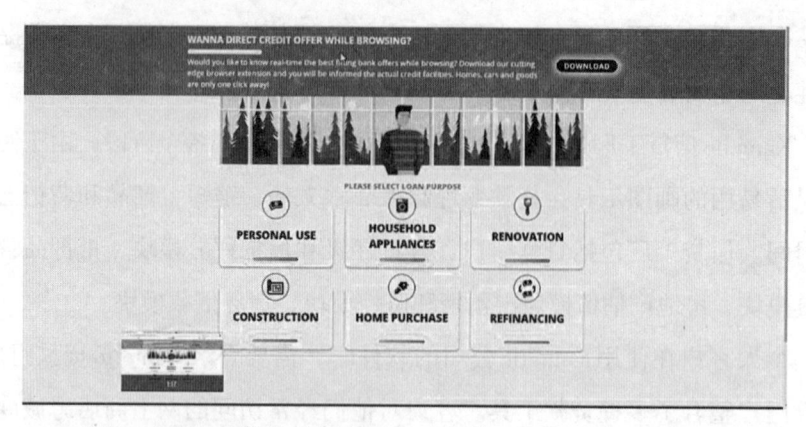

图5 Kemello公司系统界面（图片来源：https://Kamello.com）

## 五、创新人寿保险营销方式

伦敦的Anorak的目标是建立全球最智能的人寿保险公司，该公司已经收到九百万英镑的风险投资。作为全自动的人寿保险顾问平台，该公司向客户提供了解和购买公正、规范和个性化的人寿保险的渠道。Anorak基于该公司自有技术，将平台和API与合作伙伴进行整合，客户可以在使用银行服务、线上零售、地产经纪等日常服务或登录投资平台的时候看到多种人寿保险的选项。

在英国如果家庭中挣钱养家的人去世，每年会有900万家庭面临财务上的坍塌，这一数字在美国是3 700万个家庭。人们知道人寿保险的重要性，但为何仍有数百万计的人们没有被保障呢？原因之一是人们不愿意谈到死亡，之二是产品流程过于复杂。Anorak可以在几分钟内向客户提供详细的分析和个性化的人寿保险建议。客户首先登录自己的网银账号，在网银账号中点击登录Anorak的按键，如果客户还没有Anorak的账户，系统会提示客户建立Anorak账户。网银上会回显客户的电邮地址、邮政编码、生日、姓名等信息。系统会提示客户选择是否允许Anorak访问网银的财务数据，点击同意后，Anorak会分析客户的交易数据，并形成一系列分析结果，系统会显示客户每月在房屋上的支出、家庭日常消费、娱乐消费的金额，客户还需要填写配偶的姓名、生日，填写客户本人是否吸烟、工作种类、配偶是否工作，客户本人和配偶的税前工资、职业、住房状况、是否有按揭贷款、借款金额、利率、借款日期、期限和工作年限，这时系统会显示估计每月客户家庭支出的金额，客户也可以进行调整。使用上述银行数据信息和客户提供的信息，系统会计算出如果客户第二天去世或身患重病，客户家庭所需要的资金金额，系统还会给出三条最优惠的保险公司报价，客户可以即时付款购买保险，系统还会给出保险顾问的建议。

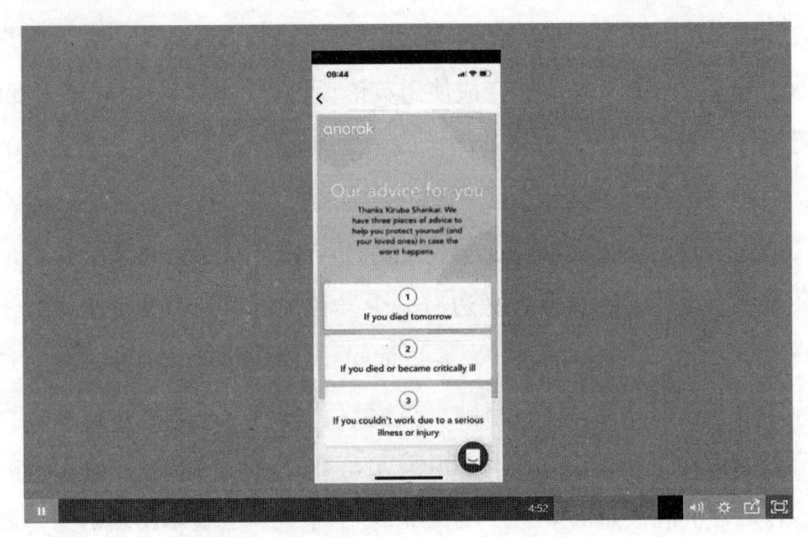

图6　Anorak公司系统界面（图片来源：https://anorak.life）

## 六、开发智能银行助手

美国加州的Payjo公司在互联网和金融服务领域有20年的经验，始终致力为全球化的银行提供基于人工智能的全渠道客户交互产品。该司以硅谷和印度班加罗尔为基础，基于最先进的人工智能（AI）和自然语言处理（NLP）技术，构建智能对话银行服务，提高了银行服务的效率，节省了银行成本。他们开发的银行机器人使用世界一流的机器学习（ML）技术，可以与客户进行智能对话，以提供极具个性化的银行服务体验。

Payjo开发的这款世界领先的智能银行助理，在银行的潜在客户、客户和员工的整个生命周期中，通过语音和文本，以119种语言主动和被动地为他们提供智能协助。Payjo人工智能助理提供的服务包括：介绍银行服务的费用和收费、ATM和分行定位；帮助处理服务请求、更新联系信息和地址；帮助在线拓展新客户，向客户提供服务申请表，引导客户填写服务申请表；使用银行指定的各种身份验证机制对客户进行身份验证；交易查询等。此外，人工智能助理还可与移动应用程序整合，并与GPS系统连接，以向客户显示与附近商家有关的实时报价，提高客户满意度。

当一名说西班牙语的客户致电银行的客服中心询问自己账户余额的时候，IVR识别到客户使用的是西班牙语，就会用西班牙语告诉客户账户的余额。这时如果客户转变成使用英语说自己需要到一个国家去度假，这时IVR识别出客户说的是英语，就会切换成英语向客户推销相应的产品。客户登录银行的网银，看到银行向他推送的信用卡申请链接，点击链接，进入到申请表页面，页面的右侧有与银行服务的对话框，对话框中会显示系统回答的内容，旁边有一个发音按键，点击发音按键，用户电脑就播放出回答内容的语音。客户询问："这款卡有没有年费？"这时系统如果回答100美元，客户就有可能放弃申请，并转移到其他银行申请信用卡，这时系统会回答"100美元，不过还有一款不需要年费的卡片，您是否申请"如果按下"是，申请"，系统就会显示出新的另一款信用卡的图片和申请表，客户将鼠标移动到申请表的每一个空格处时，对话框就会显示出对这一空格内容的解释，如放在"地址"空格上时，系统会显示"您的信用卡将寄到这个地址"，将鼠标放在"收入"空格上时，系统会显示"您的每月收入，将使用您的收入进行还款"，如果客户回答说"我要看一个填写好的申请表的例子"，这时，系统会显示一个链接，点击链接，就会看到填好的申请表格的示例。整个过程就好像客户亲自走到银行网点，在客户经理的帮助下完成申请表格的填写，使客户无障碍地完成信用卡申请。通过这一服务方式，新客户的转化率从2%提升到15%。

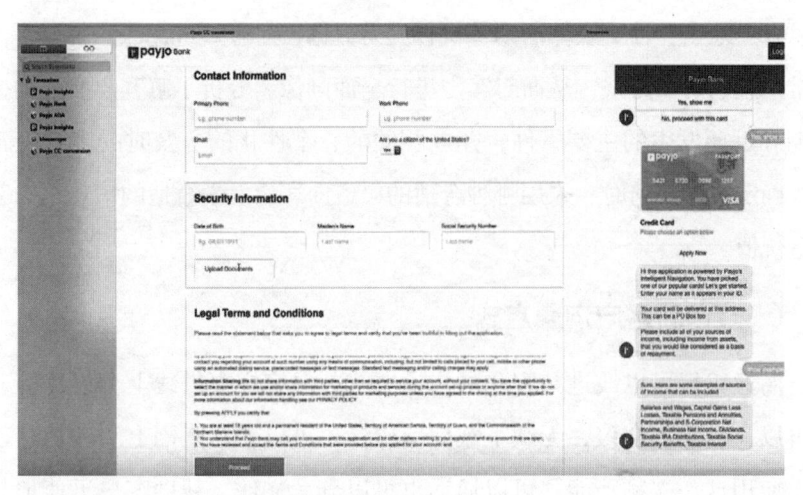

图7　Payjo公司系统界面（图片来源：https://payjo.co）

## 七、银行怎样利用人工智能赋能业务发展

目前国内人工智能技术发展如火如荼，应用场景极为丰富，随着经济的发展，对金融科技的新需求将不断涌现，商业银行要积极寻求、丰富新的应用场景，探索新的人工智能应用范畴。在丰富人工智能应用场景方面，可以采取以下措施。

### （一）开展个性化营销推广

商业银行可以通过对已经收集到的客户交易数据、客户社交媒体、电子邮件中的文字等确定客户的人格特征，平台可以判断他们是内向的还是外向的，他们是不是喜欢待在人群中的人，或者他们更喜欢坐下来阅读一本好书，他们希望何时何地联系。针对客户的性格，系统对于与客户沟通所采取的文字、图片、电话服务中心话术、新客户加入时的沟通材料等都进行个性化的处理，工作人员只需要输入希望做什么事，系统就会自动给出进行个性化修改的建议。所有环节都为客户接触提供了个性化的解决方案，客户感觉到受到更多的尊重。

商业银行必须变得更加个性化，银行还可以搜集多种信息，通过使用现金的分析、人工智能和机器学习算法，帮助银行理解、丰富和分析信用卡交易、客户地点、社交媒体活动等银行交易数据，对客户进行深入的分析，从日常作息到购物习惯，从而对客户进行全面画像。分析了解客户所处的生命周期和近期发生的主要事件，建立相关的、个性化的、及时的客户交互方案，确定银行在何时、采用哪种合适的渠道向客户发送合适的信息，为客户创造价值。

## （二）创新客户沟通方式

商业银行可以改进与客户的沟通方式，向客户提供线上会议体验，客户可以一键参加会议，无须下载任何软件。可以在互联网上和任何移动设备上使用这一视频功能，可以通话也可以分享文件。帮助客户迅速地与客户经理预约会议，客户可以快速地与客户经理取得联系，通过视频的方式将客户经理的专业知识传递给客户。系统可以将客户Google日历、Office日历和Outlook中的日历协同起来，帮助银行职员自动安排好时间计划。银行职员可以在视频会议系统上方便地会见领导、潜在的客户和已有客户，提高客户经理的时间利用率，最大可能地增加商机。在分析仪表板上可以追踪分析所有的通话，通过预先设定KPI也能衡量团队的业绩表现。分析仪表板提供对会议的分析，客户可以在会谈结束几分钟后提供反馈，银行职员也可以直接从客户那里学到知识并持续改进产品。

## （三）创新投资决策分析工具

商业银行可以使用人工智能技术开发投资决策工具。可以使用全球知名分析师共识数据，向客户提供卓越的见解和开阔的洞察力，为客户提供一种更快地做出正确投资决定的途径，提供一个交互式投资分析应用程序，帮助个人和机构投资者的深入研究和方案筛选。通过简单的可视指示器帮助决策支持和时间安排，发现隐藏的机会。可以分析市场的各个行业的景气程度，提供整个市场和所选股票的比较曲线，利用人工智能对每一项选择的股票进行人工智能评分。客户可以通过估值、盈利或分红的标准找到投资的股票。

## （四）建立信贷工厂模式

商业银行可以建立贷款工厂模式，信贷工厂可以包括以下几个模块。

贷款门户。贷款门户为零售、中小企业和企业客户提供了一个端到端的顺畅的处理流程，涵盖了相当多的后台和前台工作流程，彼此完美集成。贷款门户帮助银行降低了成本、提高了运营效率，而且有助于吸引新客户，挽留原有客户。

客户评级和信贷评分模块。该模块是基于不同贷款类型的、灵活可调节的评分卡，所有需要的数据被提供给评分引擎，支持评估贷款风险并做出贷款决策。

抵押品管理工具。抵押品管理工具可以提供客户、细分市场或投资组合级别的抵押品透明度和覆盖范围的分析结果。在贷款发放过程中，抵押品数据由该模块处理。系统使用图形建模工具为贷款分配抵押品，以计算抵押品覆盖率。

房地产估值模块。该模块用于支持房地产评估的应用程序，管理房地产抵押贷款的评估过程。评估后，抵押品管理系统将处理房地产的估值。

预警和监控模块。该模块负责检查合同和支付条款与条件，并提供预警信号，通过定期的贷款监控进行及时干预。

债务催收模块。该模块管理客户分层与早期催收，可以管理针对每一个客户分层、产品和客户类别的坏账催收。

客户可以在合作的商户网站上询问贷款利率，如果感兴趣就可以跳转到贷款门户上提交贷款申请，从而获得灵活的、个性化的贷款产品，并在整个贷款的周期中可以查看贷款审批的进度，进一步增强个性化的服务体验。

## （五）创新保险营销方式

商业银行可以向客户提供快速、便捷、个性化、透明、合规的人寿保险指导。首先，在银行App内，银行可以在几分钟之内对客户完成人寿保险的检查，告诉保险公司客户家庭和财务的情况，合作的保险公司可以算出家庭可能出现的亏空。系统向客户提供公正的能够满足客户需求的建议。系统可以回显客户每月在房屋、家庭日常消费、娱乐消费等上面的支出。系统为客户找到与自己所处的情景最贴切的3个最优的保单,系统站在客户的角度帮助他们寻找最优的保险计划,而不是站在保险公司的角度分析问题。所有的服务和建议都是线上进行的,客户可以获得快速、适合自身情况的保单,无须与任何人见面。

## (六)开发智能银行助手

商业银行可以开发智能银行助手服务,使客户获得直观和智能的银行体验,提供的功能可以包括:帮助客户进行账户查询——余额、转账、查看交易、最近5笔交易、付款历史记录;补发对账单;进行资金转账——银行内和银行间转账,更改其他人口统计信息,如地址、电子邮件ID,冻结和重新补发银行卡、PIN(个人密码, Personal Identification Number)生成、跟踪服务请求;奖励兑现、交易争议报告;进行积分兑换、更新联系信息和地址;更改人口统计信息,如地址、电子邮件ID,冻结和重新补发银行卡、PIN生成、跟踪服务请求;奖励兑现、交易争议报告;帮助在线拓展新客户,向客户提供服务申请表,引导客户填写服务申请表等。使用智能银行助手可以帮助银行提升新客户的转化率,改善客户的服务体验。

## 13 大数据应用创新

## 国外银行大数据技术应用有哪些新玩法

随着共享经济、供应链金融、消费金融等新模式、新业态的蓬勃兴起，大数据技术应用已经成为金融机构数字能力建设的关键需求之一。以移动互联网、云计算、大数据和物联网为代表的新一轮科技创新，正在快速改变传统的生产经营与管理方式，现代金融机构必须充分有效运用大数据技术。能否用好大数据，实现经营、管理和服务的创新，还将影响未来银行的可持续发展。近年来，各国金融机构在大数据应用方面开展了一系列创新，本文从实时提供个性化信贷产品、提供个性化网页营销信息、资金交易风险分析、预测生命周期事件的理财顾问系统、贷款审批决策、投资风险监测、供应链风险预警等几个方面研究国外金融机构在大数据技术上的创新应用，并对我国金融机构提出相关建议。

### 一、国外商业银行大数据技术应用创新

#### （一）实时提供个性化信贷产品

纽约的Mall IQ公司通过交易前预测客户的支付和贷款需求，使银行和金融科技公司能够通过最先进的定位技术和人工智能从当前客户中产生增量收入，通过增加激活、客户挽留和交叉销售来提高其产品的使用率。Mall IQ允许银行和金融科技公司以最少的努力来推动收入增加。Mall IQ还

提供卡和API登录风险管理产品。系统支持用户访问商店级、商场级和细分市场级的详细分析数据。在正确的时间、正确的地点生成具有高相关性的目标营销。

现在人们有许多支付的方式，包括信用卡、分期、移动钱包、数字货币等，虽然增加了客户支付的便利性但也增加了银行保持钱包份额的难度，Mall IQ系统向客户提供个性化的信用卡和贷款产品，帮助银行通过与客户的互动提高交换费和贷款收入。系统能够发现客户的购买意愿，并在相关的时间点使用个性化、精致、安全保密的信息联系客户，该系统与其他产品的区别在于能够及时得到可操作的数据，这些数据丰富了银行的客户关系管理系统，可以准确了解客户在商店准备购买什么商品、参加什么活动。

在购买之前银行能够拿到这些数据，所以银行能够影响客户的决策，使其使用自己银行的产品，银行可以通过自己的App将信息传递给客户。数据还具有可扩展性，系统不要求银行增加新的硬件设施以传递如此准确的数据。系统不仅能提供好的支付体验，而且能帮助银行做出正确的信贷决策、商户合作决策和产品决策。

银行在系统的后台能够看到客户在网上购买哪些品牌和类别的商品，也能在地图上看到客户去了哪些国家，这些形象的信息帮助银行商户管理部门或银行第三方合作商设计出旅游与购物的优惠活动，Mall IQ在全球旅游和购物有大量的合作伙伴，系统有大量在交通工具、家具、电器、家装改善等方面的潜在客户名单，系统也有汽车销售商的数据库，所以银行能够找到那些在一个小时以内到达汽车销售商的客户，并向他们提供贷款优惠。银行也可以基于客户最近的购买意愿，确定一个营销的接受群组，这些客户可能近期到访过家具店、电器商店或装修公司。这些都不需要很多投入就可以增加收入。通过系统还可以查看同一批客户在一个营销活动之前、营销活动开展过程中和之后的一段时间内的购买比率的变动情况。

系统帮助银行做出多个数据驱动的决策，例如，能够支持客户身份验证，系统的位置数据可以区分客户到访的国家、地区和具体城市，能够发现地理位置的不一致性，如果客户交易的商户与所在地区相符，交易可以得到批准，如果与客户所在地区不符，就会实时拒绝交易。HSBC银行、法国巴黎银行采用了Mall IQ的平台技术，这些银行借助Mall IQ的大数据技术帮助银行和金融科技公司用最少的成本来推动增加收入。

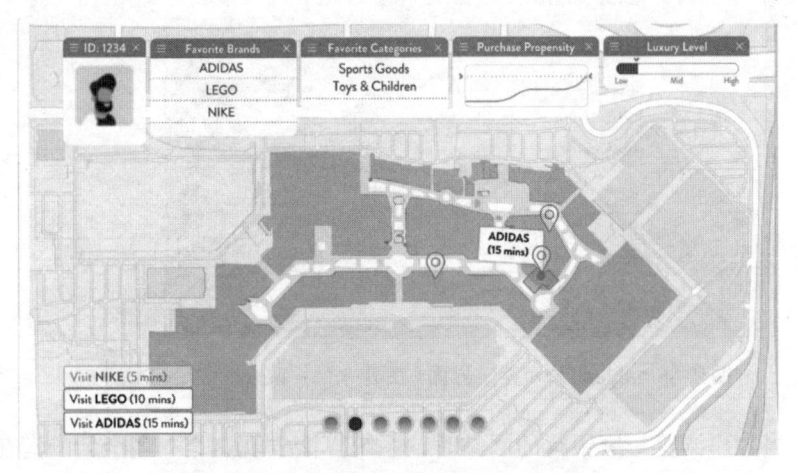

图1 Mall IQ公司系统界面（图片来源：https://malliq.com）

## （二）为客户提供个性化网页营销信息

美国加州的Finalytics公司利用大数据和机器学习技术，帮助银行等机构提供超级个性化的数字体验市场，推动更多的消费，并提高客户和会员挽留率，他们使用行为、地理和其他数据点为会员提供一对一个性化的体验，改进新客户的开户流程，加深了客户关系。

银行通过该平台可以获得客户行为洞察力和对客户旅程的360°视图，发现他们未满足的需求，制订个性化的产品宣传方案，使用已有的数据通过人工智能做出明智的决策。系统为客户提供了从搜索开始到成为会员的一对一数字体验，让银行发现交叉销售的理想产品，让客户更快地找到他们想要的产品。内容"推送"也会根据以前的行为吸引潜在客户，向观众展示他们感兴趣的内容，无论是利率、汽车贷款还是财务建议，最大限度地提高转化率，帮助银行获得新客户。系统可以使用目标用户的属性（如年龄和地理位置）进行产品推荐，系统还能预测每种产品的转化率。美国的 Visions Federal 信贷联盟使用了 Finalytics 的技术平台，使用后该司的新客户转换率提升了270%。

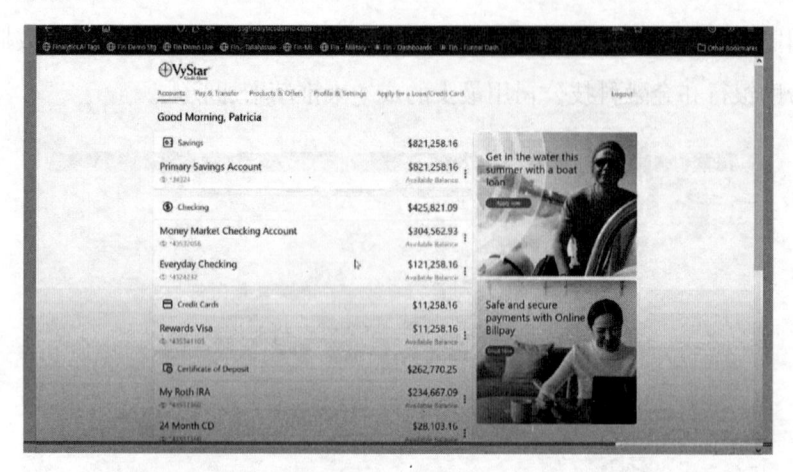

**图2　Finalytics公司系统界面**（图片来源：https://finalytics.com）

当客户浏览一家银行的网站时，系统算法发现这是一名全新的潜在客户，系统会查询客户的地点，以及当地的房屋平均拥有率和平均收入，以及参考当时的时段，向客户推送当地购买房屋指南、最佳的房屋贷款利率，以及与当地按揭专家聊天的链接，并显示出最低2.5%的按揭利率的广告。如果一名浏览的客户来自一家军事基地，军人会有更多的机会在不同的地区迁移，这时网银界面上会显示该行向军人家属、军队雇员提供的金融服务。系统会展示免费支票账户、军人存款、手机银行等。这是客户在第一次浏览银行网银时的个性化体验。当客户进行网站搜索之后，根据客户在某一项内容查看的项目数和页数，会了解客户的兴趣，当这名客户返回主页后，会显示与他感兴趣领域有关的产品，并推送申请页面。

客户可以立即开始网上申请。许多客户浏览或者填写一半申请表后就中断了浏览，当客户再次浏览银行页面时，系统会检查之前的状态，并有针对性地展示对应的内容。当一名仅有存款、支票账户和汽车贷款的客户登录网银时，网银界面会显示信用卡、手机银行的广告链接。如果另外一名客户已经拥有了较多的账户，如存款、支票账户、信用卡、大额存单、养老金账户等，系统可以查看这名客户所属的地区，如果附近有海或者湖泊，这样的客户很可能会申请游艇贷款，就会在他的网银页面上展示游艇贷款和线上支付公用事业费用的广告。

在银行后台，部署这些营销广告也非常快速方便，银行职员先点选需要推广的产品，如汽车贷款、支票账户、按揭贷款、账单支付、汽车再融资、手机银行、信用卡等，之后在每一个产品的选项下面可以填写标题、宣传语句、申请链接等，可以在一系列图片中进行选择，这些宣传语句和图片都可以从系统图书馆中进行选择。一旦完成宣传的设置，就可以查看每一项宣传的产品的统计数据，包括浏览次数、开始申请的次数、开始申请的比例、行业平均申请比例、系统评分等，可以进行优化设计。

## （三）资金交易风险分析软件

美国纽约的DataDock Solutions公司团队拥有40多年的衍生品交易和管理经验。银行的交易业务没有将其资源足够集中于数据分析，他们与谁交易以及在哪里投入资金，都并非建立在详细的数据分析基础之上，由此他们看到了巨大的商机。该公司开发了使用交易大数据和机器学习技术的智能交易系统，能够更好地决定与哪些客户进行交易以及在哪里分配风险。

DataDock Solutions公司研发机构交易经纪商或对冲基金使用的软件，他们的客户每年进行数千万美元的金融交易，它们的系统帮助交易经纪商从依赖交易经验转变为更多依靠数据分析。假设一家金融机构的交易负责人和销售负责人对一款对冲基金有严重的分歧，销售负责人认为这款对冲基金有巨大的市场机会，需要增加这一产品的销售，但是交易部门负责人认为该基金造成了损失，需要立即停止销售。这时需要登录系统，打开客户矩阵评分表页面，选择需要分析的对冲基金产品，可以发现这款对冲基金的交易佣金高达711万美元，但是收入却只有76万美元，客户可以继续查看该对冲基金的空间经营风险与价值指标，系统对这款产品给予B-的评级，客户还可以查看这款产品的1年、6个月和3个月的分析雷达图，可以看到这款产品在1年的期限之内收入能力分数高达90分，交易额的分数是97分，但在最近3个月的期间，收入能力分数降到63分而交易量的分数降到80分，进行进一步分析，系统帮助查看导致收入分数下降超过10分的对冲基金组成和交易，系统支持对对冲基金的组成成分和交易明细进行深入的分析，客户可以仔细查找到对对冲基金收入影响最大的错误交易记录，两笔交易造成的损失达到400万美元，这时可以对这两笔交易进行进一步模拟分析，使用系统支持的其他交易模式，系统提供超级模拟功能，对相关的两笔交易使用其他模拟策略之后，可以进一步查看改变策略后的交易实际盈亏情况，损失从400万美元降到50万美元。客户可以发现，该对冲基金并不是非常不理想，客户可以对衍生品交易进行更加积极的避险方法。了解到这些情况之后，客户可以通知银行工作人员对风险进行更为激进的对冲。能够看到客户在修改投资对冲策略之后，收益大幅度提升，销售量也随之上升。

在金融市场上许多高手具有这一分析软件，但是都是花费了巨资才完成开发。DataDock Solutions公司仅使用较少的投入就开发出具有相似功能的系统，该公司使用机器学习的成果取得良好的效果。美国的投资银行高盛和美国银行都与该公司合作，这一技术帮助终端客户减少了数千万美元的损失，使权益性衍生金融工具的销售量和佣金提升了19个百分点。

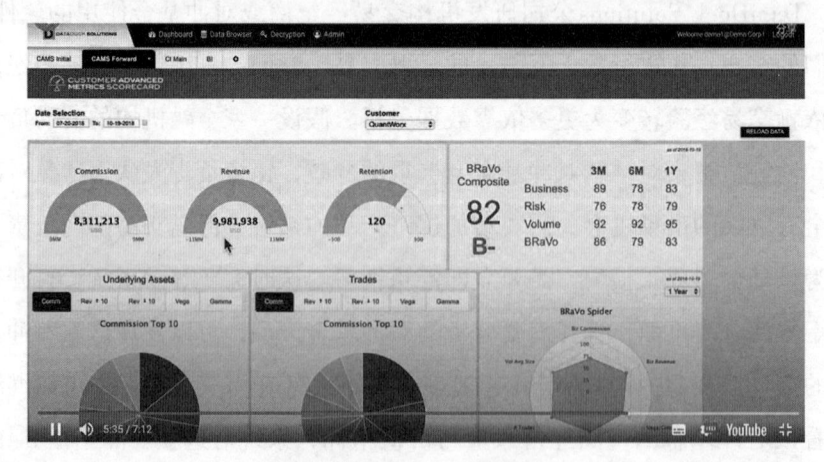

图3　DataDock Solutions公司系统界面（图片来源：https://datadocksolutions.com/）

### (四)帮助预测生命周期事件的理财顾问系统

得克萨斯州的InterGen Data是一家基于人工智能的机器学习算法的公司，帮助银行、金融服务公司和保险公司预测其客户最重要的生命事件可能发生的时间、将发生的情况以及可能产生的经济影响。它们建立了预测生命事件的专有算法，并将这些数据提供给银行、金融服务公司和保险公司。

许多人在一生中会遇到各种生命事件，如生小孩、丢掉工作、生慢性病或严重的疾病如阿尔茨海默病等，但很少有人为这些生命事件做好了准备。例如，有一个家庭中的老人得了阿尔茨海默病，他们将老人送到专门照顾的医院，每个月要花销15 000美元，4年总共要花费70万美元。提前预测生命周期事件可以将客户的需求与银行的产品更紧密地连接起来。系统采用机器人询问问题的方式，客户需要选择自己的性别、年龄、学历、居住地区、婚姻状况、家族的患病史，如果祖父母一代没有患有某种慢性病，那么客户本人患有这种疾病的概率会降低8~11个百分点，如果祖父母都患有这种疾病，客户本人会有38%~42%的概率得这种疾病，如果在客户的父母一代患有某种疾病如癌症，客户本人会有一定的概率患有这种疾病，如果父母双方都患有这种疾病，客户本人会有极高的概率患这种疾病。系统会汇总显示客户患有各种疾病的概率，会预测在客户的全生命周期，在任何一个阶段发生某种事件和可能的支出情况，例如，可以预测到某位客户在31岁有了第一个孩子，在33岁和35岁有了第二个、第三个孩子，在某一年购买了第一个房子，在某一年失业了，在45岁开始患有某种癌症，几个月之后度过了这个疾病，所需的支出累计起来是多少。而实际上，这位客户是在48岁得的这种癌症，这一下子就拉近了与客户的关系，谈话的深度马上加深了。

银行使用这一系统可以与客户开展一系列重要的谈话，客户可以在API上取得这些数据，客户还可以与系统互动，了解各种事件发生对自己生活支出造成的影响。这些是通过实际统计数据预测处理的情况，包括了大学教育、购买汽车的支出，这些信息与客户高度相关，如果没有这些数据的准确预测，当一名理财顾问向客户推销癌症保险时，可能会遭到冷遇。使用这一系统，客户会相信数据的力量，认真听取银行的建议，并与银行配合做出相应的安排。他们通过人口统计信息生成数字建议，帮助客户更好地了解即将到来的生活事件对其未来现金流需求的影响。美国得州的一些社区银行与InterGen Data公司开展技术合作，使人寿保险等养老产品的销售取得明显增长。

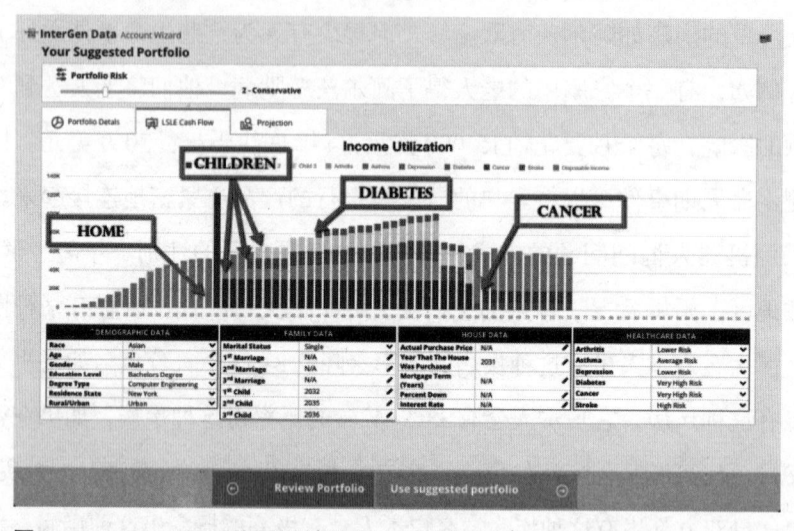

图4　InterGen Data公司系统界面（图片来源：https://insart.com/wealth-tech-club/intergen-data/）

## （五）贷款审批决策中的大数据应用

伦敦的Tink公司使用大数据技术帮助欧洲最大的银行和金融科技独角兽企业从开放银行业务中获益，为数百万人提供更好的金融产品。Tink的API平台让1 400多名开发者能够通过北欧的一个API访问300家银行的财务数据，开发者平台向6个欧洲国家的开发者开放，DevPortal网站评价Tink平台门户提供"最佳开发者仪表板"和出色的开发人员体验。该平台帮助配置、定制、管理和部署对财务数据的访问，开发者无须第三方解决方案即可获得实时使用情况和性能报告。使用该平台只需几分钟，即可为客户提供服务改进风险决策模型并具有更强的性能，获得更准确、更智能的信用评估。

贷款申请的风险评估是在客户申请产品的早期阶段进行的，需要检查申请者的收入情况。外部信贷机构是常见的信息来源，通过Tink平台为客户提供了一种更为顺畅的方式来证明他们的收入和信誉，使用Tink平台，贷款申请人只需点击几下屏幕，就可以轻松地连接他们的银行账户，对他们当前的收入水平进行即时、彻底的评估。系统深入了解客户的财务状况，并根据数据洞察发现可能的风险因素。这有助于将申请处理时间减少到10分钟以下，从而提高了批准率，加快了资金周转速度，降低了欺诈和未完成申请的风险。系统基于对申请人实时交易数据的分析，利用申请人风险行为和消费习惯的最新信息改进风险评估。分析的数据包括ATM行为、托收付款、低余额或透支使用、账户活动等。系统直接从银行账户中获取安全、实时的数据，即时核实个人收入。帮助借款人提高还款能力，为他们提供有吸引力的工具，帮助他们制订和跟踪预算，减少贷款拖欠。

Tink帮助荷兰的T银行等金融合作商抓住金融科技与开放银行的机遇，该平台仅向最大的零售银行开放，帮助来自不同领域和规模的开发者接触到金融数据，目前该平台有超过1 500名开发者使用账户整合API开发产品并投向市场，该平台已经覆盖9个市场，服务数千家银行。例如，一家银行希望向客户提供顺畅的有吸引力的消费者贷款，银行需要基于客户的信用风险评估判断是否可以批准这笔贷款，银行这时无须查询外部信用报告数据，仅需根据系统聚集和分析数据的深度做出决定。客户首先输入自己需要借款的金额，之后在国家列表中选择自己所在的国家，并选择自己的银行，比如客户点击了一家位于奥地利的银行，系统提示客户进行双因子身份验证，系统在分析这一客户时还引入和客户的交易数据，如果客户愿意，也可以增加可以参考的交易数据的银行，帮助系统更好地了解客户的交易习惯，几秒钟之后，客户的信用评分被计算出来，系统上会显示我们通过以下信息计算了您的信用评分：平均月收入 3 500 欧元、平均月消费 244 欧元、平均月度公用事业收费 98 欧元、支票账户余额 132 欧元、存款余额 355 欧元、贷款余额 1 500 欧元、信用卡余额 299 欧元、投资 2 000 欧元、信用评分为 71.6 分。系统将能够得到的客户相关的数据展现给客户，在下一个页面，系统显示客户被批准的贷款金额为 10 000 欧元，年利率为 3.9%，还款期为 24 期，月度还款额为 449 欧元，总还款额为 10 780 欧元。如果客户接受上述贷款条件，可以点击接受键，并选择接收贷款的账户，客户即时收到银行汇到账户的贷款款项。

客户可以得到优惠的贷款利率，并且无须进行信用局资信核查，Tink 与 T 银行、法国的 U 银行、英国的 V 银行、美国的 W 银行等银行合作，抓住金融科技与开放银行的机遇，帮助来自不同规模和领域的开发者接触到金融数据。对于银行而言，这一顺畅的流程提高了业务转化率，并且帮助开发人员在几个小时内完成开发并将产品推向市场，而不是几周甚至几个月时间。

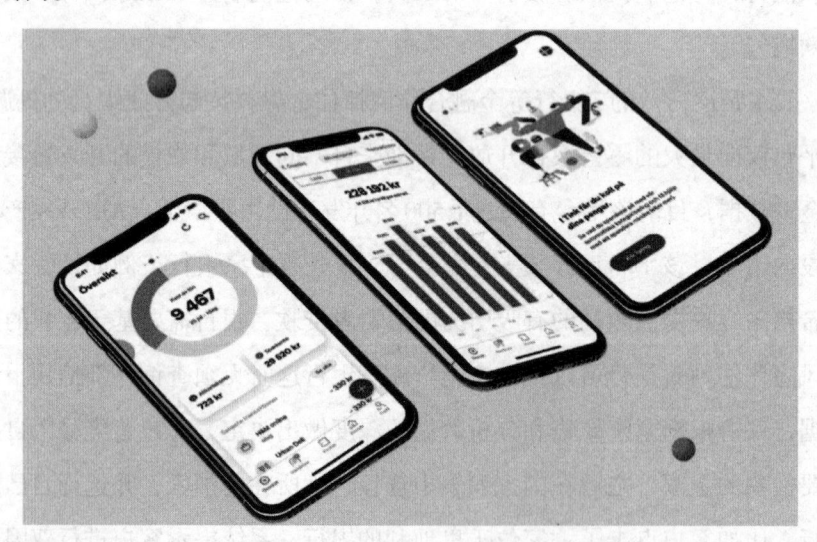

图5 Tink公司系统界面（图片来源：https://tink.com/blog/news/tink-consumer-app-shutting-down/）

## （六）投资风险监测创新

SESAMm是一家专注于大数据和人工智能的金融科技公司。该公司的产品通过使用自然语言处理和机器学习分析170多亿篇网上文章和消息，提供分析和投资信号。该平台提供映射到公共和私营公司的每日舆情信息和ESG数据，推动投资策略。该平台通过机器学习专业知识，系统使用高级自然语言处理技术实时分析来自网络的文章和消息，深入了解公司、品牌、产品、行业等，通过可定制的图表，分析关键趋势，构建投资策略，为客户的投资或企业战略提供动力。SESAMm开发了一套专门用于投资、风险监测和市场分析的产品，可以为客户的业务进行量身定制的深度分析和精细信息，通过定制项目，使用替代数据和机器学习技术，帮助客户生成投资信号。

假设一家银行在评估一个公司的环境、社会风险和治理风险，银行会设法获得每季更新的信用评级信息，SESAMm可以向银行及时提供所有公司客户的每日数据，帮助银行更好地评估风险，及早地得到风险警告。如果一家公司被提醒在治理方面有大量的不正常信息，该公司正在面临欺诈指控和法律诉讼，人们不希望这样的公司存在于自己的投资组合当中，在每日环境、社会风险与治理风险检测图表中，可以看到早在6个多月之前，在网上消息方面就有这家公司的坏消息，这家公司有能力持续检测一家公司的信用情况，平台可以深入挖掘信息资料，可以展现负面消息的出处、相关具体负面词汇的原文，例如，欺诈、犯罪、反对公平竞争、腐败等。

人工智能帮助平台使信息透明化，帮助用户了解调查对象的风险来源。使用SESAMm公司的平台和引擎，银行可以了解客户的环境、责任与治理能力、竞争力分析、信用报警等，由于SESAMm连接了很多数据源，包括新闻和博客，它的数据覆盖了绝大多数的公司，并能迅速地提取到有用的信息。法国的X银行、日本的Y金融集团与SESAMm开展合作，多数银行非常信赖这家公司，目前，很多客户从该平台上了解俄乌战争方面的信息，该公司从俄罗斯、乌克兰、波兰的新闻和社交媒体上获得信息，从新闻和信息中也能分析到人们的情绪，能够看到整体社会的情绪变动曲线，通过这些信息，银行资产经理或信贷经理可以评估潜在的风险。

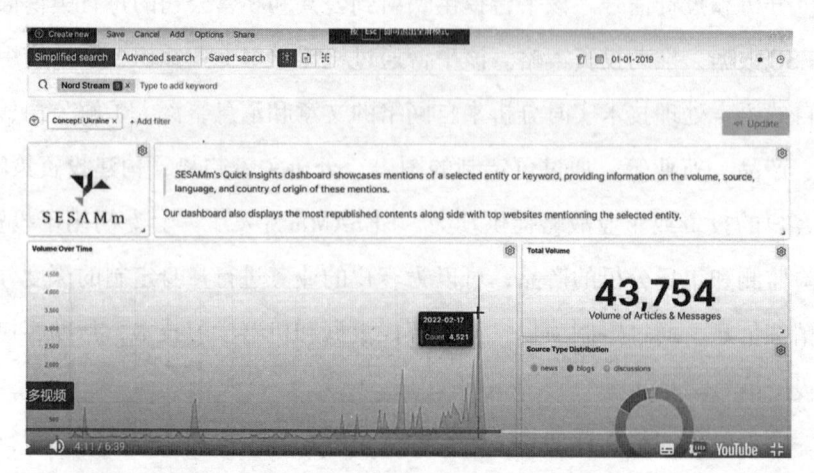

图6　SESAMm公司系统界面（图片来源：https://sesamm.com）

### （七）供应链风险预警创新

纽约的Supply Wisdom的产品使企业能够自动化其风险管理计划，显著提高客户的风险管理效率和有效性，同时节约成本。它的客户包括金融服务、保险、医疗保健、生命科学等领域的全球2 000家公司。该公司提供了7个风险领域的全套风险覆盖，它们的风险包使企业能够经济高效地全面了解其第三方和位置风险，而无须汇集来自多个不同解决方案的信息。它利用人工智能、RPA（机器人流程自动化，Robotic Process Automation）、机器学习和大数据的最新技术，使企业持续监控其第三方和地点的风险，实时了解他们的风险状况何时发生变化。

Supply Wisdom监控客户的风险状况，以发现可能扰乱运营的风险事件。系统对过去12个月的风险事件进行深入扫描，并通过Cloud Dashboard或开放API提供风险度量、风险评级和分析。Supply Wisdom解决方案将风险事件呈现为连续的智能风险警报、12个月的风险扫描和警报摘要。智能风险警报包括不同颜色的影响级别，便于区分不同的优先级。警报的风险发现可以推动自动化风险行动，减少人工干预。

系统采用170多个第三方指标和160多个位置指标。使用预定义算法将每个单独指标量化为风险评级。风险评级范围为1至10，1为低风险，10为关键风险。分级采用颜色编码，便于可视化。提供持续的风险视图，该视图可按需提供，始终是最新的，并可通过Cloud Dashboard或开放API访问。这些可视化视图使用户能够快速识别对他们来讲最危险的第三方或位置等，以推动积极的风险缓解行动。

爱尔兰Z银行、美国A银行、安本标准集团、新美洲基金等金融机构与Supply Wisdom建立合作，帮助它们显著提高了客户的风险管理效率和有效性，节约多方成本。每天，全球范围内都有数不清的供应链事故发生，俄乌冲突、新冠疫情、地区动荡、监管加强等因素都对企业的经营带来不确定性。Supply Wisdom能够帮助企业及时了解可能存在的风险，并提出缓释风险的建议，风险是瞬息万变的，假如一家企业在新冠疫情暴发之前的2个月就了解到可能暴发疫情，就会采取相应的策略，会很大程度上减少损失。使用Supply Wisdom可以监测金融、操作、合规、空间、组合风险五个领域的风险和数千家供应商，这家企业可以应对各种监管规则的变化，可以监测数万家第三方合作企业的风险，并形成汇总的可视化展示页面，图表上展示哪些风险是上升的，哪些风险是下降的，并用不同的颜色在世界地图上显示不同地区的风险状况，不同颜色显示风险事件的多少。如果用户想了解某一地区的某一类风险，只需要在地图上点击一下这个地区，就会有更详细的风险提示信息显示，不是所有的客户对相同的风险事件都有一样的关注度，系统可以定制个性化的风险监控需求。系统还能够展示任何一家合作供应商之前发生的风险时间，帮助企业了解潜在的风险。

## 二、我国银行大数据应用现状

随着银行业客户规模的扩大和客户交易、资产数据的累积，在大数据方面有多方面的应用。

### (一)客户画像

客户画像是一种勾画目标用户、联系用户诉求与设计方向的有效工具，核心工作就是给客户打标签。客户画像应用主要分为企业客户画像和个人客户画像。企业客户画像包括使用企业的生产、运营、财务、销售和客户数据、相关产业链上下游等数据来画像；个人客户画像包括使用人口统计学特征、风险偏好、消费水平、兴趣爱好等数据来画像。通过分析客户的账户状态、交易习惯、账户价值、投资偏好以及投资收益，来对客户人群进行分类，分析出最适合客户的服务，改进服务方式。

### (二)精准营销

在客户画像基础上，依托现代信息技术手段建立个性化的顾客沟通服务体系，实现低成本高效率市场扩张。通过分析客户需要什么，投其所好，为其提供个性化的服务。在银行业，银行可以在用户画像基础上开展有效的精准营销，包括实时营销、交叉营销、个性化推荐和客户生命周期管理。

### (三)风险管控

金融机构可以利用大数据技术，量化分析业务经营和日常管理中的风险，建立全面风险管理体系，提升核心竞争力。风险管控方面的应用场景主要体现在贷款风险评估、交易欺诈识别两方面。在贷款风险评估方面，银行可通过分析个人的薪资收入、消费习惯、社交信息等数据，判断贷款风险，确定最高贷款金额。可通过企业的资产、流通、销售、财务等相关信息结合大数据挖掘方法进行贷款风险分析，量化企业的信用额度，高效开展企业贷款业务，平衡风险与收益。在交易欺诈监控方面，利用大数据实时发现高风险交易，并进行交易控制和拦截。

### (四)供应链金融

在供应链上依附于核心企业的上下游企业可能存在需要资金但贷不

到款的情况，这时核心企业可以做担保，以物质押，解决上下游企业贷款难题。利用大数据技术能够促进供应链金融生态发展，加强供应链风险控制，银行可以利用供应链上下游企业的经营数据，以及根据企业间投资、控股、借贷、担保等关系构建的企业关系图谱，以核心企业为中心，判断整个供应链金融风险状态，及时采取风险防范措施。

### （五）运营管理

大数据技术可以帮助金融企业分析行业和市场情况，及时调整运营策略，推出更有竞争力的产品，提升企业的竞争力。大数据技术可以协助商业银行进行市场优化、产品服务优化和舆情优化。可以利用大数据技术来预测金融市场行情和股价，及时优化公司运营策略。可以对大量个人投资者样本进行跟踪分析，统计其投资收益率、持仓信息、交易信息。

## 三、大数据应用的问题

### （一）数据质量问题

由于银行业务系统开发的历史原因，存在多种数据质量问题。在信息因素方面，存在元数据描述及理解错误、数据度量的各种性质（如数据源规格不统一）得不到保证和变化频度不恰当等。在技术因素方面，在数据创建、数据获取、数据传输、数据装载、数据使用、数据维护等环节可能存在数据质量问题。在系统作业流程方面，在创建流程、传递流程、装载流程、使用流程、维护流程和稽核流程等各环节可能存在问题。在管理过程中的失误也可能造成数据质量问题。

### （二）数据联通共享问题

机构内部不同系统之间，不同机构、不同行业之间的数据联通存在障碍。大数据共享包括政府部门之间的数据共享、跨行政区域政府间的信息共享、政府与企业间数据的合作和共享、企事业单位之间的数据共享等。政府层面必须要健全大数据相关制度框架和制度体系。另外，需要进一步建立基础数据库,一方面要集中存储被共享的数据,同时进行清晰校验和整合,提供可以共享的目录,以便用户可以接入和收取这些数据。有些部门不愿意共享开放,法律法规制度不够具体,不清楚哪些数据可以跨部门共享和向公众开放。

### (三)数据安全问题

大数据解决方案将数据和操作分布在许多系统中,以实现更快的处理和分析。这样的系统容易受到安全威胁,黑客只要攻击一个点就可以渗透整个网络。在数据存取方面,网络犯罪分子可以入侵与大数据系统相连的系统,窃取敏感数据。银行内部也需要建立严格的数据访问权限限制。网络犯罪分子可以通过操纵存储的数据来影响大数据系统的准确性,可以创建虚假数据,并将这些数据提供给大数据系统。也有可能攻击大数据系统以破坏敏感数据,造成数据泄露,导致数百万人的敏感数据被盗。大数据系统收集的数据通常存储在云中,这可能是一个潜在的安全威胁。

### (四)大数据应用底层技术差距很大

我国的数据体量特别大,如视频数据,这些数据储存困难。数据分析方面,绝大部分属于非结构化的数据,这些数据的不确定性表现在高维、多变和强随机性等方面,需要通过包括数学、经济学、社会学、计算机科学和管理科学在内的多学科交叉来研究和讨论。我国在新型计算平台、分布式计算架构、大数据处理、分析和呈现方面与国外仍存在较大差距,对开源技术和相关生态系统影响力弱。需要加强海量数据存储、数据清洗、数据分析发掘、数据可视化等领域关键技术攻关,并支持自然语言理解、机器学习、深度学习等人工智能技术创新。

## 四、大数据应用的趋势

为抢抓机遇、应对挑战,利用大数据促进业务转型、重塑竞争优势、提高治理水平已经成为商业银行的必然选择。

## （一）加强金融大数据发展的顶层设计和政策扶持

金融机构间的数据壁垒仍较为明显，数据应用仍是各自为政，缺乏有效的整合协同，跨领域和跨企业的数据应用相对较少。另一方面，金融行业数据应用缺乏整体性规划，当前仍存在较多分散性、临时性和应激性的数据应用，数据资产的应用价值没有得到充分发挥，业务支撑作用仍待加强，需要通过行业整体性的产业规划和扶持政策，明确发展重点，加强方向引导。分阶段推动金融数据开放、共享和统一平台建设。

## （二）实现企业级数据互联互通，夯实工作基础

加强数据治理，建设银行核心系统工程，建立完善的数据管理和数据应用体系，全面规划工作平台，构建大数据生态体系。借助银行内部已掌握的客户相关信息，引入外部信息，识别客户需求、估算客户价值、判断客户优劣、预测客户违约可能，利用大数据开展信贷风险评估。将客户关系系统、核心银行系统、交易系统、信用审批、风险管理、押品管理、供应商管理、财务管理等系统连通起来，建立统一的数据标准。

## （三）发挥数据价值，驱动业务发展与创新

需要在传统数据处理平台的基础上再上一个台阶。规划并建设大数据工作平台，面向全行数据分析人员提供大数据生态体系的基础设施，为全行大数据分析提供实验室、工具箱和知识库。建设具备多类型数据整合、海量数据处理、数据产品创造等能力的大数据平台，提供各类共享数据分析挖掘应用资源。积极推进大数据应用，实现创造业务价值。

## （四）推动金融数据与其他跨领域数据的融合

大数据技术逐渐成熟，数据采集技术快速发展，通过图像识别、语音识别、语义理解等技术实现外部海量高价值数据收集，包括政府公开数据、企业官网数据、社交数据。金融机构得以通过客户动态数据的获取更深入地了解客户。金融行业数据整合、共享和开放成为趋势。数据越关联越有价值，越开放越有价值。全球已经掀起一股数据开放的热潮。中国政

府也着力推动数据开放，2018年，中央政府层面实现金税、金关、金财、金审、金盾、金宏、金保、金土、金农、金水、金质等信息系统通过统一平台进行数据共享和交换。商业银行要加强开放银行建设，扩大提供金融服务的范围。

### （五）重视文本等非结构化数据的应用

银行数据不仅包含结构化数据，还包含更大量的非结构化的语音、文本数据。常见的文本数据有投诉工单、法律合同和交易描述，语音数据包括客服语音、电销语音和催收语音等。随着自然语言处理、文本挖掘等技术的日趋成熟，运用关联分析、深度学习、随机森林等机器学习算法，构建一系列数据分析挖掘模型，银行应该更加重视并利用非结构化数据所带来的价值。一是挖掘客户沟通中所表达的银行业务产品、流程、服务的投诉、建议、诉求等，构建热点问题分析模型，从而进行产品优化、服务优化、流程优化等，以提高银行内部管理水平，降低运营风险；二是营销机会挖掘，通过对语音文本、智能客服会话文本运用关键词识别等文本分析挖掘技术，按照不同业务场景设计营销机会挖掘模型，识别营销商机，并通过短信或外呼渠道触达客户，向客户精准化推荐其所感兴趣的产品，提升营销的成功率和业务效益。此外，还可以进行客户营销价值分析、信用卡账单分期期数偏好分析、客户消费偏好分析等。

## 五、银行怎样创新大数据应用

### （一）实时向客户提供合适的贷款产品

商业银行可以开发基于隐私位置优先和人工智能的平台，在关键时刻通过个性化活动吸引客户，实时向客户提供合适的支付或贷款产品的平台，银行可以利用独特的实时数据预测下一个购买决策。如果银行知道客户想要购买什么、客户在哪里购物，当客户即将付款时，在他们购买之前，向客户推送贷款或分期产品的优惠，就可以改善客户激活、用卡频率、钱包份额、客户挽留、追加/交叉销售等KPI的表现。银行可以使用最低的投入和精力达成上述目标，即使客户不使用某家银行的产品，也能发现客户的实体购物偏好和规律，通过实际客户旅程丰富CRM数据库和客户细分。

## （二）向客户提供个性化的宣传网页信息

在现有的市场上，大多数银行提供相似的服务，现在的客户不再单纯在线下活动，而是更多地生活在数字化的世界，因此能够比其他机构更深入地了解一点客户的线上行为特征，将会给金融机构带来竞争优势。那些能更好地理解客户的线上体验的机构才有可能在市场竞争中胜出，商业银行可以开发部署有影响力的深度个性化宣传页面展示，帮助银行实现快速增长。例如，银行使用实时数据和动态内容建议为客户和成员安排理想的旅程；可以查询客户的地点，以及当地的房屋平均拥有率和平均收入，以及参考当时的时段，向客户展示房贷的优惠；通过创建与客户属性相关的细分市场，通过个性化体验（包括横幅、图像、价格和内容）最大限度地实现转化，并吸引更多客户，帮助银行使潜在客户变为忠实客户，扩大客户钱包份额，预测客户的需求，使用这些预测为客户提供个性化的体验，从而实现更有效地竞争，并且尽可能在几天而不是几个月内部署该平台。

## （三）开发资金交易风险监控软件

商业银行在资金交易中可以应用大数据对对冲基金进行详细的数据分析，使交易建立在数据分析基础上，通过数据分析、高级指标和丰富的视觉效果来帮助银行确定销售和投资哪些产品，做出更严格、一致和精确的决策。系统可以计算客户佣金、风险和盈利能力，并将其分组、汇总和可视化。以业务、风险和数量（BRaVo）评分为特征，在整合仪表板视图中定量评估客户。客户可以使用这一方法，分析每一款产品的盈利能力，以及在哪些交易中出现了损失，并对产品制订合适的风险监控策略，从而提升收益和销售量。

## （四）开发预测生命周期事件的理财顾问工具

商业银行可以开发能够预测客户生命周期事件的理财顾问系统，当人们获得正确的信息时，将能够对自己的财务旅程做出更好的决定。例如，系统可以预测40大财富相关事件中的12个（结婚、买房、第一个孩子、第二个孩子、第三个孩子、患关节炎、患哮喘、患糖尿病、患抑郁症、患癌、患中风、失业）以及80种重大疾病（27种癌症、24种器官疾病、21种心脏和动脉疾病，以及8种大脑和神经疾病，如痴呆症和阿尔茨海默病）。这样的系统能够更好地帮助客户了解他们可能会发生什么，什么时候会发生，以及会产生多大的财务影响。使用现有的技术可以预测出现生命事件的概率和时间，具有这样的预测能力，银行可以吸引更多新客户，可以加深与客户的关系，也可以挽留更多客户。

### （五）开发贷款审批决策系统

商业银行可以开发连接多家银行的数据平台，在客户进行贷款申请时，银行可以调用数据平台的数据，系统聚集、丰富、清洗了银行的数据，以更好地对客户的风险进行评估，用诸如ATM行为、托收付款、低余额或透支使用、账户活动和赌博等预测指标替换过时的数据，将系统的预测技能提升到一个新水平。系统能够实时访问消费者的银行数据，进行更明智的信贷和风险评估。通过全数字化、无缝的应用程序流程，为客户提供快速、轻松的体验，并提升贷款审批的准确性。支持贷前营销引流、贷中风控管理和贷后扣款催收全流程自动化。捕捉数据间的深度联系，自适应调整风控规则，做到事前预警、事中管控、事后调查，及时掌控风险态势。

### （六）开发供应链风险监控系统

商业银行可以开发供应链风险监控系统，为第三方供应商管理提供可操作且持续的风险情报，持续监控风险事件。将从不同来源收集的风险数据将转化为智能风险警报、量化风险指标和其他可操作的风险情报。实时地从数百万个来源收集多个风险指标的数据，所有风险指标首先汇总为类别评级，然后是风险域评级，最后是被监控实体的综合风险评级。实现从风险识别到风险决策和风险行动的全方位风险管理的自动化，使用先进的数据分析和可视化优化风险决策，实现风险管理的现代化，提高风险管理效率和有效性，同时降低成本。还可以提供专家风险缓释指导，作为行动的参考。

# 14 生物识别技术创新

## 国际生物识别技术的新应用

生物特征是人体天然携带的信息，具有唯一性、稳定性、防伪性、不可抵赖性。生物特征包括可以通过光学、声学、传感器、计算机技术等进行采集，并通过一系列算法形成的唯一的特征值，实现高准确率的身份识别。预计全球生物识别技术市场规模将从2022年的432亿美元，增长至2027年的1 000亿美元。本文从人工智能驱动的动态影像身份识别、被动式身份识别、笔记验证、招募新客户、场景化营销、语音识别、多种生物识别技术组合进行交易等几个方面对国外金融机构使用生物识别技术的案例进行分析，并对我国商业银行的工作提出建议。

### 一、多种技术组合的识别交易

美国纽约的Speechpro公司的系统提供一流的语音识别技术和宽泛的生物识别技术，使用快速安全的语音+面部生物识别登录，用户客户不再需要携带任何附加令牌或记住任何密码，将活动的人与静止的证件图片进行核对，使认证过程的客户体验大为提升，显著改善移动和在线交易的安全性。通过扫描客户的身份证明文件提取客户的自然信息和照片，使客户登记的过程更加顺畅，也在客户资料档案中增加了一个生物识别的样本。文件篡改检测也同时提升了客户验证的安全性，为之后客户在多种服务和交易渠道增加了一个免密码的安全验证手段。

Speechpro公司将人脸识别与声音识别组合在一起使用，系统得到的信息具有唯一性，不可能有其他人能够模仿到这些信息，从而确保了交易的安全性。通过生物识别技术获得的动态信息与政府颁发的身份证件连接起来。这一系统支持400多种身份证件，当客户进行登记成为银行客户的时候，客户首先选择自己需要登记使用的证件类型，如护照，使用手机对准证件正反面进行扫描，系统会识别证件上的照片和文字信息，之后客户需要面对镜头拍照，手机会识别客户的面部特征，并与证件照片进行核对。之后手机界面会显示一连串数字，客户需要读出这一连串数字，系统会显示一连串数字，客户需要再一次读出这一连串数字，系统之后会显示一段不规则的数字，客户继续读出这一组数字，客户的身份登记就完成了。当客户登录系统进行交易的时候，客户需要面对手机相机，手机捕捉客户的面部图像，手机界面会显示一组随机的数字，客户还需要同时读出这一组数字，客户的身份得到了验证，就可以进行交易了。

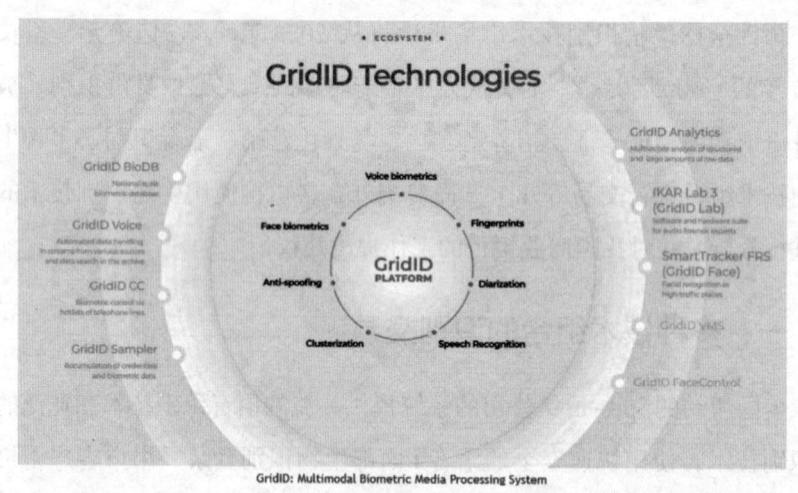

图1　Speechpro公司系统示意图（图片来源：https://speechpro.com/product/biometric/grid-id）

## 二、被动式身份识别

加拿大渥太华的Nudata公司是一家被动式生物识别技术和行为分析技术公司，帮助客户远离线上交易风险。该公司的技术基于客户的线上互动，这种互动不能被人模仿复制，通过采用被动式生物识别的方式向客户提供顺畅的线上服务体验。2017年，万事达卡国际组织要求Nudata将该公司的智能技术与万事达的欺诈管理解决方案整合在一起保护和创新万事达的创新空间。

被信任的用户在使用新设备、新网址或新地点登录网站进行交易时经常被截断，该解决方案建立了追踪多个用户的身份的信号，而不是仅将一台设备绑定在一个金融机构的账户上。从多设备的被动生物识别数据以及使用者内在行为数据被绑定在金融机构账户的识别标识上，系统能够了解用户过往的行为习惯特征。系统可以查看登录尝试的次数，发现尝试接管账户的交易者，区分哪些是有效的用户，哪些是不良的用户，使客户的安全得到很好的保护，减少客户使用过程中的问题，提升了客户体验。

Nudata将基于客户内在行为特征的底层安全检测手段结合在一起，实时保护线上交易环境的安全，从数十亿数据中学习以提高客户的安全性，防止可能出现的欺诈交易。它在不正常交易发生的时候，帮助客户及时发现和阻止这些可疑交易，防止产生实际欺诈损失。

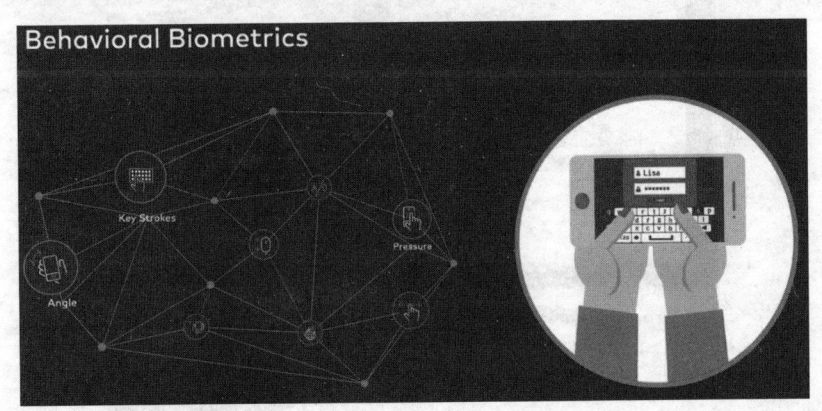

图2　Nudata公司系统技术示意图（图片来源：https://nudatasecurity.com/how-it-works/）

## 三、笔迹验证

美国得州的Bsi公司为金融机构提供低成本的高精确度身份验证解决方

案——签字身份验证，在无须投入昂贵的硬件和文件存储的情况下保护客户的安全。系统直接记录并分析使用者书写笔画的模式，在身份被验证之后，使用者可以进入账户进行交易。该技术满足多因子身份验证的要求，改变了传统的游戏规则，使用手写密码的方式，降低了成本，大幅度提高了验证安全性。

这一软件测量每一名用户使用鼠标、手指、触屏笔的方式和风格，识别并收集每一笔的长度、速度、方向、角度和高度，形成针对每一名用户的独特的生物识别档案。仅需要几秒钟时间写几个字，就可以建立一名客户用于进行账户验证的安全记录档案。该技术不要求客户在书写同一个字时必须在同一个区域，也无须同样的大小，非常智能化，随着这一系统使用次数的增加，每一次系统不断学习，验证的准确性越来越高。该技术可以在手机、平板电脑、电脑等多种设备上使用。系统建立在云计算基础之上，这一技术有潜力取代面对面的验证、存款等业务。

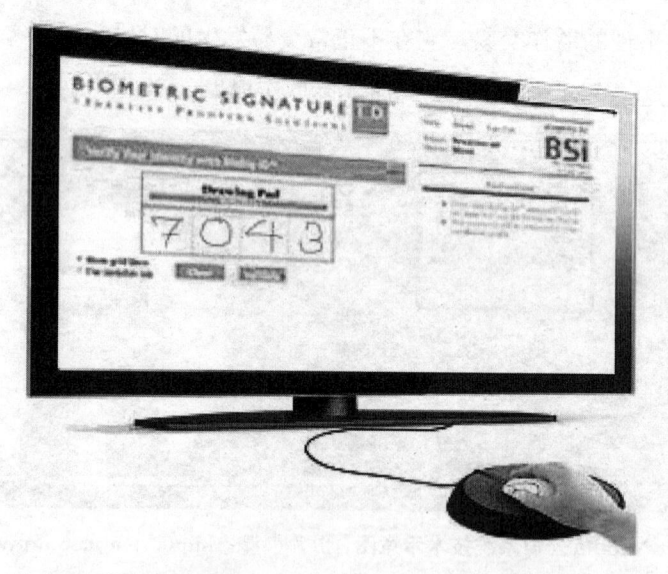

图3　Bsi公司系统界面（图片来源：https://www.bsigroup.com）

客户在注册时需要在规定的方格内写下自己的密码，系统会要求客户重复书写几遍，系统确认后，就会记录下客户的密码和在客户登录的书写笔画风格，当客户再次登录账户时，就可以在指定方块内书写自己的密码，系统通过比对客户的密码图案和书写风格，如果相符，就会通过，客户就可以进入系统。客户甚至可以将不同的字符重叠写入同一个字的区域，系统同样可以识别。使用这一技术验证准确率达到99.97%，验证的准确率提高了三倍，100%的客户会使用这一系统进行注册登记，98%的客户认为生物签字验证非常容易使用。

### 四、开展场景化营销

美国科罗拉多州的IDmission公司帮助银行在多个服务渠道提升交易的安全性和客户体验，而无须投入更多的资金。招募新客户对现代金融机构而言是最重要的一环，IDmission公司开发的App帮助金融机构建立起一整套顺畅的迎接新客户、了解你的客户和支付的流程。这些解决方案部署在云端，可以从智能手机、台式电脑、笔记本电脑上登入这一系统。世界上超过一半的人口被排除在正规金融服务设施之外，IDmission提供手机开户和交易解决方案。

这家公司与全球范围内的银行、养老金公司、保险公司合作，假设一名客户在商场里持有一张会员卡，希望购买一台电视机，他需要在商场即时获得一笔贷款。客户走在商场中，客户的手机应用展示一台电视机的图案，这时客户的手机会提示使用客户的银行账户付款和使用银行贷款付款两个选项。如果客户选择使用贷款付款，这时客户可以使用Linkedin账户登入，这样做可以直接将客户的许多基本信息直接导入系统而无须填写。客户只需要填写自己的Linkedin的账户名和密码，系统就会生成一个表格，客户的姓名、电话、住址等多种静态资料已经预填完毕，客户需要选择使用的身份证件，在选择证件类型之后对着相应证件的正反面拍照，之后系统就会自动捕捉客户的姓名、性别、年龄、住址、社会信用编码等信息，填写到客户申请表格上，客户证件上的照片也会被扫描上传导系统，系统要求客户进行人脸识别，客户对着自己手机拍照，系统捕捉人脸识别的动态信息，与证件照片进行比对，客户证件上的信息全部填写到银行的表单中，包括姓名、出生年月、住址、证件有效期、婚姻状况、就业信息、联系信息等，客户可以填写自己的月薪，这时系统提示上传工资单，客户可以对准工资单拍照，随后，工资单的信息自动上传到系统，最后客户可以使用手机屏幕进行签名。系统联机核查客户的信用情况，贷款即时得到审批，手机界面上会显示客户借款的条款，包括借款金额、期数、还款日、还款方式，客户点击确认，贷款就会自动划拨到客户的借记卡账户中，客户可以继续进行购物。

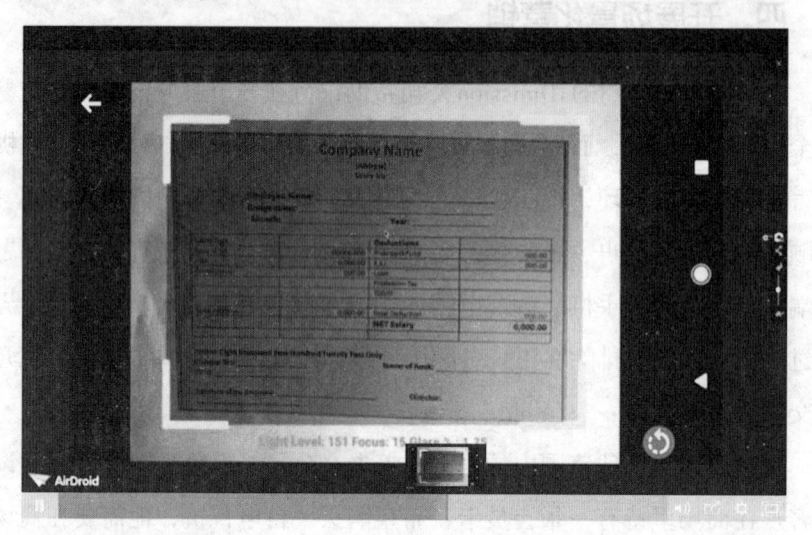

图4　IDmission公司系统界面（图片来源：https://www.idmission.com/en/home）

## 五、招募新客户

伦敦的IDscan公司开发的系统能够通过对包括护照、签证、身份证、驾照、公用事业账单、工作许可证等一系列证件和文件进行拍照的方式，读取和抽取其中的数据，并验证这些证件信息的真伪性，文件的验证和数据抽取可以在手机或平板电脑上完成。该技术帮助银行在拓客过程中满足了解你的客户、反洗钱、证件验证等要求，提升银行处理的自动化水平。

该公司在识别潜在的欺诈客户方面积累了丰富的经验，IDscan为银行拓展客户提供顺畅的流程，证件扫描认证和数据提取全部过程在不到5秒钟的时间内完成。在使用IDscan扫描证件的时候，系统并不要求客户将证件以什么固定姿势或按照固定的指引拍摄证件，客户仅需要保证证件的图像放入到边框之内，无论任何角度，或者证件有旋转，系统都会自动将影像调整到标准的角度。客户必须使用银行规定的证件种类，只有这些种类的证件拍照后能够通过，而其他种类的证件将被拒绝。IDscan还可以识别证件上的全息影像，客户仅需要将证件放置到手机相机前面，用不同的角度在相机前晃动几下，系统就可以展现出全息图像，并验证全息影像的真伪。客户在提交住址证明的时候，系统会将客户的信息与登记在公用事业公司的信息相比对。

在一些情况下，需要比对提交证件的人与证件上的本人是否一致。在进行本人身份验证时，客户在对证件拍照后，拍一张自拍照，这时系统会将客户的面部相片与证件上的相片并列展示在手机界面上，通过人脸识别技术验证是否为证件本人。在几秒钟之内系统就会回显出客户的反洗钱检查报告、征信记录、犯罪记录、土地登记、出生登记、公用事业登记、证件检查结构和证件检查结果等信息。该公司通过云平台提供的批量作业可以每天完成700万份文件的处理。全世界最大的一些银行使用了该公司的证件验证服务。

## 六、语音识别交易

波兰的Voicepin公司成立于2011年，Voicepin系统基于客户的声音分析方便和安全地进行用户认证，声纹验证是与词汇和语言无关的。允许客户安全地登录到系统，而不必记住困难的用户名和密码或PIN号码。在客户第一次登录时记录下客户的声纹语音，生物识别系统可以防御声音模仿，进行回溯检测和黑名单检测，增加交易的安全性。

系统可以检测样本是否为原声或模拟。语音生物识别技术将验证时间缩短了四倍以上，而且提高了安全性，得到了越来越多的使用。传统的基于PIN或密码的授权方法不仅给用户带来不便，而且容易丢失被盗。声音验证对每个人来说都是独一无二的，这确保了用户的数据得到充分的保护，并且可以以一种快速而自然的方式访问。当对声音进行验证时，系统记录并与以前收集的数据规则进行比对，这一系统对声音的改变有非常强的识别能力。当一个人感冒或者嗓子疼时，都不会改变验证的结果，系统验证的是声音的内在模式。

客户在登录手机应用时,系统会提示客户读一段文字,如果通过验证,就可以进入账户进行下一步操作。同样,客户在登录网上银行账户或连接电话服务热线时,也需要按照提示重复一段文字,如果验证通过就会进入下一个步骤,如果不通过就被禁止进入系统。

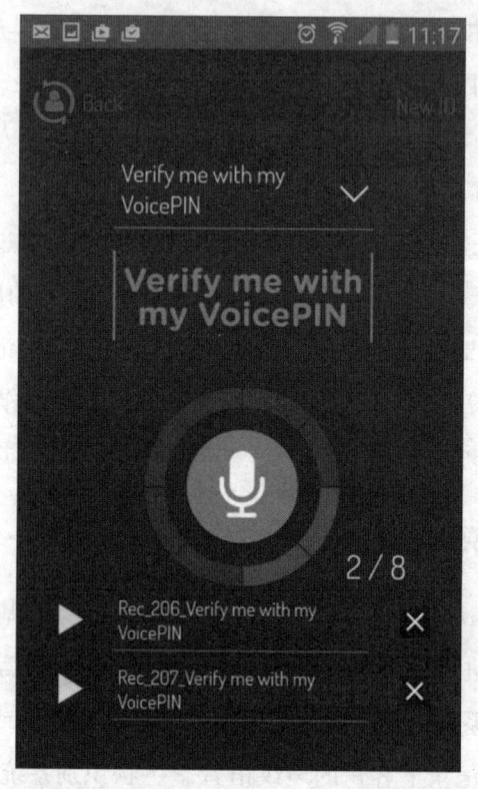

图5　Voicepin公司系统界面(图片来源：https:// https://apkpure.com/voicepin-collector/app.voicepin.com#app.voicepin.com-1)

## 七、人工智能驱动的动态影像身份识别

随着各种交易向线上迁移,客户身份验证成为登录服务和交易的一个重要环节。伦敦的Onfido公司提供线上身份验证工具,帮助商业公司建立信任。使用Onfido的技术,金融机构只需要客户的身份证件和手机就可以在世界任何地点验证签约客户的身份。在新客户签约过程中增加了安全

性，防止出现骗子用偷来的照片登记的情况。这一软件向客户提供随机的数字和动作，要求客户读出数字并做出动作。该系统使用机器学习技术，将人脸部动态生物特征与身份证件进行核对，身份信息与国际信用评级及观察名单数据库进行比对。

Onfido系统内部提供了包括文件检查、身份检查和人脸图像检查三个功能。文件检查确保客户的身份证件不是被伪造的、P图、丢失的或被盗的。身份检查是提取姓名、地址和出生日期，与数据库中的身份信息进行核对所需的时间少于60秒钟。系统使用多家征信公司的数据，智能化地进行地址比对，最大化实现新客户的转换。人脸图像的检查减少了欺诈的风险，确保进行身份验证的人就是真实证件的持有人。

在使用这一系统的过程中，客户打开银行手机应用，首先选择护照、驾照、身份证、绿卡中的任何一个选项，对证件的正反面分别拍照，之后客户按照指示将手机相机镜头对准自己面部，将自己的面部图像放入框中，手机应用会随机提示客户做一个动作。如向右转头，并要求客户读出一个随机的三位数字，系统会分析客户的动作视频影像，对客户面部特征与数据库和身份证件上的信息进行核对。全世界已经有包括Google、Zipcar在内的1 500家商业机构使用Onfido的软件。

## 八、银行怎样创新应用生物识别技术

### （一）加强生物识别领域的法律法规研究

随着移动互联网的快速发展，生物识别技术逐渐应用到多种金融场景，由此衍生出生物特征信息安全和个人信息保护等相关问题，我国亟须完善和制定相关的经济金融、网络信息安全等相关法律法规，规范生物识别的适用范围、技术安全和信息保护等。加强生物识别领域的安全监管、就业、伦理等重大政策问题研究，完善产业发展环境。

### （二）加强生物特征信息安全管理

生物特征信息如果被不法分子窃取、利用，可能引发经济、刑事等方面的违法犯罪行为，同时，出于对个人隐私信息的保护，生物特征信息需要严格的安全管理。一是建立健全相应的采集、应用法律法规体系，对从事生物特征信息存储和加工的机构实施准入管理，明确信息采集、存储、传输和加密的安全技术手段，并配套充分的身份伪造盗用救济保护措施。二是建立全国统一的生物特征信息库，对个人的生物特征信息进行统一采集和管理，避免多头采集管理，减少个人信息泄露风险的同时，避免重复建设，提高资源的使用效率。

### （三）利用生物识别技术开展精准营销

生物识别服务商提供的生物识别系统仅是金融行业业务环节很小的一部分，不是部署了系统就好。其重要的意义在于通过技术创新带动产品创新、服务创新和业务创新，为金融企业带来更多发展力。以VIP人脸识别为例，除了通过人脸识别技术做到迎门服务，可以拓展到进行用户画像和聚类，聪明地洞察用户需求进行精准营销。在招募新客户的时候，系统对提交的身份证件进行认证，以评估其合法性，如果客户证件照片上的图像与客户本人相符，就可以发展成为新客户并进行交易。

### （四）使用多种生物识别技术的组合

不同的生物特征信息在唯一性、应用成本、准确性等方面存在不同特点，各有长短。指纹、刷脸支付操作便捷，但是可复制性强，虹膜识别精准但是便捷性欠佳。且目前生物识别技术尚不成熟，各类生物特征匹配算法和精确度不一，而金融业务涉及个人的资金安全，应审慎对待生物识别技术在支付领域的应用。多种身份识别方式如人脸识别、指纹可以一同植入系统，方便用户使用并提高安全性。商业银行可以要求客户预留声音样本，搭配使用人脸识别、笔记验证、指纹验证、交易密码、短信验证码、U盾等其他身份验证方式进行组合交叉验证，当需要进行交易时，采用合适的验证方式，既增加了交易的安全性，也给客户带来愉悦的感受。

# 15　个人金融发展趋势

## 人工智能时代零售银行的发展趋势

### 一、宏观经济分析

2020年新冠疫情暴发以及2022年俄乌冲突更使全球经济增长雪上加霜，滞胀风险不断上升，复苏前景恶化。全球供需失衡问题加剧，货物贸易增速放缓，货币政策的后续效应逐渐显现，大宗商品价格屡创新高。超宽松财政货币政策将导致全球通胀继续上行，国际金融市场大幅动荡，美元指数波动走强，主要股市震荡下行。主要经济体货币政策紧缩将加速流动性收紧，提高社会融资成本，进一步抑制投资和消费，导致经济复苏进程有所放缓。

2022年，面临俄乌危机、疫情多次反弹以及房地产市场下行等多种不可预测因素的冲击，中国政府高效协调了疫情防控和经济社会发展，并持续加大了稳定经济政策的力度。经济增长触底回升，全年呈现"V"形走势，但恢复程度总体偏弱，全年GDP同比增长3%。2023年，中国经济进入内外需增长动能转换期，预计发展所面临的内外部环境和条件将有所改善。虽然全球增长放缓，但主要经济体货币政策收紧步伐放缓，疫情防控措施得到优化，这有利于逐步恢复各项生产和生活。高技术制造业、高技术服务业的生产和投资将保持较快的增长，叠加2022年的低基数，中国宏观经济各项指标预计将较上一年有所回升。

## 二、零售银行面临的挑战

在复杂的外部环境下，商业银行面临信用风险加剧、收入能力减弱、市场竞争加剧、客户流失、数据基础能力不足等挑战。

### （一）强监管常态化的挑战

近年来，防范系统性金融风险受到中央重视，强监管、严监管成为常态。央行的宏观审慎结合银保监会的微观审慎管理，发挥强有力的监管力度，保持高压态势。一系列监管与处罚并重的文件下发，银保监会密集出台文件加强银行业监管，内容涵盖提升银行业服务实体经济质效、银行业市场乱象整治、风险防控、弥补监管短板，以及开展"三违反""三套利""四不当"专项治理。多家银行受到处罚，处罚力度不断加强。支付服务、小额贷款、信用评级、理财业务、风控、合规、数据报送、数据治理等是监管重点，面临越来越大的监管压力。零售银行、理财、消费金融等业务，都面临较大监管压力。严监管既是挑战也是机遇，监管趋严对于非银行金融机构而言压力巨大。对资金雄厚、制度完备、管理规范的商业银行而言，严监管的大环境为商业银行零售业务重夺优势地位提供了有利窗口。

### （二）收入承受压力的挑战

后疫情时代新经济形态给银行带来了收入难题。随着利率市场化开放，低成本获取负债的难度日益增加。根据麦肯锡中国数据模型显示，国内银行的存款平均年增长率由2010—2016年的12%降至2016—2021年的6%，2022年以后，受全球经济和宏观政策等因素影响，利差进一步降低。来自消费贷和其他贷款的收入预计受到最大冲击。国内银行零售业务的成本收入比往往高达60%~80%，远高于整体银行的成本收入比（30%~40%）。目前零售银行业务主要依赖线下网点和人力，中后台比前台人员数多2~3倍，不少理财经理需要同时服务800~1 200名客户，缺少集约式发展模式。风控分散带来巨大操作风险，风控分散在不同层级，总分支行管控脱节，专业分工不明确，系统管理不到位，导致理财、线上贷款等业务的操作风险管理存在疏漏。居民收入下降导致信用风险加大，不良贷款持续给银行的未来增长能力带来压力，收入回升速度十分缓慢。

### (三)客户流失的挑战

国内银行零售客户流失率普遍较高。据麦肯锡分析，国内银行新客户中平均三分之一开户后未发生任何业务，一个月内流失平均15%，六个月后留存率不到一半。互联网金融崛起蚕食零售市场。中国互联网金融产业在过去几年以惊人速度迅猛发展，多项市场关键指标已领跑全球，互联网金融用户人数超过5亿，居全球首位。在理财、贷款、支付三类主要金融功能上，各类金融科技公司对国内传统银行业务造成了一定的冲击。商业银行出现线下业务量骤减、中收业务量缩水、信贷需求量下降、资产质量恶化等一系列变化。由于市场竞争加剧以及产品服务同质化，许多银行面临客户流失加剧的困境。

### (四)金融脱媒的挑战

在金融科技化的基本趋势下，大量的存贷款客户离开了银行体系，金融脱媒现象加剧。从支付角度看，移动支付业务量增速持续增长，我国从传统的支付方式转向全面移动支付时代，非银行支付机构发生的网络支付业务迅速增长。互联网、移动智能终端支付手段成为比传统银行卡、信用卡更易为客户选择的支付手段。第三方支付平台形成了对商业银行传统支付业务的替代。从信贷业务来看，对商业银行信贷融资渠道依赖程度大大降低，金融科技对获取、储存和计算信息有着天然的优势，缓解了信息不对称，很大程度上冲击了商业银行的信息垄断地位，并影响了商业银行的中间业务。区块链技术在金融领域的应用，使未来的支付无须通过商业银行的中介即可进行，进一步加大了商业银行未来经营的压力。

### (五)行业竞争加剧的挑战

金融科技时代的到来，使商业银行的产品、服务模式和经营方式发生变化，长远来看，也将改变银行业在经济发展中的角色定位和金融行业的行业结构，给商业银行带来挑战。首先是来自同行业的竞争，率先布局金融科技战略的商业银行将获得先发优势，加剧同行业竞争。各商业银行转型过程同质化明显。目前，我国各大商业银行物理网点在转型过程中，存在无自身特色和地域特色的问题，基本按照标准化的模式进行转型，智能化设备功能相近、网点开展线下业务雷同、网点人员结构乃至装潢都大同小异。

### （六）数据基础薄弱的挑战

当前国内商业银行数据质量普遍不高，主要表现在：一是对客户信息和数据缺乏统一管理，数据入口多、存储分散，缺乏统一的管理和同步机制。二是数据的准确性和完整性不足，垃圾冗余数据量大，数据治理需求迫切。三是对数据的分类、整理和加工能力不足，导致数据分析结果的可用性较低。尤其对非结构化数据的处理能力不强，应用模式单一。四是以大数据驱动的业务经营管理模式与商业银行传统的管理模式存在较大差异，要引入新模式，适应提供个性化、定制化产品与服务的发展趋势。

## 三、零售银行的发展机遇

在看到新形势下零售银行面临的挑战的同时，也要看到零售银行面临的发展机遇。

### （一）人均可支配收入稳步增长，未来存在较大提升空间

我国居民从经济增长中获得了更多的可由自己支配的福利。自2013年以来，我国人均可支配收入占人均GDP的比重基本保持在41%~45%，离发达经济体60%以上的占比标准仍有较大差距。因此随着人均GDP的进一步增长，人均可支配收入还会有更大的提升空间。居民财产性收入持续增长。高净值群体快速崛起。据统计，2020年中国高净值人群总量达132万人，较上一年增长近6.6%。其中拥有600万元资产的"富裕家庭"数量首

次突破500万户；拥有千万资产的"高净值家庭"比上年增加2%至202万户；拥有亿元资产的"超高净值家庭"比上年增加2.4%至13万户。全球体量最大的消费市场正在形成。相较于欧洲7.4亿人，美国3.3亿人和日本1.3亿人的人口规模，我国拥有14亿人口和4亿中等收入群体的庞大市场和规模效应，且市场高度统一。这些为零售银行的业务发展形成了良好的客户基础。

**（二）后疫情时代刺激政策带来新机遇**

2022年12月中央经济工作会议提出着力扩大国内需求、加快建设现代化产业体系、切实落实两个毫不动摇的重点任务，同月，中共中央、国务院印发《扩大内需战略规划纲要（2022—2035年）》和《"十四五"扩大内需战略实施方案》，指出加快培育完整内需体系，促进形成强大国内市场，支撑畅通国内经济循环，全面促进消费，加快消费提质升级，持续提升传统消费，积极发展服务消费，加快培育新型消费，大力倡导绿色低碳消费。2023年《政府工作报告》指出，着力扩大国内需求。把恢复和扩大消费摆在优先位置。多渠道增加城乡居民收入。稳定汽车等大宗消费，推动餐饮、文化、旅游、体育等生活服务消费恢复。4月28日中共中央政治局会议指出，恢复和扩大需求是当前经济持续回升向好的关键所在。要求坚持稳中求进工作总基调，积极的财政政策要加力提效，稳健的货币政策要精准有力，形成扩大需求的合力。促进消费将从消费能力、消费场景和意愿同时发力。在消费能力上，消费是收入的函数，应提高居民收入，降低失业率；完善收入分配格局，提升居民收入尤其是中低收入群体在国民收入中的比重、劳动报酬在初次分配中的比重。在消费场景和意愿上，重点推动汽车、家电、家具、餐饮等大宗消费和服务消费，推进国际消费中心城市建设。要多渠道增加城乡居民收入，改善消费环境，促进文化旅游等服务消费。"科技自立自强根基""通用人工智能""新能源汽车、充电桩、储能等设施建设和配套电网改造"将作为经济新增长点。扩大就业是解决内生动能不足的根本。4月26日国办发布的《关于优化调整稳就业政策措施全力促发展惠民生的通知》从总量和结构详细部署15条措施。这些系列政策措施的落实有利于消费者财务状况改善，为零售银行发展奠定良好的基础。

### （三）技术发展带来新机遇

5G、大数据、人工智能、云计算、物联网等新兴科技在客户、产品、渠道、生态、风控方面带来巨大的发展机遇。在客户经营方面，金融科技在获客、活客、留客方面能够发挥作用，商业银行可以基于行内外大数据的精准客户画像和洞察，实现客户旅程的触点识别。在客户的营销、预警、账户管理及成长路径规划等方面实现智能化，充分利用大数据实现动态分群获客及智能分层经营，匹配适宜的产品、权益及活动，实现贯穿全触点、全周期、全旅程的客户经营。在产品服务创新方面，金融科技帮助零售银行以客户为中心的数字化客户旅程改造和创造千人千面的个性化产品，通过客户洞察去匹配相应的客户。在场景生态建设方面，商业银行可以利用金融科技打破传统边界，实现生态化的立体业态。从数字化渠道构建、生态圈获客及银行能力开放三方面进行发力，嵌入行业生态、提供更复杂的组合产品服务，甚至可以突破边界，提供非金融服务。在风控方面，零售银行可以积极运用大数据分析建模及机器学习技术，识别业务中的各类风险，实现覆盖事前、事中、事后的全流程风险控制，支持智能辅助功能。基于风险数据基础，利用大数据、人工智能、区块链等手段构建黑名单、反洗钱、智能合同、欺诈识别、舞弊识别等风险预警或拦截模型，并将训练的模型内嵌至各个业务环节应用。在运营方面，金融科技深度应用可以提高运营效率，提高成本端的竞争力。

### （四）消费者线上化迁移带来流量机遇

新冠疫情的暴发和持续导致客户数字化加速，客户不断从传统银行网点转向数字化渠道。许多银行客户在疫情期间首次使用网上银行或移动银行。无现金支付大幅增长，消费者提高了对数字化支付解决方案的使用，如互联网银行和第三方App提供的支付。新老用户都会选择线上服务，而非亲自到访网点。数字化意识强的客户可能流失到数字化能力卓越的银行，银行线上拓客的需求日渐强烈。疫情刺激线上消费需求的爆发，为流量从"线下"向"线上"迁移提供了难得机遇，线上金融、线上办公、线上教育、线上娱乐等低成本商业模式迎来商机。居民居家隔离期间，现实世界的活动近乎停摆，线上活动成为主要方式，疫情刺激大量新网民涌入，我国互联网普及率进一步拉升，逐步接近美日韩及欧洲互联网发达国家的80%左右的水平。银行通过联名营销、联动营销、场景营销等方式，打造新的拓客增长点。

## 四、智能化时代零售银行的发展趋势

在智能化技术发展的新时期，零售银行业务发展有一些新的发展趋势。

第一个趋势是金融科技促进产品创新。一是通过挖掘数据，深入分析各类场景的客户需求，有针对性地创新或优化产品，将产品融入客户的生活和工作中，将金融服务化于无形。二是创新数据零售贷款。根据客户数据，进一步完善授信模型，实现自动授信、自动审批和自动放款的多样化数据零售贷款产品。三是创新资产配置和投资顾问服务。通过大数据技术分析客户和投资标的情况，不断优化趋势预测模型，实现覆盖个人全投资领域的智能资产配置和投资顾问服务。

第二个趋势是线上线下渠道协同发展。一是优化提升线下渠道功能。优化网点布局，对低效网点减人减柜，轻型化运营，研究撤并部分低效网点的可行性，探索发展"咖啡银行""阅读银行"等休闲式网点。优化智能机具投放，以质量提升代替规模投放，丰富自助设备智能营销等功能，强化自助设备柜面业务的替代。二是大力拓展线上渠道。完善微信银行、掌上银行、网上银行等多维线上渠道，丰富线上渠道内容，更贴近生活、社交等各类场景。尽快推进标准化业务线上运作，强化线上客户维护和智能推送，提升客户体验和交互水平。三是推动线上线下全渠道融合发展。以客户为中心，打造线上线下多渠道协同的零售服务渠道体系。

第三个趋势是完善客户画像，开展精准营销。客户是商业银行生存的基础，全面了解客户、精准满足客户需求已成为商业银行在竞争中制胜的关键。如商业银行根据客户的刷卡时间、地点、购买的商品等信息，分析客户可能感兴趣的商场或餐厅，精准推送优惠信息，并根据反馈不断提升推荐的准确度。根据客户浏览网页的记录，寻找营销获客机会，如把在网上搜索房屋贷款信息的客户确定为潜在贷款客户，并提供相关贷款信息和服务。

第四个趋势是场景化批量获客，夯实客户基础。结合线上平台、线下场景，加强互联网技术应用，嵌入业务场景大规模发展客户。银行将通过众多渠道、形式和设备联络客户，并充分利用移动应用、物联网、API、聚合平台、网络搜索和社交网络等各类工具提升数字化触点的绝对数量和相对数量。随着大数据等新技术的快速发展，长尾客户的商业价值被快速释放。通过分析客户的各类信息，还原出客户的真实意愿和信用状况。提升获客、维客能力和用户体验。

第五个趋势是指导科学定价，助力经营管理。产品定价是商业银行金融交易和市场竞争的核心要素，直接影响银行的盈利空间。通过大数据分析工具，根据成本、市场、同业等信息测算产品的合理价格，并在合理范围内对不同类型客户采取差异化定价策略，实现成本、收益、获客、市场竞争等多方面因素的平衡，最大限度地减少主观因素对产品定价产生的偏离影响，尽可能还原产品的真实价格。如有些银行在办理房屋抵押贷款时，根据房屋所在地区及其周边地区房屋的成交数据测算出被抵押房屋的合理价值。最大限度地削减主观因素对定价的影响。

第六个趋势是总部直营化，提升服务能力。由总部直接面向市场，直接营销客户，直接设计和运营项目的经营模式。在互联网加持下，原有小总部大分支的组织架构、重经营轻运营的服务思维，已不能适应"无界"的新零售需求，必须加快培育总部客户直营、产品直销、服务直达的能力。通过大数据对客户精准分层分群，在洞察客户的基础之上设计相应的产品服务，然后直接传导到客户。哪家银行在这个问题上解决得好，哪家银行在市场上竞争力就强。

第七个趋势是网点轻型化、超市化，增强一站式服务。针对不同区域的网点功能和服务对象进行战略性调整，缩小网点规模，建设"轻型化"网点，通过缩小物理网点面积以适应线下业务减少的现状。银行依托其传统的社区银行发展经验，探索商业银行网点"超市化"转型道路，力争打造能为客户提供任何金融产品和金融服务的"银行超市"。一方面，使银行交叉销售能力大幅提升，吸引大批量客户，使得银行能够对客户有个全方位了解，能更好地服务客户，客户流失率也大幅下降；另一方面，对于客户尤其是生活工作节奏快的青年客户，还能享受银行针对个人提供的量身服务。

第八个趋势是开展大规模个性化，适应客户需求变化。近三分之二的千禧一代表示愿意通过分享个人数据换取更加个性化的服务。银行将努力利用数据分析来辅助决策，并提供相关洞察、产品和服务，从而使每次互动都变得有价值。客户将获得符合需求的经验、渠道、产品和定价，并且对于高价值的互动，银行将在关键时刻进行人工干预。科技巨头和新进企业已经提高了服务标准，银行必须跟上步伐。个性化服务是客户获取的另一大利器，有助于增加接触频率、提升交叉销售和预防客户流失。

第九个趋势是银行业务开放化，建立多业态布局。商业银行通过建立更多开放银行接口，搭建产品服务的推广平台，开放银行也能帮助银行对客户个性化的需求进行及时反馈，在标准化产品的基础上，利用最小的成本做出定制化产品。商业银行在小微企业或普惠型贷款方面，在企业的生产、销售、税务需求上加速线上化，造就了金融与场景融合的新契机。把开放平台作为自身提供综合服务的工具之一，银行将自己的开放平台和云平台进行结合，联合第三方服务公司推出了包括教育、物业、人力资源等场景的解决方案；这种开放平台与云平台或自身生态结合的方式也给开放平台的发展带来了更大的空间。

第十个趋势是实行数据风控，强化风险防范。大数据不仅为银行贷前审查提供了风险识别工具，也为贷后管理提供了风险监测手段。如通过分析客户的日常交易数据，从中发现风险信号，为贷后风险防范提供支持，有效控制了不良贷款的发生。通过搜集客户的国籍、地址、家庭成员,以及旅游、汇款记录等,来确定这个顾客是否在制裁名单上,从而提高排查的准确度和效率。

第十一个趋势是加强生态场景建设。零售业务已进入存量竞争时代,决胜的关键在于如何留住客户。过去的模式是"渠道为王",现在正逐步转向"场景为王"。而B端客户拥有场景,发展对公业务有利于获取零售业务的切入口。商业银行在特定行业内构建零售和对公的协同赋能生态。例如,"车生态",零售方面有汽融贷和平安车主卡产品,对公方面有向汽车供应链4S店和主车厂客户的授信及其存款沉淀。围绕行业生态形成业务闭环,零售与对公相互之间进行客户引流、转接,实现信息共享,能够较早判断机会和识别风险。

第十二个趋势是RPA(机器人流程自动化)加速金融业自动化、智能化。RPA通过模拟人类在软件系统的交互动作,协助完成大量规则固定、重复性较高、附加值较低的业务流程,从而提升工作效率,降低人力成本,这将成为未来金融行业的核心竞争力之一。基于金融行业具有较多重复性程度较高、人工操作较多的流程性业务,在银行、证券、保险等子行业均有较多应用场景。